广西壮族自治区八桂学者成果

崖壁遗梦

左江流域岩画新探

李富强　卫彦雄　黄艺平　著

中国社会科学出版社

图书在版编目(CIP)数据

崖壁遗梦:左江流域岩画新探/李富强,卫彦雄,黄艺平著. —北京:中国社会科学出版社,2022.10
ISBN 978-7-5227-0814-0

Ⅰ.①崖… Ⅱ.①李…②卫…③黄… Ⅲ.①岩画—研究—崇左 Ⅳ.①K879.424

中国版本图书馆 CIP 数据核字(2022)第 153237 号

出 版 人	赵剑英
责任编辑	陈肖静
责任校对	刘　娟
责任印制	戴　宽

出　　版	中国社会科学出版社
社　　址	北京鼓楼西大街甲 158 号
邮　　编	100720
网　　址	http://www.csspw.cn
发 行 部	010-84083685
门 市 部	010-84029450
经　　销	新华书店及其他书店
印　　刷	北京君升印刷有限公司
装　　订	廊坊市广阳区广增装订厂
版　　次	2022 年 10 月第 1 版
印　　次	2022 年 10 月第 1 次印刷
开　　本	710×1000　1/16
印　　张	20.5
插　　页	2
字　　数	269 千字
定　　价	99.00 元

凡购买中国社会科学出版社图书,如有质量问题请与本社营销中心联系调换
电话:010-84083683
版权所有　侵权必究

目 录

绪论 遗梦重解:左江流域岩画再研究 ……………………(1)
    一 崖壁筑梦:左江流域岩画 ……………………………(1)
    二 薪火相传:左江流域岩画研究 ………………………(3)
    三 承前启后:左江岩画研究的新起点 …………………(7)

第一章 骆越之民:左江流域岩画的创作者 …………………(9)
    第一节 左江流域岩画族属骆越考………………………(9)
    第二节 骆越人的源流……………………………………(31)
    第三节 骆越人的社会形态演变…………………………(57)
    第四节 骆越人的文化习俗………………………………(73)

第二章 生生不息:左江流域岩画的文化意涵 ……………(182)
    第一节 左江流域岩画的文化内容 ……………………(182)
    第二节 左江流域岩画的文化主题 ……………………(192)

第三章 凤凰涅槃:左江流域岩画的消亡与新生 …………(196)
    第一节 左江流域岩画的消亡 …………………………(196)
    第二节 左江流域岩画文化的新生 ……………………(203)

第四章　草根认知：文化自觉与左江流域岩画文化
　　传承发展 ……………………………………………………（244）
　　第一节　传说故事所体现的认知 ……………………………（245）
　　第二节　祭祀仪式所体现的认知 ……………………………（285）
　　第三节　问卷调查所体现的认知 ……………………………（293）
　　第四节　草根认知与左江流域岩画文化传承发展 …………（301）

主要参考文献 …………………………………………………（306）

绪论　遗梦重解:左江流域岩画再研究

一　崖壁筑梦:左江流域岩画

在左江两岸的悬崖峭壁上,分布着一种用红色颜料绘制的画作,它分布在广西崇左市的宁明、龙州、江州、扶绥、大新、天等、凭祥等县、市、区的沿江地区,绵延200多公里。经过多次调查统计,共发现有80多个岩画点,180多处、约300组岩画。其中,宁明县8处,占岩画点总数的10%;龙州县21处,占岩画点总数的26.25%;江州区28处,占岩画点总数的35%;扶绥县22处,占岩画点总数的27.5%;大新县1处,占岩画点总数的1.25%。岩画点(约70多个)多分布在左江及其支流明江、平而河及黑水河两岸的临江峭壁上,尤其是在河流的拐弯处,其对岸往往有一块较为宽屏的舌形台地,只有少数地点不在江边,距离河岸2.5—12公里不等。

众多岩画中,规模最大的是宁明花山岩画,目前在世界单幅岩画规模中居第二位,这组岩画宽约200米,高5.60米,共有图像约2000个,其中一个最大的人像高2.4米,蔚为壮观。

古人不畏艰险在左江沿岸的悬崖峭壁上作画,肯定是要表达某种强烈的,甚至是狂热的信仰和梦想,因而可以说,左江流域岩画必定是某种祈愿和梦想寄托。可是,这是谁之梦想?是哪个族群在左江流域崖壁上"筑梦"?或者说是哪个族群创作了这些岩画?岩画

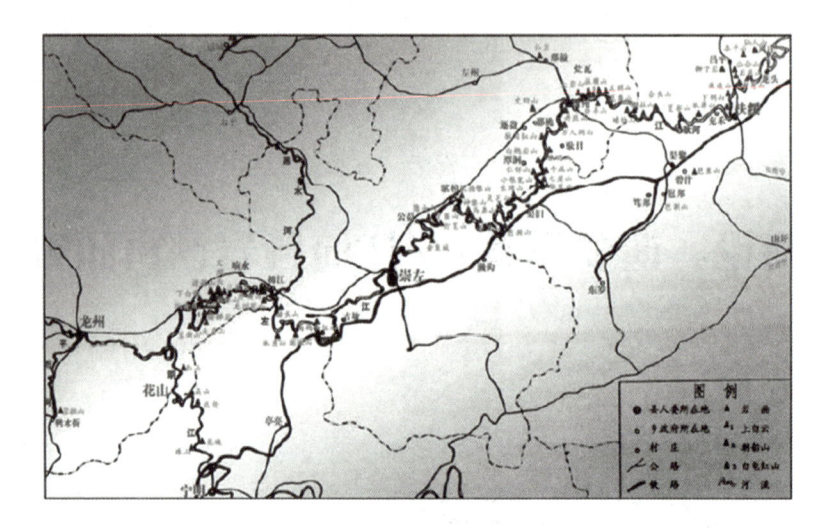

图 0-1　左江岩画分布

图 0-2　宁明花山岩画

的文化意涵是什么？或者说，这些岩画要表达的信仰和梦想是什么？这些画是如何画到险峻的峭壁上的？即人们是如何表达自己的梦想的？为什么这些画能历经几千年风吹雨打而不褪色？太多太多的谜团笼罩在左江流域岩画上，就像一个千年幽梦，充满了神奇与神秘。

探索左江流域岩画奥秘的过程，其实就是一个"解梦"的过程。为了解读遗留在左江流域崖壁上的古老梦想，一代又一代的学者们行动了起来，奉献了汗水和青春。前辈们筚路蓝缕，披荆斩棘，开启山林，他们寻山问野，皓首穷经，历经几十年的研究，硕果累累，左江流域岩画的真实面目，越来越清晰地呈现在世人面前。

二 薪火相传：左江流域岩画研究

左江岩画见诸于中国古籍记载，最早是宋李石所著《续博物志》卷八："二广深豁石壁卜有鬼影，如淡墨画。船人行，以为其祖考，祭之不敢慢"①；而后，在明清古籍中有些零星记载，如明人张穆《异闻录》中载："广西太平府有高崖数里，现兵马持刀杖，或有无首者。舟人戒无（毋）指，有言之者，则患病"②；清光绪九年编纂的《宁明州志》载："花山距城五十里，峭壁中有生成赤色人形，皆裸体，或大或小，或持干戈，或骑马。未乱之先，色明亮；乱过之后，色稍黯淡。又按沿江一带，两岸石壁如此类者有多。"③这些猎奇性记载，显然不属科学研究的范畴。

对于左江岩画的真正严格意义的科学研究是中华人民共和国成立后才开始的。从20世纪50年代至今，左江岩画的研究历经了3个阶段，形成了3个高潮。

第一阶段是20世纪50年代至60年代上半叶。广西人民政府先后于1956年和1962年两次组织考察团，对左江岩画进行系统考察，发现岩画50多处，初步弄清了左江岩画的分布情况，学者们发表了一批论文，阐述了对左江岩画的初步认识。如杨成志在1956年10

---

① （宋）李石：《续博物志》，巴蜀书社1991年版，第117页。
② 转引自覃圣敏《广西左江流域崖壁画考察与研究》，广西民族出版社1987年版，第15页。
③ （清）黎申产辑：《宁明州志》，台湾成文出版社有限公司1970年版，第21页。

月7日的《广西日报》发表了《宁明发现珍贵的壮族古代岩壁画调查报告》指出："这种规模巨大的岩壁画，不仅国内罕有，而且在世界上也少见。""根据我们现在掌握的材料，大约有一千年到二千年的历史，这些画的发现为我们研究壮族古代的文化提供了很有价值的史料，对研究所谓'铜鼓文化'也有很大帮助。"① 同年，陈汉流发表《广西宁明花山岩壁上的壮族史迹》，认为"明江沿岸壁画，也许是太平天国运动的时候，宁明、龙津地区天地会所绘制的"②。1957年，梁任葆发表《花山壁画的初步研究》认为："花山壁画是古代桂西的壮族为了纪念某一次大规模战争的胜利而制作的，对研究壮族的历史具有极大的价值。"③ 黄增庆发表《谈桂西壮族自治州古代壁画及其年代问题》认为，左江流域岩画与唐代"西原蛮"黄乾曜及其领导的当地人民的起义有关④。同年，刘介发表《西原蛮的发展与宁明、崇左、龙津等处的壁画》赞同黄增庆的观点，并进一步指出这些岩画是西原蛮在胜利后，举行大规模庆功纪念时画成的⑤。1961年，陈汉流相继发表了《略谈花山岩壁画的语言符号》和《花山岩壁画语言符号的意义》，一改自己过去的观点，认为这些岩画是"从绘画向形象文字发展的过渡时期的一种语言符号"，是唐代西原首领黄少卿的遗存⑥。1962年，周宗贤、李干芬发表《壮族的古代画——花山壁画》，认为花山壁画是奴隶社会壮族镇水鬼的符法⑦。

---

① 杨成志：《宁明发现珍贵的壮族古代岩壁画调查报告》，《广西日报》1956年10月7日。
② 陈汉流：《广西宁明花山岩壁上的壮族史迹》，《文物参考资料》1956年第12期。
③ 梁任葆：《花山壁画的初步研究》，《广西日报》1957年2月10日第3版。
④ 黄增庆：《谈桂西壮族自治州古代壁画及其年代问题》，《广西日报》1957年3月9日第3版。
⑤ 刘介：《西原蛮的发展与宁明、崇左、龙津等处的壁画》，《广西日报》1957年7月26日。
⑥ 陈汉流：《略谈花山岩壁画的语言符号》，《广西日报》1961年8月21日第3版；陈汉流：《花山岩壁画语言符号的意义》，《广西日报》1961年9月8日。
⑦ 周宗贤、李干芬：《壮族的古代画——花山壁画》，《红旗日报》1962年2月25日；黄汝川、黄俊福：《花山壁画》，《红旗日报》1962年2月25日第3版。

1963年广西民族出版社出版的《花山崖壁画资料集》可说是20世纪五六十年代左江流域岩画调查研究的集大成者。该书记录了左江流域岩画当时的调查发现，及多位学者的初步研究成果，并附有部分岩画的局部临摹图。

第二阶段是20世纪80年代。历经20世纪60年代后半叶至70年代末的中断之后，左江岩画研究随着改革开放的步伐重新兴起。1978年，石钟健发表《论广西岩壁画和福建岩石刻的关系》一文，认为左江岩画是战国之后至西汉或汉武帝之前，壮族先民——骆越人所作①。同年，广民发表《壮族古代岩壁画研究》，认为左江岩画是秦汉或更早时期壮族先民"拜水神"的祭祀图②。1983年，黄现璠、陈业铨发表《广西宁明花山壁画与岩洞葬》，认为花山壁画是壮族岩洞葬的产物③。在20世纪80年代，还陆续开展了一系列的调查研究，新的岩画点不断被发现，新成果不断出现。1980年6—7月，广西壮族自治区博物馆组织开展了左江岩画第三次调查，新发现了14处岩画点；1985年，广西壮族自治区人民政府组织了由历史、民族、民俗、考古、美术、舞蹈、宗教、民间文学、水文、地质、地貌、岩熔、化学、碳素年代学等14个学科的80多位专家学者组成的考察团，对左江岩画展开了一场新中国成立以来规模最大、学科最多的一次综合性考察。随后广西民族出版社于1987年出版了覃圣敏等著的《广西左江流域崖壁画考察与研究》，该书对左江岩画进行了全面系统的考察与研究，对作画环境、作画时间、作画民族、画面内容、艺术风格进行了详尽的分析，并对左江岩画与四川、云南、贵州等

---

① 石钟健：《论广西岩壁画和福建岩石刻的关系》，《学术论坛》1978年第1期。
② 广民：《壮族古代岩壁画研究》，《中央民族学院学报》1978年第4期。
③ 黄现璠、陈业铨：《广西宁明花山壁画与岩洞葬》，载中国西南民族研究学会《西南民族研究》第一辑，四川民族出版社1983年版，第394—399页。

广西邻近地区具有类似风格岩画之间的关系进行了初步探讨[1]；1988年文物出版社出版了王克荣等著的《广西左江岩画》一书，对左江岩画进行了概述性的研究[2]。这两部左江流域岩画研究扛鼎之作的出版，是左江流域岩画研究鼎盛的标志。

  第三阶段是21世纪早期。历经20世纪80年代的高潮之后，20世纪90年代的左江流域岩画研究在平静低调中继续。直至进入21世纪，随着一系列左江岩画保护工作的蓬勃开展，对左江流域岩画的研究领域也不断拓展。在深化传统领域和主题研究的同时，与左江花山岩画保护相关的成果增加，为左江花山岩画的保护工作提供了技术和理论支持。自2006年左江花山岩画申报世界文化遗产工作提上了议事日程，特别是2012年左江花山岩画文化景观再次被列入《中国世界文化遗产预备名单》之后，对左江花山岩画的研究再次掀起高潮。2006年11月广西人民出版社出版了唐华主编《花山文化研究》，书中收录了20余篇关于宁明花山岩画的功能、艺术价值、与大石铲文化的关系以及花山岩画文化品牌的打造等方面的论文[3]；2010年广西人民出版社出版了杨炳忠、蓝锋杰、刘勇主编的《花山申遗论谭》，围绕着花山岩画申遗的主题，对花山岩画的内容、花山文化的传播、花山资源的开发等方面进行了探讨[4]；而与左江流域岩画有关的论文、报告以及在报刊发表的文章等有近百篇，从年代、族属、宗教思想、艺术特点等方面进行了广泛的分析与探讨，有力地推动了左江岩画研究的发展。为了保证左江花山岩画成功申报世界文化遗产，从2013年起，广西壮族自治区文化厅整合研究力量，组织北京大学、南京大学、中国地质大学、中央民族大学、北京科

---

① 覃圣敏等：《广西左江流域崖壁画考察与研究》，广西民族出版社1987年版。
② 王克荣等：《广西左江岩画》，文物出版社1988年版。
③ 唐华主编：《花山文化研究》，广西人民出版社2006年版。
④ 杨炳忠、蓝锋杰、刘勇主编：《花山申遗论谭》，广西人民出版社2010年版。

技大学、广西民族大学、广西师范大学、澳大利亚西澳大学、中国文化遗产研究院、广西文物保护与考古研究所、广西民族博物馆、广西自然博物馆、广西民族问题研究中心、广西地图测绘院、武汉海达数云技术有限公司等中外高校和科研院所，围绕左江花山岩画文化景观，开展了"广西花山岩画颜料脱落及褪色病害保护修复技术研究""广西花山岩画文化社会环境研究""广西左江岩画文化内涵与独特性研究"等21项课题研究。将对左江花山岩画的认识和解读推向了更深的层次、更广的领域、更高的境界。

三 承前启后：左江岩画研究的新起点

2016年7月15日，在土耳其伊斯坦布尔举行的第40届联合国教科文组织世界遗产委员会会议上，中国提交的"广西左江花山岩画文化景观"项目成功入选《世界遗产名录》，左江流域崖壁"遗梦"成为了世界遗产！几十年薪火相传的左江流域岩画研究，为左江花山岩画文化景观申报世界文化遗产成功立下了汗马功劳。但是，寄托了某种信仰和梦想的左江流域岩画，尚有无穷奥秘需要人们不断探索，研究左江流域岩画，破解寄托其中的梦想的"解梦"之旅，依然在路上。伴随着左江流域岩画成为举世瞩目的"文化景观"，左江流域岩画的研究也进入了新阶段。成为世界文化遗产后，左江流域岩画研究的要求更高，后辈们更需前赴后继，以此为新起点，重新出发，取得更大的成果。

如果说，左江流域岩画研究在20世纪五六十年代主要是对岩画本体的调查研究，在20世纪70年代末至90年代，主要是专题和系统的综合性研究，在21世纪早期，主要是岩画保护及文化景观的研究，那么，左江花山岩画文化景观成为世界文化遗产之后，左江流域岩画研究，除了深化传统领域的研究之外，尤其需要着力探讨如何保护传承左江花山岩画文化，使其独特的文化价值为全世界所共享。此一领域的研究，前景广阔，任重道远。

本书是一项承前启后的成果。本书作者之一李富强教授，在左江花山岩画文化景观申报世界文化遗产期间，曾受广西壮族自治区文化厅委托，主持完成了"骆越的历史与文化习俗""左江岩画与左右江流域现代民族的关系"和"左江流域现代各族居民对左江岩画的认知"3项课题。本成果与前述3项课题一脉相承，本书的内容自然也与这些项目成果有千丝万缕的关系。

本书的撰写过程，历经了左江花山岩画文化景观成为世界文化遗产的重要历史时刻，见证了奋斗的艰辛和成功的喜悦，时间上正处于承前启后的关键节点，内容上我们也力求能够发挥承前启后的作用，不仅有对左江花山岩画本体的新认识，也有保护、传承左江花山岩画文化的新探讨，希望能为保护、传承已成为世界文化遗产的左江花山岩画文化贡献绵薄之力。

第一章　骆越之民：左江流域岩画的创作者

左江流域岩画的创作者是谁？这些人是什么样的人？这是关于左江流域岩画的重要问题。关于这个问题，前人做了一些探索。我们在前人的基础上，提出自己的见解，并做系统阐述。我们认为，左江流域岩画的创作者是骆越人，骆越是当地土著族群，有自己独特的文化。

第一节　左江流域岩画族属骆越考

一　前人关于左江流域岩画族属观点辨析

关于左江流域岩画的族属研究，从 20 世纪五六十年代开始提出，到 20 世纪七八十年代讨论热烈，基本形成共识，到 20 世纪 90 年代以后，就很少涉及了。

概而言之，在岩画研究史上，曾经出现过的关于左江流域岩画族属问题的观点，主要有以下五种。

（一）壮族

1956 年中央民族学院杨成志教授在调查了宁明花山岩画之后，在广西省政协作了一个报告《宁明发现珍贵的壮族古代岩壁画调查报告》，指出岩画的主人是壮族。他认为，这些岩画大约有一千年到两千年的历史，为我们研究壮族古代的文化提供了很有价值的史料①。同年，陈汉流发表《广西宁明花山岩壁上的壮族史迹》一文，明确将之归为"壮族史迹"，认为"明江沿岸壁画，也许是太平天国运动的时候，宁明、龙津地区天地会所绘制的"②。此后，梁任葆认为："花山壁画是古代桂西的壮族为了纪念某一次大规模战争的胜利所制作的，对研究壮族的历史具有极大价值。"③ 1962 年，周宗贤、李干芬指出，花山岩画是奴隶社会壮族镇水鬼的符法④。1980 年出版的《壮族简史》认为："这些岩壁画的制作，在很大程度上与壮族先民所从事的生产活动有关"，"壁画反映了古代壮族人民从事渔猎生产的真实情况"，与祷告水神，以求保境安民的活动有密切联系⑤。1983 年，黄现璠、陈业铨则认为"花山壁画是壮族岩洞葬的产物"，其目的是"统治者将首领的棺材置诸悬岩或高山岩洞之后于附近石壁上画以旧时卫队人物或出殡时的仪仗队伍，以此标尊示贵"⑥。

（二）唐朝西原蛮

最早提出这个观点的是黄增庆，他在 1957 年发表的《谈桂西壮族自治州古代壁画及其年代问题》一文中认为，岩画是唐代的作品，与唐代"西原蛮"黄乾曜及其领导的起义有关⑦。同年，刘介撰文附和黄增庆的观点，并进一步认定，这些岩画是"西原族在胜利后，举行大规模庆功纪念时画成的，所以全部画意，表现得特别奔放活

---

① 杨成志：《宁明发现珍贵的壮族古代岩壁画调查报告》，《广西日报》1956 年 10 月 7 日。
② 陈汉流：《广西宁明花山岩壁上的壮族史迹》，《文物参考资料》1956 年第 12 期。
③ 梁任葆：《花山壁画的初步研究》，《广西日报》1957 年 2 月 10 日第 3 版。
④ 周宗贤、李干芬：《壮族的古代画——花山壁画》，《红旗日报》1962 年 2 月 25 日。
⑤ 壮族简史编写组：《壮族简史》，广西人民出版社 1980 年版，第 115—116 页。
⑥ 黄现璠、陈业铨：《广西宁明花山壁画与岩洞葬》，载中国西南民族研究会《西南民族研究》第一辑，四川民族出版社 1983 年版，第 396 页。
⑦ 黄增庆：《谈桂西壮族自治州古代壁画及其年代问题》，《广西日报》1957 年 3 月 9 日第 3 版。

跃，对激励群众的斗争，具有很大的教育意义"①。陈汉流亦改变过去的观点，先后撰文指称"花山岩壁画的语言符号，是唐代西原首领黄少卿的遗存"②。

（三）苗瑶先民

如黄惠焜以岩画上的动物形象作为突破口，认为画面上有不少狗的图像，应是狗图腾崇拜的表现，而苗瑶民族是崇拜狗图腾的。因此，论者认为岩画的作者是苗瑶先民。③

（四）骆越

1978年，石钟健在《论广西岩壁画和福建岩石刻的关系》一文中，认为岩画的年代是在战国之后，西汉或汉武帝之前，为壮族先民——骆越人所作④。1982年，邱中仑在《左江岩画的族属问题》中，明确提出作画民族为骆越⑤。此后，王克荣、邱中仑、陈远璋所著《广西左江岩画》一书，继续坚持邱中仑的观点⑥。论者将崖壁画年代的上限断在战国，下限断到东汉。那么绘制崖壁画的民族，就只能在当时活动于岭南地区的百越民族中去寻找。百越的支系在广西到越南一带的是西瓯和骆越。左江流域崖壁画分布地点正好在当时骆越人的活动地区之内，因而把崖壁看作是壮族先民骆越人所绘制的。

（五）瓯骆

如覃圣敏等人所著《广西左江流域崖壁画考察与研究》认为，

---

① 刘介：《西原族的发展与宁明、崇左、龙津等处的壁画》，《广西日报》1957年7月26日第3版。
② 陈汉流：《略谈花山岩壁画的语言符号》，《广西日报》1957年8月21日第3版；陈汉流：《花山岩壁画语言符号的意义》，《广西日报》1957年9月8日。
③ 黄惠焜：《花山崖画的民族学考察——也谈广西花山崖壁画的性质年代和族属》，《云南民族学院学报》1985年第1期。
④ 石钟健：《论广西岩壁画和福建岩石刻的关系》，《学术论坛》1978年第1期。
⑤ 邱中仑：《左江岩画的族属问题》，《学术论坛》1982年第3期。
⑥ 王克荣、邱中仑、陈远璋：《广西左江岩画》，文物出版社1988年版，第208—210页。

西瓯即骆越，西瓯、骆越是同族异称，因此，将左江流域崖壁画的作者视为骆越人而排斥西瓯人是片面的，作画者应该是瓯骆人。

以上各种观点中，现在看来，第一种在表述上显然不妥，因为在这些学者所谓的"一千年到二千年前"或"奴隶社会"时期，尚无"壮"的称谓。壮族的称谓是宋代才出现的。至于有学者认为左江岩画可能是太平天国运动时期宁明、龙津地区天地会所绘制，而将之归为"壮族史迹"，则因岩画年代的确定，自然无人再提。认为左江岩画的作者是唐代西原蛮的观点也是如此。当越来越多的证据表明，岩画中各种器物形象，如铜鼓、羊角钮钟、环首刀等都是唐代以前的东西，岩画与"西原蛮"起义有关的说法，就难以成立了。一旦岩画的年代明确，认为岩画作者是苗瑶先民的论述，亦不攻自破。因为苗瑶进入广西是宋代以后的事情。因此，现在学术界对左江岩画族属问题的认识基本上集中在"骆越说"和"瓯骆说"两种观点上。而"骆越说"和"瓯骆说"分歧的根本点在于，西瓯和骆越是不同的两支越人，还是同族异称？前者认为，西瓯在今广西桂江流域和西江流域，骆越在今广西左江流域和越南红河流域，广东西南部和广西东南部则为西瓯骆越杂居之地，所以，左江流域岩画的作者应是骆越。后者则认为，西瓯即骆越，所以，左江流域岩画的作者应是瓯骆人。在笔者看来，关于西瓯和骆越是同族异称还是不同的两支越人的问题，目前还没有足够的证据解决，争论还在继续，可这两种观点其实对于我们讨论左江岩画族属没有实质性影响，在证据不足的情形下，笔者更愿意认为，西瓯、骆越是同族异称，但因为"骆越"贯穿始终，将左江岩画作者称为"骆越"亦无不妥。

二　左江流域岩画族属骆越的论证

左江花山岩画族属骆越人的证据很多，主要表现在以下几个方面。

(一)战国至东汉时期活动于左江地区的族群是骆越人

左江流域岩画的作画年代现在基本上一致推定为战国至东汉时期。据古籍文献记载,在这段时间里,活动于广西地区的族群有西瓯、骆越、乌浒、俚人等。

西瓯,或作西呕,简称瓯。其实,瓯有东、西之分。《山海经·海内东经》有"瓯居海中"。《逸周书·王会解》所谓:"东越海蛤,瓯人蝉蛇,蝉蛇顺食之美。""且瓯文蜃。""越沤,剪发文身。"《战国策·赵策》说:"被发文身,错臂左衽,瓯越之民也。"这些指的是闽浙的瓯人。而《逸周书·王会解》说:"伊尹受命,于是为四方令曰:'臣请……正南:瓯、邓、桂国、损子、产里、百濮、九菌,请令以珠玑、玳瑁、象齿、文犀、翠羽、菌鹤、短狗为献。'"其中的"瓯",则是指今广西境内的瓯人。《淮南子·人间训》云:秦始皇"又利越之犀角、象齿、翡翠、珠玑,乃使尉屠睢发卒五十万为五军:一军塞镡城之岭,一军守九疑之塞,一军处番禺之都,一军守南野之界,一军结余干之水,三年不解甲弛弩,使监禄无以转饷。又以卒凿渠而通粮道,以与越人战,杀西呕君译吁宋。而越人皆入丛薄中,与禽兽处,莫肯为秦虏。相置桀骏以为将,而夜攻秦人,大破之。杀尉屠睢,伏尸流血数十万,乃发谪戍以备之"①。其中的"西呕",也就是西瓯。之所以称为"西瓯",大约有如颜师古所说"言西者以别东瓯也"。瓯为何意?近人刘师培《古代南方建国考》认为:"瓯以区声。区,为崎岖藏匿之所。从区之字,均有曲义,故凡山林险阻之地,均谓之瓯。南方多林木,故古人谓之区,因名其人为瓯人。"

骆,或称"雒"。这个名称很早出现。在《逸周书·王会解》

---

① (汉)刘安:《淮南子》卷18《人间训》,陈一平校注译,广东人民出版社1994年版,第911页。

中提到"路人大竹"。朱佑曾《逸周书集训校释》云："'路'音近'骆'，疑即骆越。"《吕氏春秋·孝行览·本味篇》："和之美者：阳朴之姜，招摇之桂，越骆之菌。"高诱注："越骆，国名。菌，竹笋。"晋人戴凯之《竹谱》引作"骆越"。"越骆"可能是直接记录的越语，而"骆越"则是经过翻译的汉语。关于"骆"的来历，《史记·南越列传》司马贞《索隐》注曰："《广州记》云：'交趾有骆田，仰潮水上下，人食其田，名为"骆人"。有骆王、骆侯。诸县自名为"骆将"，铜印青绶，即今之令长也。后蜀王子将兵讨骆侯，自称为安阳王，治封溪县。后南越王尉他攻破安阳王，令二使者典主交趾、九真二郡人。'寻此骆即瓯骆也。"可今人有的认为与"山麓"或"麓田"有关。《史记》"正义"有云"南方之人，多处山陆"，其中的"山陆"，就是"山麓"的意思。

　　由于在史籍中，西瓯、骆越、瓯骆等名称有时单称，有时连称，所以，有人认为，西瓯和骆越是同族异称；有人认为，西瓯和骆越是两支不同的越人。这两种不同观点长期并存，至今没有定论。

　　认为西瓯和骆越是同族异称的观点，最早见于南朝梁人顾野王（519—581）的《舆地志》："交趾，周时为骆越，秦时曰西瓯。"（见《史记·赵世家》"索隐"引）唐人司马贞《史记索隐》在注引《广州记》的骆人、骆田之后也说："寻此骆即瓯骆也。"《汉书·两粤传》颜师古（581—645）注云："西瓯即骆越也，言西者以别东瓯也。"[1] 但这种说法在唐代以后，似乎无人再提，直到现代，有些学者才又重申这种观点，如林惠祥《中国民族史》认为："骆越亦称瓯越或西瓯。"[2] 苏联学者伊茨《东亚南部民族史》也认为："西瓯、西瓯骆，以及西于都是指同一种位于南越西部（西南部）的

---

[1] （汉）班固：《汉书》卷95《西南夷两粤朝鲜传·南粤》，中华书局1962年版，第3849页。
[2] 林惠祥：《中国民族史》，上海书店出版社2012年版，第82页。

居民。……虽然后来的注释家认为，司马迁讲的闽越、西瓯和骆裸毕竟是讲的三个国家，但是显然，我们应该同意颜师古的意见。"①

认为西瓯和骆越是两支不同的越人的观点大约始于晋时。晋人郭璞在扬雄《方言》卷一"西瓯"句下注曰："西瓯，骆越之别种也。音呕。"这里认为西瓯是从骆越分出来的"别种"，已有将西瓯、骆越视为二支之意。唐人李吉甫（758—814）的《元和郡县志·岭南道五》云：贵州（今贵港），"本西瓯、骆越之地"；贵州郁平县，"古西瓯、骆越所居"；党州，"古西瓯所居"；潘州茂名县，"古西瓯、骆越所居"；邕州宣化县，"古骆越地也"。杜佑（735—812）《通典·州郡十四》有"贵州，古西瓯、骆越之地"，但其余各州郡均未见此类说明。五代时后晋人刘昫在《旧唐书·地理志》中，也分别在党州（今玉林市境）、宣化（今南宁、邕宁境）、郁平（今玉林市境）下注云："古西瓯所居"，"古骆越地也"，"古西瓯、骆越所居"。其他还有许多地方也是如此加注。这种说明，表明李吉甫、刘昫等人已经将西瓯、骆越视为不同的两支越人，因而分别标出他们的不同居地或他们的共居之地。后代学者大多沿袭了这种说法，如罗香林《古代百越分布考》明确指出"西瓯与骆，本为越之二支"。蒙文通的《百越民族考》亦说："雒越之族与南越、西瓯又当有别也。"② 只是各人在划定西瓯和骆越的居地范围时，又大相径庭。有人认为："（西呕君）译吁宋旧址湘漓而南，故西越地也；牂牁西下邕、容、绥、建，故骆越地也。"③ 有人认为：西瓯"其居地似在今柳江以东，湖南衡阳西南，下至今苍梧、封川，北达今黔桂界上"；而骆越居地"殆东自广西南宁西南，下及广东雷州半岛及海南

---

① [苏] 伊茨：《东亚南部民族史》，冯思刚译，四川民族出版社1981年版，第217页。
② 蒙文通：《百越民族考》，《历史研究》1983年第1期。
③ 罗香林：《古代百越分布考》，《南方民族史论文选集》，中南民族学院民族研究所1982年版，第33页。

岛，以达安南东北部、中部"①。还有人认为，西瓯在今两广境内，骆越则在今越南境内②。

以上两种观点的争论，见仁见智，经久不息。曾有学者认识到，如果单是从文字上来争论，是永远没有结果的，因为双方所说，都有其理。于是，他们另辟蹊径推进此问题的研究。

覃圣敏等人在《广西左江流域崖壁画考察与研究》一书中，将考古资料与古籍文献资料结合起来进行综合研究。通过分析，他们认为，桂西南等地同属一个文化类型区，也就是说，西瓯与骆越同属一个文化类型区，将之分为不同的两支越人是没有根据的③。

近年来则有学者通过对比研究，分出了西瓯和骆越的青铜文化④，支持了西瓯和骆越是两支不同越人的观点。

可是，仅有青铜文化的不同，显然不是文化类型区的分别。而且，族群内部也可能存在文化差异，多大的文化差异才反映族群的不同？看来，问题远未解决。

在此背景下，笔者以为，将左江流域岩画的作者表述为骆越人是正确和妥当的。因为西瓯的称谓在汉武帝平定南越后，不再见于史书，而骆越的称谓自先秦到东汉一直存在。

至于乌浒和俚人，均为西瓯、骆越人的后裔。

东汉中期以后，西瓯既已销声，骆越也形消匿迹。当时操笔的汉族文人、官员对于岭南越人以地名人，称为"苍梧、郁林、合浦蛮夷"。⑤ 东汉后期，汉灵帝建宁三年（公元170年），由于郁林太

---

① 罗香林：《古代百越分布考》，《南方民族史论文选集》，中南民族学院民族研究所1982年版，第34页。
② ［越］陶维英：《越南古代史》，商务印书馆1976年版，第129、196页。
③ 覃圣敏等：《广西左江流域崖壁画考察与研究》，广西民族出版社1987年版，第149页。
④ 蒋廷瑜：《西瓯骆越青铜文化比较研究》，《百越研究［第一辑］——中国百越民族史研究会第十三届年会论文集》，广西科学技术出版社2007年版，第86页。
⑤ （南朝）范晔等：《后汉书》卷5《孝安帝纪》，太白文艺出版社2006年版，第39页。

守谷永深入于越人之中，知悉内情，了解他们自称为"乌浒"，于是"以恩信招降乌浒人十余万内属，皆受冠带，开置七县"。① 从此，"乌浒"之称便雀然而起，成了当时岭南越人的一个为人理解和公认的称谓。比如，汉灵帝光和元年（178年），合浦、交趾郡的越人起兵反汉，《后汉书》卷8《孝灵帝记》便称为"合浦、交趾乌浒蛮叛"。

关于乌浒的记载，初见于东汉后期，魏晋也略见之，唐宋仍未断称。其实，乌浒就是西汉"瓯骆"传人。从族称来说，"乌浒"快读就是"瓯"；"瓯"慢读拉长就是"乌浒"，所以"乌浒"应是由"瓯"音转而来。

另外，从活动区域和风俗习惯来看，乌浒与瓯骆大体是一致的。《旧唐书》卷41《地理志》载：

（贵州）郁平（治今广西贵港市——引者），汉广郁县地，属郁林郡。古西瓯、骆越所居，后汉谷永为郁林太守，降乌浒人十万，开七县，即此也。

乌浒之俗，男女同川而浴；生首子食之；云宜弟，娶妻美让兄；相习以鼻饮。

秦平天下，始招慰之，置桂林郡，汉改为郁林郡。地在广州西南安南府之地，邕州所管郡县是也。②

对于乌浒人的文化习俗，与瓯骆也颇有相似之处。

东汉杨孚《异物志》载：

---

① （南朝）范晔等：《后汉书》卷86《南蛮传》，太白文艺出版社2006年版，第660页。
② （后晋）刘昫等：《旧唐书》卷41《地理四·郁平》，中华书局1975年版，第1738页。

乌浒，南蛮之别名也。巢居，鼻饮，射翠取毛、割蚌求珠为业。无亲戚重宝货，卖子以接衣食。若有宾客，易子而烹之。①

乌浒取翠羽、采珠为产，又能织斑布，可以为帷幔。

族类同姓有为人所杀。则居处伺杀主。不问是与非，遇人便杀，以为肉食也。②

又三国吴国丹阳太守万震《南州异物志》载：

交、广之界，民曰乌浒。东界在广州之南，交州之北。恒出道间伺候二州行旅，有单迥辈者辄出击之。利得人食之，不贪其财货也。

地有棘竹厚十余寸，破以作弓，长四尽余，名狐弩；削竹为矢，以铜为镞，长八寸，以射急疾，不凡用也。

地有毒药，以傅矢金，入则挞皮，视未见疮，顾盼之间，肌肉便皆坏烂，须臾而死。寻问此药，云："取虫诸有毒螫者，合着管中曝之。既烂，因取其汁，日煎之。如射肉，在其内地则裂，外则不复裂也"。

乌浒人便以肉为肴俎，又取其髑髅破之以饮酒也。

其伺候行人，小有失辈，出射之。若人无救者，便止以火燔燎食之；若人有伴相救，不容得食，力不能尽相担去者，但断取手足以去。尤以人手足掌跖为珍异，以饴长老。

出得人归家，合聚邻里，悬死人中当，四面向坐，击铜鼓、歌舞、饮酒，稍就割食之。

---

① （宋）乐史：《太平寰宇记》卷166《贵州》，中华书局2007年版，第3177页。
② （宋）李昉、李穆、徐铉等：《太平御览》卷786《乌浒》，河北教育出版社1994年版，第322页。

奉（春）月方田，尤好出索人，贪得之以祭田神也。①

晋南北朝裴渊《广州记》也载："晋兴（治今广西南宁市——引者注）有乌浒人，以鼻饮水，口中进噉如故。"②

时至唐朝宋初，乐史《太平寰宇记》卷162《桂林》引唐人《郡国志》载："阳朔县有夷人名乌浒，在深山洞内。能织文布，以射翠取羽、割蚌取珠为业。"卷166《贵州风俗》载：

风俗多何、滕、黄、陆等姓，以水田为业，不重蚕桑；生以唱歌为乐，死以木鼓助丧。

又郡连山数百里，有俚人皆为乌浒。诸夷率同一姓，男女同川而浴；生首子即食之，云宜弟。居止接近，葬同一坟，谓之合骨，非有戚属，大墓至百余棺。凡合骨者则去婚，异穴则聘女。既嫁，便缺去前一齿。

俚，初写为"里"。《后汉书》卷116《西南夷传》载："建武十二年（公元36年），九真徼外蛮里张游率种人慕化内属，封为归汉里君"；建武十六年（公元40年），交趾郡骆将之女征侧、征贰姐妹受不了太守苏定以汉法约束，忿而起兵反汉，"于是，九真、日南、合浦蛮里皆反应之"③。"里"称后来的发展，是左从"人"字旁，成了"俚"。李贤注《后汉书》说："里，蛮别号，今呼为俚人"，所谓的"蛮"，就是"骆越"。"骆越"又可称为

---

① （宋）李昉、李穆、徐铉等：《太平御览》卷786《乌浒》，河北教育出版社1994年版，第322页。
② （宋）李昉、李穆、徐铉等：《太平御览》卷786《乌浒》，河北教育出版社1994年版，第322页。
③ （南朝）范晔等：《后汉书》卷116《西南夷传》，太白文艺出版社2006年版，第658页。

"蛮里",说明"骆""里"同属来母,上古为同音字,可以通假,"俚"应由"骆"转音而来。而据《南州异物志》云:"俚在广州之南,苍梧、郁林、合浦、宁浦、高梁五郡皆有之,地方数千里。"可知,俚人活动区正与乌浒人相合,也在瓯骆的活动范围之内。

由此可见,东汉后期出现的乌浒和俚其实都是西瓯、骆越的传人。他们登上历史舞台时,左江流域岩画的制作已进入尾声。

(二)左江流域岩画中许多图像反映了骆越人的文化特征

1. 岩画中的人像符合骆越人的形象

左江流域岩画是以人像为主体的岩画,据不完全统计,目前所发现的人像占全部图像的95%以上①。这些人像与古籍记载的骆越人形象相符。

首先,岩画人像以裸体为特征②,符合骆越人裸体的习俗。《淮南子》载海外三十六国皆为裸国民,应包括了骆越。《吕氏春秋·求人》云:"南至交趾……羽人裸国之处。"《史记·南越列传》载,南越"其东闽越千人,众号称王,其西,瓯骆裸国,亦称王"。《汉书·南粤传》又载:"蛮夷中,西有西瓯,其众半羸。"③ 岩画裸体人像应是瓯骆越人裸体习俗的反映。

其次,人像中的发式有披发、短发、辫发、椎髻4种④,与瓯骆人的发式一致。

披发,是中国南方古代越人的一种共同习俗。文献中记作"剪发""断发"。《左传》哀公七年:"越,方外之地,剪发文身之民也。"

---

① 王克荣、邱中仑、陈远璋:《广西左江岩画》,文物出版社1988年版,第189页。
② 王克荣、邱中仑、陈远璋:《广西左江岩画》,文物出版社1988年版,第189页。
③ (汉)班固:《汉书》卷95《西南夷两粤朝鲜传·南粤》,中华书局1962年版,第3851页。
④ 王克荣、邱中仑、陈远璋:《广西左江岩画》,文物出版社1988年版,第190—191页。

图1-1 左江岩画中的正面人像

图1-2 左江岩画中的侧身人像

《庄子·内篇·逍遥游》载:"宋人资章甫而适诸越,越人断发文身,无所用之。"①

《列子·汤问》称:"南国之人,祝发而裸"②,祝发即断发。

《墨子·公孟》载:"昔者越王勾践剪发文身,以治其国,其国治。"③

《战国策》卷十九《赵二·武灵王平昼间居》载:"祝发文身,

---

① 王克荣、邱中仑、陈远璋:《广西左江岩画》,文物出版社1988年版,第190—191页。
② (战国)列子:《列子·汤问第五》,张长法注译,中州古籍出版社2010年版,第133页。
③ (战国)墨翟:《墨子·公孟》,华龄出版社2002年版,第223页。

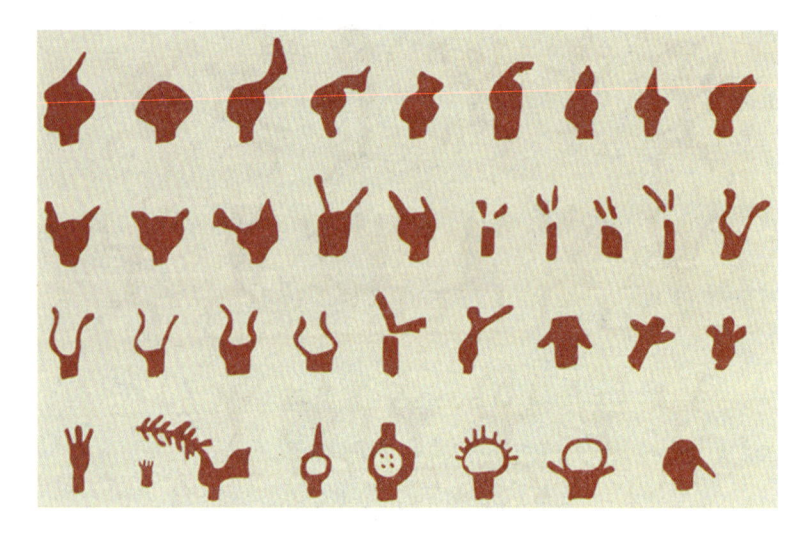

图 1-3　左江岩画中人像发式图像之一

图 1-4　左江岩画中人像发式图像之二

错臂左衽，林越之民也。"①

《说苑·奉使篇》载："彼越……是以剪发文身，烂然成章，以象龙子者，将避水神也。"②

----

① （汉）刘向：《战国策》卷19《赵二·武灵王平昼间居》，凤凰出版社2019年版，第745页。
② （汉）刘向：《说苑》卷12《奉使》，中华书局1985年版，第122页。

《史记·赵世家》载:"夫翦发文身,错臂左衽,瓯越之民也。"张守节《史记正义》在《赵世家》中引《舆地志》云:"交趾,周时为骆越,秦时曰西瓯,断发文身避龙。"①

《汉书·地理志》说:"粤地,牵牛、婺女之分野也。今之苍梧、郁林、合浦、交趾、九真、南海、日南,皆粤地也。""其君禹后,帝少康之庶子云封于会稽,文身断发,以避蛟龙之害。"应劭注云:"常在水中,故断其发,文其身,以象龙子,故不见伤害也。"②

《汉书·严助传》:"越,方外之地,断发文身之民也。"③

《礼记·王制》即有相关的记载:"东方曰夷,被发文身……南方曰蛮,雕题交趾……西方曰戎,被发衣皮……北方曰狄,衣羽毛穴居……"④

《山海经·海内南经》亦云:"伯虑国、离耳国、雕题国、北朐国,皆在郁水南。"晋人郭璞注云:"离耳即儋耳,雕题即文面。"⑤

《淮南子·原道训》曰:"九疑之南,陆事寡而水事众,于是人民披发文身,以象鳞虫。"东汉高诱注云:"被,剪也。文身,刻画其体,内黥其中,为蛟龙之状,以入水蛟龙不害也,故曰以象鳞虫也。"⑥

在广西贵县罗泊湾一号西汉墓出土的铜鼓⑦、西林普驮西汉墓出土的Ⅰ式鼓⑧、越南黄下鼓⑨、约丘鼓⑩的纹饰上,也有披发者的

---

① (汉)司马迁:《史记》卷43《赵世家第十三》,中华书局1964年版,第1808—1809页。
② (汉)班固:《汉书》卷28下《地理志第八下》,中华书局1962年版,第1669—1670页。
③ (汉)班固:《汉书》卷64上《严助》,中华书局1962年版,第2777页。
④ (汉)班固:《汉书》卷64上《严助》,中华书局1962年版,第2777页。
⑤ (先秦)佚名:《山海经》卷10《海内南经》,栾保群详注,中华书局2019年版,第439页。
⑥ (汉)刘安:《淮南子》卷1《原道训》,陈一平校注译,广东人民出版社1994年版,第13页。
⑦ 广西壮族自治区文物工作队:《广西贵县罗泊湾一号墓发掘简报》,《文物》1978年第9期。
⑧ 广西壮族自治区文物工作队:《广西西林县普驮铜鼓墓葬》,《文物》1978年第9期。
⑨ 童恩正:《试论早期铜鼓的时代、分布、族属及功能》,《考古学报》1983年第3期。
⑩ 童恩正:《试论早期铜鼓的时代、分布、族属及功能》,《考古学报》1983年第3期。

形象。

短发是瓯骆人的常见发式。在越南绍阳发现的青铜钺和黄下鼓的纹饰中①，均有短发人像，与岩画的形象一致。

辫发的形象也是骆越人的发式之一。在越南鼎乡鼓②和东山出土的一把短剑③上，就有辫发者的形象。

椎髻则是受汉人影响而在汉代出现的一种发式。《史记》司马贞《索隐》说："谓夷人本被发左衽，今他同其俗，但魋其发而结之。"④《史记·南越列传》曾说到南越王赵佗"结箕踞以见陆生"⑤。王充《论衡·率性》说："南越王尉佗，本汉贤人也，化南夷之俗，背叛王制，椎髻箕坐，好之若性。"⑥《后汉书·南蛮传》亦云："凡交趾所统，项髻徒跣。"唐李贤注曰："为髻于项上也。"⑦ 1962年广东清远县三坑公社马头岗出土的东周铜立柱顶端所饰具有南方族群特征的人像⑧，广西贵县罗泊湾一号西汉墓出土的漆绘竹节铜筒和铜盘⑨、广东曲江马坝石峡遗址上层和香港大屿山石壁遗址出土的铜匕首人头像⑩、广州麻鹰岗西汉前期墓出土的鎏金铜跪俑，越南玉镂铜

---

① ［越］黎文兰、范文耿、阮灵：《越南青铜时代的第一批遗迹》，河内科学出版社1963年版，第35页。
② 童恩正：《试论早期铜鼓的时代、分布、族属及功能》，《考古学报》1983年第3期。
③ ［越］黎文兰、范文耿、阮灵：《越南青铜时代的第一批遗迹》，河内科学出版社1963年版。
④ （汉）司马迁：《史记》卷97《郦生陆贾列传第三十七》，中华书局1964年版，第2691—2706页。
⑤ （汉）司马迁：《史记》卷113《南越列传第五十三》，中华书局1964年版，第2967—2978页。
⑥ （汉）王充：《论衡》卷2《率性》，上海人民出版社1974年版，第28页。
⑦ （宋）范晔：《后汉书》卷86《南蛮西南夷列传第七十六》，中华书局1965年版，第2836页。
⑧ 广东省文物管理委员会：《广东清远发现周代青铜器》，《考古》1963年第2期。
⑨ 广西壮族自治区文物工作队：《广西贵县罗泊湾一号墓发掘简报》，《文物》1978年第9期。
⑩ 广东省博物馆、香港中文大学文物馆：《广东出土先秦文物》，香港中文大学出版社1984年版，第35页。

鼓、越南和平遗址出土的青铜戈①等,都有椎髻者的形象。

最后,左江流域岩画人像常有羽饰②,与骆越"羽人"形象相符。《山海经·海外南经》曰:"海外自西南陬又至东南者……羽民国在其东南,其为人长头,身生羽。"③ 同书《大荒南经》又云:"南海之外,赤水之西,流沙之东……有羽民之国,其民皆生毛羽。"④《淮南子》卷4亦言南方有"羽民"国。在广西和越南出土的铜鼓上常见有羽人图案。

2. 岩画中众多的铜鼓图像是骆越铜鼓文化的生动体现

左江流域岩画铜鼓图像众多,见于35个岩画地点,计有254面之多⑤。这反映了骆越崇尚铜鼓的特点。骆越人是大量使用铜鼓的民族。《后汉书·马援传》云:"(马援)于交趾得骆越铜鼓,乃铸为马式。"⑥ 古籍对其后裔乌浒、俚、僚贵铜鼓的习俗记载更多。如《太平御览》卷785《俚》引裴渊所著《广州记》曰:"俚僚贵铜鼓,唯高大为贵,面阔丈余,方以为奇。初成,悬于庭,克辰置酒,招致同类,来者盈门……风俗好杀,怨欲相攻击,鸣此鼓集众,到者如云,有是鼓者极为豪雄。"《太平御览·但》还引了万震《南州异物志》对东汉时期居住在广州以南,交州以北乌浒人喜好"击铜鼓、歌舞"的习俗的记载。《广西通志》卷二七八《列传·诸蛮》亦曰:"诸僚皆然,铸铜为大鼓,初成悬于庭中,置酒招致同类,来者有富豪子女,则以金银为大钗,执以叩鼓,竟,乃留遗主人,名

---

① [越]黎文兰、范文耿、阮灵:《越南青铜时代的第一批遗迹》,河内科学出版社1963年版,第38页。
② 王克荣、邱中仑、陈远璋:《广西左江岩画》,文物出版社1988年版,第191页。
③ (先秦)佚名:《山海经》卷6《海外南经》栾保群详注,中华书局2019年版,第362、363页。
④ (先秦)佚名:《山海经》卷15《大荒南经》栾保群详注,中华书局2019年版,第533、537页。
⑤ 王克荣、邱中仑、陈远璋:《广西左江岩画》,文物出版社1988年版,第193页。
⑥ (宋)范晔:《后汉书》卷24《马援列传第十四》,中华书局1965年版,第840页。

为铜舞钗。俗好相攻杀，多构仇怨，欲相攻，则鸣此鼓，到者如云，有是鼓者号都老，群情推服。"《太平寰宇记》中记述广西贺州、高州、容州、欢州、钦州等地风俗时亦有关于当地僚人大量使用铜鼓的记载。广西和越南北部出土的大量铜鼓都表明，骆越人是一个崇尚铜鼓、大量使用铜鼓的民族。

3. 岩画中的龙舟竞渡图像反映了骆越人的文化习俗

左江流域岩画中，龙舟竞渡的图像不少。如龙峡第五处第二组、岩拱山第二组、宁明花山第三区第九组、第八区第九组、岩怀山（三洲尾）第二组、渡船山第四组、白龟红山第一组、岜赖山第二组，等等，都有龙舟竞渡的图像[①]。

这是骆越人龙舟竞渡文化习俗的表现。关于龙舟竞渡的起源，虽然后人附会于楚人屈原因报国无门愤而投江的传说，其实乃源于越人对水神的祭拜。越人临江河湖泊而居，水上活动频繁。《淮南子·原道训》云："九疑之南，陆事寡而水事众，于是人民被发文身，以象鳞虫。"[②]《汉书·严助传》曰："越，方外之地，以发文身之民也。……处溪谷之间，草竹之中，习于水斗，便于同舟，地深昧而多水险。"[③] 频繁的水上生活为其文化习俗打上了深深的烙印，不仅使越人"习于水斗，便于同舟"，为避"蛟龙"之害，而"披发文身"，而且以龙舟竞渡的习俗祭祀水神。广西贵县罗泊湾一号墓出土的 10 号铜鼓[④]、西林普驮出土的石寨山型 208 号铜鼓[⑤]以及越南东山文化遗址出土的大量铜鼓上的龙舟竞渡纹饰均以实物的形式反

[①] 王克荣、邱中仑、陈远璋：《广西左江岩画》，文物出版社1988年版，第222页。
[②] （汉）刘安：《淮南子》卷1《原道训》，陈一平校注译，广东人民出版社1994年版，第13页。
[③] （汉）班固：《汉书》卷64上《严助》，中华书局1962年版，第2777—2778页。
[④] 广西壮族自治区文物工作队：《广西贵县罗泊湾一号墓发掘简报》，《文物》1978年第9期。
[⑤] 广西壮族自治区文物工作队：《广西西林县普驮铜鼓墓葬》，《文物》1978年第9期。

图1-5 宁明花山第八区第九组的龙舟竞渡图像

映了骆越人的龙舟竞渡习俗。史籍中虽无关于越人龙舟竞渡的记载，但对于往后岭南地区龙舟竞渡的记载屡见不鲜。李商隐《桂林即事》吟道："殊乡近河祷，箫鼓不曾休。"柳宗元《柳州峒氓》咏道："鹅毛御腊缝山，鸡骨占年拜水神。"温庭筠《河渎神词》曰："铜鼓赛神来，满庭幡盖徘徊，水村江浦过风雷，楚山如画烟开。"孙光宪《菩萨蛮》云："木棉花映丛祠小，越禽声里春光晓，铜鼓与蛮歌，南人祈赛多。"许浑《送客南归》诗亦云："瓦样留海客，铜鼓赛江神。"竞渡之俗一直沿袭下来，到明代，为南方"十年一大会，五年一小会"① 的盛典。明《君子堂日询手镜》记录了广西横州龙舟竞渡活动的盛况:"横州……遇端阳前一日,即为竞渡之戏,至初五日罢。舟有十五数只,甚狭长,可七、八丈,头尾皆可龙形。每舟有五、六十人,皆红衣绿短衫裳。鸣钲鼓数人,搴旗一人,余各以桨擢水,其行如飞,二舟相交胜负。迅疾者为胜,则以酒肉、红豆赏之;其负者披靡而去。远近老稚,毕集江浒,珠翠绯紫,横炫夺目,或就民居楼房,或买舟维缆阴间,各设酒歌欢饮而观,至暮方散。"②

4. 左江流域岩画中犬的图像甚多,反映了骆越人犬祭和珍狗的文化特征

左江岩画中犬的图像甚多。据覃圣敏等人在20世纪80年代的统计,能辨认的86个兽类图像中,大部分是犬。这些图像均为侧身,大部分位于形体高大的正身人像脚下,个别位于正身人像的旁侧或头顶上。其姿态基本作奔跑和站立状,且多处于画面的中心位置,四周为众多的人物围绕③。左江岩画中犬的图像之所以如此众多和突出,反映了骆越人行犬祭和珍狗的文化特征。

狗的驯养是骆越先民跨入驯化野生动物门槛之始。今操壮侗语族的壮傣、侗水以及黎三个语支的各个民族(或群体)都谓狗为 ma^1 或 ηwa^1,语同一源,说明壮、布依、临高、傣、侗、水、仫佬、毛南以及黎族尚未分化之前,已经认知并驯化、饲养了狗。壮族民间流传着这样的神话故事说,他们的祖先带着一只黄狗到天上的仙田里去打了一滚,沾上了一身稻种带回凡间,但沿途被草木刮掉了,只剩下尾巴上的稻种,所以现在的稻穗形如狗尾一般。此一壮族神

---

① (明)邝露:《赤雅考释》卷下《桂林竞渡》,蓝鸿恩考释,广西民族出版社1995年版,第161页。
② 王云五主编:《君子堂日询手镜峤南琐记》,商务印书馆1936年版,第37—38页。
③ 覃圣敏等:《广西左江流域崖壁画考察与研究》,广西民族出版社1987年版,第162—164页。

图 1-6 左江岩画中犬的图像

话传说,道出了狗的驯养成为是在野生稻的驯化成为栽培稻之前。曾有学者指出:"狗是最先驯化成功的家畜之一。在华北一些新石器时代遗址,狗的材料很普通。甑皮岩遗址无狗,一方面可能表示当时驯养野生动物的技能还较低;而另一方面,更主要的原因可能是,古代洞穴的居民,对狗的需要并不强烈。"[1] 甑皮岩遗址没有狗骨的遗存,不能断定当时越人还没有驯化狗。因为狗不是拿来吃的,其骨头不与人吃食丢弃的猪骨、鹿骨等堆在一起是正常的。

骆越先人不仅在远古时代就驯化、饲养了狗,而且在历史的发展中不断优化其品种。《逸周书》卷7《王会篇》说:商朝初年,成汤的大臣伊尹所著的《四方献令》就记载"正南瓯、邓、桂国、损子、产里、百濮、九菌,请令以珠玑、玳瑁、象齿、文犀、翠羽、菌鹤、短狗为献"。岭南正在商朝的正南方,"短狗"很可能是骆越人最早进贡中原王朝的物品。

虽然史籍中没有关于骆越人崇狗和行犬祭的记载,但在广西贵县罗泊湾一号墓出土的竹节铜筒漆画和越南北部越池、国威出土的青铜

---

[1] 李有恒、韩德芬:《广西桂林甑皮岩遗址动物群》,《古脊椎动物和古人类》1978 年第 4 期。

钺的纹饰上，都有狗的图像。而且，其他支系的越人珍狗并行犬祭可见诸于古籍记载。如《国语》卷20《越语上》载：越国君王勾践为了鼓励生育，增强国力，曾下令："生丈夫，二壶酒一犬；生女子，二壶酒一猪。"《太平御览》卷780《叙东夷》引《临海水土志》说，"安家之民""悉依深山，架立屋舍于栈格上，似楼状。……父母死亡，杀犬祭之"。《临海水土志》是三国时代沈莹所撰，安家之民就是当时居住于今闽、浙之界的越人。而骆越之后僚人亦有此俗。《魏书》卷101《僚传》载：儿子若错杀了父亲，"走避，求得一狗以谢其母。母得狗谢，不复嫌恨"。在当时僚人心目中，"大狗一头，买一生口"①。此一文化特质在骆越后裔身上一直延续至元明、清时代。比如，元代陈孚《思明州》诗五首，其三即为："鹿酒香浓犬羰肥，黄茅冈上纸钱飞。一声鼓绝长鼍立，又是蛮巫祭鬼归。"②"犬羰肥"，就是狗大猪肥。这是以狗为祀鬼的祭品。又如明景泰《云南图经志书》卷3载：云南师宗州（今师宗县）"土僚"，"以犬为珍味，不得犬不敢祭"。王崧道光《云南志钞》卷154也说：侬人"种植糯谷，好割犬祭祀"。因此，凌纯声先生认为，"犬祭为越人旧俗……这种以狗为牺牲，同时珍狗，亦为东南亚古文化特质之一，此一特质虽不多见，但分布甚广"③，"在整个的太平洋文化区中，当以古代中国海洋文化区域为犬祭文化的典型地区……以犬祭的地理分布看来，这一文化的特质的区域，遍在太平洋区，而其源地不在古代中国即在东亚，向东陆行经白令海峡而至美洲，水行则乘柳筏或方舟散希于太平洋岛屿"④。以上所述，

---

① （齐）魏收：《魏书》卷101《僚传》，吉林人民出版社1995年版，第1379页。
② （清）汪森编辑，桂苑书林编辑委员会校注：《粤西诗载校注（第7册）》卷22，广西人民出版社1988年版，第155页。
③ 凌纯声：《古代闽越人与台湾土著族》，引自《南方民族史论文集》，中南民族学院民族研究所，1982年，第143页。
④ 凌纯声：《中国边疆民族和环太平洋文化·古代国与太平洋区的犬祭》，台北经联书局1979年版，第166页。

可能挂一漏万，但左江流域岩画的作者为骆越人可谓证据确凿，不容置疑。

第二节 骆越人的源流

一 骆越人的来源

"骆"或"越骆"见载于战国时代吕不韦的《吕氏春秋》卷14《义赏篇》和《本味篇》。《吕氏春秋·卷十四 本味篇》曰："和之美者：阳朴之姜，招摇之桂，越骆之菌，鳣鲔之醢，大夏之盐，宰揭之露，其色如玉，长泽之卵。"[1] "越骆"，在"骆"前冠以"越"，是古代中原人对"骆"人的一种称谓方式。

此后，关于骆越的记载，不绝于书，如：

《史记·建元以来侯者年表第八》："索隐表在堵阳。以南越桂林监闻汉兵破番禺，谕瓯骆兵四十余万降侯。"[2] "以故瓯骆左将斩西于王功侯。"[3] "瓯骆将左黄同。"[4]《史记·南越列传》曰，"岁馀，高后崩，即罢兵。佗因此以兵威边，财物赂遗闽越、西瓯、骆，役属焉，【集解】：汉书音义曰：'骆越也。[5]'【索隐】：邹氏云'又有骆越'。姚氏案：广州记云'交趾有骆田，仰潮水上下，人食其田，名为"骆人"。有骆王、骆侯。诸县自名为"骆将"，铜印青绶，即今之令长也。後蜀王子将兵讨骆侯，自称为安阳王，治封溪

---

[1] 凌纯声：《中国边疆民族和环太平洋文化·古代国与太平洋区的犬祭》，台北经联书局1979年版，第166页。

[2] （汉）司马迁：《史记》卷20《建元以来侯者年表第八》，中华书局1964年版，第1051页。

[3] （汉）司马迁：《史记》卷20《建元以来侯者年表第八》，中华书局1964年版，第1052页。

[4] （汉）司马迁：《史记》卷20《建元以来侯者年表第八》，中华书局1964年版，第1051页。

[5] （汉）司马迁：《史记》卷20《南越列传第五十三》，中华书局1964年版，第2969页。

县。後南越王尉他攻破安阳王，令二使典主交阯、九真二郡人'。寻此骆即瓯骆也。东西万馀里。乃乘黄屋左纛，称制，与中国侔"①。"且南方卑湿，蛮夷中间，其东闽越千人众，号称王；其西瓯骆裸国【索隐】：裸国。音和寡反。裸，露形也。亦称王。"②"谕瓯骆属汉：索隐案汉书，瓯骆三十馀万口降汉。"③"瓯骆相攻，南越动摇。"④

西汉杨雄所撰、晋人郭璞加注的《方言》谓："西瓯，骆越之别种也。"⑤

北魏《水经注·卷三十七 叶榆水》引《交州外域记》曰："交阯昔未有郡县之时，土地有雒田。其田从潮水上下，民垦食其田，因名为雒民。设雒王、雒侯，主诸郡县。县多为雒将，雒将铜印青绶。后蜀王子将兵三万，来讨雒王、雒侯，服诸雒将，蜀王子因称为安阳王。后南越王尉佗举众攻安阳王。安阳王有神人，名皋通，下辅佐，为安阳王治神弩一张，一发杀三百人。南越王知不可战，却军住武宁县。"⑥雒，即骆。

《汉书·高帝纪下》："五月，诏曰：'南人之俗，好相攻击，前时秦徙中县之民南方三郡，使与百粤杂处。会天下诛秦，南海尉它居南方长治之，甚有文理，中县人以故不耗减，粤人相攻击之俗益止，俱赖其力。今立它为南粤王。'使陆贾即授玺、绶。它稽首称臣。如淳曰：'中县之民，中国县民也。秦始皇略取陆梁地以为桂林、象郡、南海郡，故曰三郡。'李奇曰：'欲以介其间，使不相攻

---

① （汉）司马迁：《史记》卷20《南越列传第五十三》，中华书局1964年版，第2969—2970页。
② （汉）司马迁：《史记》卷20《南越列传第五十三》，中华书局1964年版，第2970页。
③ （汉）司马迁：《史记》卷20《南越列传第五十三》，中华书局1964年版，第2977页。
④ （汉）司马迁：《史记》卷20《南越列传第五十三》，中华书局1964年版，第2977页。
⑤ （汉）司马迁：《史记》卷20《南越列传第五十三》，中华书局1964年版，第2977页。
⑥ （北魏）郦道元：《水经注校》卷37《叶榆水》，上海人民出版社1984年版，第1156—1157页。

第一章 骆越之民：左江流域岩画的创作者

击也。'"① "陆梁"即"骆"的音转。

《汉书·西南夷两粤朝鲜传·南粤》，"佗因此以兵威边，财物赂遗闽粤、西瓯骆，役属焉"②。"粤桂林监居翁谕告瓯骆四十余万口降，为湘城侯"③。"故瓯骆将左黄同斩西于王，封为下鄜侯"④。

《汉书·景武昭宣元成功臣表》："湘成候监居翁，以南越桂林监闻汉兵破番禺，谕瓯骆民四十余万降候，八百三十户。"⑤ "下鄜候左将黄同，以故瓯骆左将斩西于王公侯，七百户。"⑥

《汉书·贾捐之传》："骆越之人，父子同川而浴，相习以鼻饮，与禽兽无异，本不足郡县置也。⑦"

《汉书·闽粤传》："故骆越将左黄同斩西于王，封为下鄜候。⑧"

《后汉书·马援传》："条奏越律与汉律驳者十余事，与越人申明旧制以约束之，自后骆越奉行马将军故事。"⑨ "好骑，善别名马，于交阯得骆越铜鼓，乃铸为马式，还上之。"⑩ "伏波好功，爰自冀、陇。南静骆越，西屠烧种。"⑪

《后汉书·循吏列传》："又骆越之民无嫁娶礼法，各因淫好，无

---

① （汉）班固：《汉书》卷1《高帝纪第一下》，中华书局1962年版，第73页。
② （汉）班固：《汉书》卷95《西南夷两粤朝鲜传·南粤》，中华书局1962年版，第3848页。
③ （汉）班固：《汉书》卷95《西南夷两粤朝鲜传·南粤》，中华书局1962年版，第3858—3859页。
④ （汉）班固：《汉书》卷95《西南夷两粤朝鲜传·南粤》，中华书局1962年版，第3863页。
⑤ （汉）班固：《汉书》卷17《景武昭宣元成功臣表》，中华书局1962年版，第656页。
⑥ （汉）班固：《汉书》卷17《景武昭宣元成功臣表》，中华书局1962年版，第657页。
⑦ （汉）班固：《汉书》卷95《西南夷两粤朝鲜传·闽粤》，中华书局1962年版，第3863页。
⑧ （汉）班固：《汉书》卷64下《贾捐之》，中华书局1962年版，第2834页。
⑨ （宋）范晔：《后汉书》卷24《马援列传第十四》，中华书局1965年版，第839页。
⑩ （宋）范晔：《后汉书》卷24《马援列传第十四》，中华书局1965年版，第840页。
⑪ （宋）范晔：《后汉书》卷24《马援列传第十四》，中华书局1965年版，第840、863页。

适对匹，不识父子之性，夫妇之道。"①

南朝顾野王《舆地志》："贵州（今贵港—笔者按），故西瓯骆越之地，秦属立郡，仍有瓯骆之名。"② "交趾，周时为骆越，秦时曰西瓯。"③

后晋刘昫《旧唐书·志二十一 地理四》，"骊水在县北，本牂柯河，俗呼郁林江，即骆越水也，亦名温水。古骆越地也"④。"郁平，汉广郁县地，属郁林郡。古西瓯、骆越所居。"⑤ "茂名，州所治。古西瓯、骆越地，秦属桂林郡，汉为合浦郡之地。"⑥

唐李吉甫《元和郡县图志》："贵州郁林县，本西即骆越之地，秦并天下置桂林郡。"⑦

唐杜佑《通典》卷184："贵州今理郁平县，古西贩骆越之地。秦属桂林郡，徙谪人居之，自汉以下，与郁林郡同。"⑧

宋乐史《太平寰宇记·卷一六六·贵州》："郁平县，汉广郁地，属郁林郡，古西既骆越所居，后汉谷永为郁林太守，降乌浒人十万，开置七县，此郁林县也，在郁江之左。"⑨

《岭外代答·乐器门》，"按马援征交趾得骆越铜鼓，铸为马，或谓铜鼓铸在西京以前"⑩。

南宋《路史·后纪·高阳》："有濮氏、高氏、越徇芊姓，是为南越、越裳、骆越、瓯越、瓯雒、瓯人、且瓯、供人、海阳、目深、

---

① （宋）范晔：《后汉书》卷76《循吏列传第六十六》，中华书局1965年版，第2462页。
② （宋）范晔：《后汉书》卷76《循吏列传第六十六》，中华书局1965年版，第2462页。
③ （宋）范晔：《后汉书》卷76《循吏列传第六十六》，中华书局1965年版，第2462页。
④ （后晋）刘昫：《旧唐书》卷41《地理四》，中华书局1975年版，第1737页。
⑤ （后晋）刘昫：《旧唐书》卷41《地理四》，中华书局1975年版，第1738页。
⑥ （后晋）刘昫：《旧唐书》卷41《地理四》，中华书局1975年版，第1742页。
⑦ （唐）李吉甫：《元和郡县图志》卷37《岭南道四》，中华书局1983年版，第9247页。
⑧ （唐）李吉甫：《元和郡县图志》卷37《岭南道四》，中华书局1983年版，第9247页。
⑨ （北宋）乐史：《太平寰宇记》卷166《贵州》，中华书局2007年版，第3178页。
⑩ （南宋）周去非：《岭外代答》卷7《乐器门》，上海远东出版社1996年版，第150页。

扶摧、禽人、苍吾、蛮扬、扬越、桂国、西瓯、损子、产里、海葵、九菌、稽余、仆句、比带、区吴、所谓百越也。"①

明欧大任《百越先贤志·自序》："今自南越北届姑胥，尽会稽之地，故夫越也；东自无诸都东冶至漳泉，故闽越也；东海王摇都于永嘉，故瓯越也；译吁宋旧壤湘漓而南，故西越也；牂牁西下邕、容、绥、建，故骆越也。"②

明顾炎武《天下郡国利病书》："今邕州与思明府凭祥县接界入交趾海，皆骆越也。"③

清严观《元和郡县补志》言义州（今广西岑溪县境）为"古西瓯骆越地。"④

从这些古籍记载看，骆越人出现于春秋时期，消失于东汉以后。但有学者认为，骆越族称可能在商代就已出现。《逸周书·卷七 王会解》曰，"东越海蛤，欧人蝉蛇，蝉蛇顺食之美。遇越纳□。姑妹珍，且瓯文蜃，其人玄贝，海阳大蟹。……禽人菅，路人大竹，长沙鳖。其西鱼复，鼓锺，锺牛。蛮杨之翟。仓吾翡翠，翡翠者，所以取羽。其余皆可知。自古之政，南人至，众皆北向"。"伊尹受命，于是为四方令曰：'臣请正东，符娄、仇州、伊虑、沤深、十蛮、越沤，剪发文身，请令以鱼皮之鞞、乌鲗之酱、鲛瞂利剑为献。正南，瓯邓、桂国、损子、产里、百濮、九菌，请令以珠玑、玳瑁、象齿、文犀、翠羽、菌鹤、短狗为献。'"文中"路人大竹"之"路人"，即骆人。

尽管骆越见诸于古籍记载最早是商周时期，但其渊源还可上溯。正如有学者通过研究"百越"地区新石器时代文化后发现，"百越"

---

① （南宋）周去非：《岭外代答》卷7《乐器门》，上海远东出版社1996年版，第150页。
② （明）欧大任：《百越先贤志·自序》，中华书局1985年版，第1页。
③ （明）顾炎武：《顾炎武全集》《天下郡国利病书·广东通志·亲蛮》，上海古籍出版社2011年版，第3424页。
④ （明）顾炎武：《顾炎武全集》《天下郡国利病书·广东通志·亲蛮》，上海古籍出版社2011年版，第3424页。

地区的新石器时代文化上接旧石器时代,下开"百越文化"的先河,起着承前启后的重要作用,"百越"地区诸新石器时代文化是"百越文化"的渊源所在,可以径称"先越文化",我们不需从传播、迁徙等其他方面去寻找"百越文化"的来源①。骆越的来源同样可以追溯至岭南地区的新石器时代。骆越的诸多文化特征,如稻作农业、干栏建筑、蛇图腾崇拜等,在岭南地区新石器时代文化中常有所体现②。曾有学者将分布于广西南部年代与骆越人活动的年代相衔接的大石铲文化(时代约在新石器时代晚期至青铜时代)与骆越文化进行比较研究,结果发现尽管两者因时代不同而呈现出不同的文化面貌,但两者之间仍存在一些相同的文化因素(主要在葬俗和器物特征上),这是二者文化源与流的体现,揭示二者在文化发展方面关系密切,骆越文化是对大石铲文化的继承和发展③。这说明骆越是起源于本地的土著族群。

西汉中晚期至东汉中前期,汉族文人对岭南越人的称谓则为"骆越"。东汉班固却分"瓯骆"为"西瓯"和"骆越"两个群体。比如,西汉司马迁《史记》卷30《平准书》载"汉连兵三岁,诛羌、灭南越,番禺以西至蜀南者置初郡十七",班固《汉书》卷24下《食货志》抄《史记》之文却又将"南越"改为"两粤"。在《汉书》卷75《夏侯胜传》中,班固指明所谓的"两粤":

宣帝初即位(前73年),欲褒先帝,诏丞相、御史曰:"朕以眇身,蒙遗德,承圣业,奉宗庙,夙夜惟念孝武皇帝躬仁谊,

---

① 曾骐:《"百越"地区的新石器时代文化》,《百越民族史论集》,中国社会科学出版社1982年版,第42页。
② 梁旭达:《广西瓯骆文化浅析》,《百越研究》第1辑,广西科学技术出版社2007年版,第147—156页。
③ 谢日万、何安益:《桂南大石铲应是骆越人先民的文化遗存》,《百越研究》第1辑,广西科学技术出版社2007年版,第157—164页。

厉威武，北征匈奴，单于远遁；南平氏羌、昆明、瓯骆两越；东定秽、貉、朝鲜：廓地斥境，立郡县，百蛮率服，款塞自至，珍贵陈于宗庙……"①

所谓"瓯骆两越"，其实是一越。"瓯"是越人的自称，"骆"是越人住地之谓，自称与居地之谓联结以称越人，是为"瓯骆"。所以，唐代师古注《汉书》便说："瓯、骆，皆越称号。"

汉元帝初元元年（前48年）贾捐之说："骆越之人父子同川而浴，相习以鼻饮，与禽兽无异。"此后，指称岭南越人为"骆越"使盛行起来了。

东汉初，交趾郡征侧、征贰姐妹起兵反汉，攻没交趾郡，九真、日南、合浦"蛮夷"应之。建武十八年（公元42年），汉光武帝派遣伏波将军马援率军征讨，平定了征侧之乱。马援在征讨过程中，"所过辄为郡县，治城郭；穿渠灌溉，以利其民；条奏越律与汉律驳者十余事，与越人申明旧制以约束之。自后，骆越奉行马将军故事"。② 这说明，从岭南大陆到海南岛、到交趾、九真等郡，西汉中晚期到东汉，当时的人都视此一区域的越人为"骆越"。

此一地区的越人也就是西汉中前的"瓯骆"人。

为什么称他们为"骆越"？

《广州记》称：

> 交趾有骆田，仰潮上下，人食其田，名为骆人，有骆王、骆侯。诸县自名为骆将，铜印青绶，即今之令长也。③

---

① （汉）班固：《汉书》卷75《夏侯胜》，中华书局1962年版，第3156页。
② （宋）范晔等：《后汉书》卷24《马援传》，太白文艺出版社2006年版，第178页。
③ （汉）司马迁：《史记》卷20《南越列传第五十三》，中华书局1964年版，第2969—2970页。

《交州外域记》说：

交趾昔未有郡县之时，土地有雒田，其田有潮水上下，民垦食其田，因名为雒民。设雒王、雒侯主诸郡县，县多为雒将，雒将铜印青缓。①

又沈怀远《南越志》载：

交趾之地颇为膏腴，从民居之，始知播植。厥土惟黑壤，厥气惟雄。故今称其田为雄田，其民为雄民。有君长，亦曰雄王。有辅佐焉，亦曰雄侯，分其地为雄将。②

三书对同一件事，各以骆、雒、雄定称，说明骆、雒、雄三字古代音读相近。这在前面已经说过。川谷平原之地称为"骆田"，民垦食其田，因称为"骆民"，透露了"骆越"一称的缘起由来，但就整体而言，"骆越"之称不因交趾郡的"骆田"而来。因为在人们知晓交趾骆田之前，不仅早在战国时代已见"骆越"之称，东汉初也有了"中庐骆越"之谓。

建武十一年（公元35年），臧宫协助征南将军岑彭进讨割据川蜀的公孙述时，"将兵至中庐，屯骆越"。③李贤注说："中庐，县名，属南郡（治今湖北江陵县），故城在今襄州襄阳县南。盖越人徙于此，因以为名。"所谓的"越人徙于此"，就是汉武帝灭南越国以后，分封投诚和有功的越人首领为侯，比如"喻瓯骆兵四十余万降"的居翁为

---

① （北魏）郦道元：《水经注校》卷37《叶榆水》，上海人民出版社1984年版，第1156—1157页。
② （宋）李昉、李穆、徐铉等：《太平广记》卷482《交趾》引。
③ （南朝）范晔等：《后汉书》卷18《臧宫传》，太白文艺出版社2006年版，第141页。

湘成侯、杀西于王降的"瓯骆左将"黄同为下郦侯、捉住南越国相吕嘉的越郎孙都为临蔡侯，以及越将毕取为瞭侯、南越揭阳令定为安道侯、故南海守弃子嘉为涉都侯等。① 这些侯的封地都集中在南阳郡（治今河南南阳市）的地域内。他们北上为侯，必然率其所部进入封地。随着时间的演进以及侯爵的被削，这些越人居地必有变动。他们南下进入湖北襄阳地区，所以，北宋乐史《太平寰宇记》卷145《襄州》引唐人《郡国志》说："襄阳本汉中庐县地，汉初徙骆越之人居之。"②

东汉初"中庐骆越"的出现说明了几点。

其一，骆越和西瓯本为一体，即"瓯骆"。比如，杀西于王的"瓯骆左将"黄同、"谕瓯骆四十余万"降汉居翁，他们都是原"瓯骆"的首领，只是后来省了越人的自称"瓯"而仅以越人谓居地之名称谓越人而已。

其二，不仅岭南西南部的越人可称为"骆越"，岭南东部的越人也称为"骆越"。比如，瞭侯毕取、安道侯定、临蔡侯孙都、涉都侯嘉等都是岭南东部的越人首领。他们所率到封地的越人也是岭南东部的越人，后来也称为"骆越"，但五代张昭远等人写《旧唐书》卷41《地理志》说贵州（治今广西贵港市）古为"西瓯、骆越"所居；宋乐史《太平寰宇记》卷161《高州》也说茂名县（今广东茂名市）"古西瓯、骆越所居"③。

其三，"骆越"的"骆"缘于越人谓山间谷地或川谷平原之音，交趾郡有"骆田"，越人"垦食其田"因名"骆民"只是其例，并不是"骆越"之称缘起于交趾郡的"骆田"④。

二 骆越人的发展

骆越的发展史可以分为两个阶段：一是先秦时期自主发展阶段；

---

① （汉）司马迁：《史记》卷20《建元以来侯者年表》，线装书局2006年版，第85页。
② （北宋）乐史：《太平寰宇记》卷145《襄州》，中华书局2007年版，第2814页。
③ （北宋）乐史：《太平寰宇记》卷161《高州》，中华书局2007年版，第3090页。
④ 李富强、白耀天：《壮族社会生活史》，广西人民出版社2013年版，第73页。

二是秦汉时期逐渐融入中华民族大家庭阶段。这两个阶段各有特点。

（一）先秦时期自主发展阶段

所谓自主发展阶段，并不是说它与别的族群没有交往交流。其实，即使是在史前时期，骆越先民与中原人也有交往交流的。新石器时代晚期，广西与内地的联系已经沟通。《尚书·尧典》云："申命羲叔宅南交。"《墨子·节用篇》亦云："古者尧治天下，南抚交趾。"① 文中的"南交""交趾"均泛指岭南地区。《淮南子·修务训》曰：舜"南征三苗，道死苍梧"②。此中苍梧已接近广西甚至已深入广西北境。③《史记·五帝本纪》亦曰：舜"践位三十九年，南巡狩，崩于苍梧之野，葬于江南九嶷，是为零陵"④。据考证，舜封弟象于有庳，而死于苍梧。有庳即今湖南道县，苍梧即湖南九嶷山之南，包括宁远、蓝田及广西富川、钟山、贺县、苍梧诸地区⑤。骆越人进入中原王朝的视野即在汉文古籍出现之时，正是其进入青铜时代之际。此时，骆越人与中原的交往交流更加密切。《逸周书》云："伊尹朝献商书，汤问伊曰：'诸侯来献或无马牛之所生而献远方之物，事实相反不利。今吾欲因其地势所有献之，必易得而不贵，其为四方献令。'伊尹受命，于是为四方令曰：'臣请正东符娄、仇州、伊虑、沤深、九夷、十蛮、越沤，发文身。请令以鱼皮之鞞、乌鲗之酱、鲛瞂利剑为献；正南瓯、邓、桂国、损子、产里、百濮、九菌，请令以珠玑、玳瑁、象齿、文犀、翠羽、菌鹤、短狗为献。……'"同书又云："路人大竹，长沙鳖"，"仓吾翡翠"。还说：

---

① （战国）墨翟：《墨子·节用中》，华龄出版社2002年版，第81页。
② （汉）刘安：《淮南子》卷19《修务训》，陈一平校注译，广东人民出版社1994年版，第959页。
③ 蒋廷瑜、蓝日勇：《广西先秦青铜文化初论》，载《中国考古学会第四次年会论文集》，文物出版社1985年版，第260页。
④ （汉）司马迁：《史记》卷1《五帝本纪第一》，中华书局1964年版，第44页。
⑤ 刘介：《广西哪些地方最先受到中原的影响》，《广西日报》1963年5月31日第4版。

第一章　骆越之民：左江流域岩画的创作者

"自古之政，南人至众皆北向。""北向"者，北献也。《说文》禾部"禾毛"字注释引伊尹语曰："饭之美者，玄山之禾，南海之禾毛。"解字云："禾毛，稻属。"说明中央王朝的势力或影响已波及岭南，"路人"即骆越与中央王朝有了朝贡关系。从考古发现来看，广西兴安、武鸣、宾阳、忻城、荔浦、陆川等地都发现了商周青铜器。桂东北等地新石器时代陶器多饰商周青铜器常见的纹饰。商周青铜文化的传入，不仅使岭南制陶技术有了长足进步，而且催生了岭南越人的青铜铸造技术恭城出土春秋时期的兽首柱形器、扁茎短剑、Ⅱ式斧、靴形钺等与中原同类器迥异[①]，武鸣县马头乡元龙坡春秋时期墓中发现有斧、钺、镞、镦等石范及青铜铸品[②]，证明由于中原青铜文化的影响、催化，春秋时期骆越人已创造了自己的青铜文化。

然而，在秦汉时期中央王朝将岭南纳入版图之前，此种交流都只能是小规模的、浅层次的，抑或是间接性、偶发性的。骆越发展的相对独立性、自主性，体现在文化上，秦汉及其之前，是骆越文化特点最为浓郁的时期，双肩石器、大石铲文化、几何印纹陶文化、青铜文化、崖壁画文化、铜鼓文化等无不彰显着鲜明的个性。

秦汉之前的春秋战国时期，骆越人已有了贫富不均和阶层的分化。反映在广西武鸣马头墓葬[③]和平乐银山岭战国墓[④]中，墓葬规模的大小、形制的繁简、随葬品的多寡优劣均有所不同。另外，此时的一些器物上发现了不少刻画符号，且有一些重复出现，不仅在同一遗址中多次出现，而且出现于不同遗址中，具有了一定的统一性

---

① 广西壮族自治区博物馆：《广西恭城县出土的青铜器》，《考古》1973年第1期。
② 广西壮族自治区文物工作队等：《广西武鸣马头元龙坡墓葬发掘简报》，《文物》1988年第12期。
③ 广西壮族自治区文物工作队等：《广西武鸣马头元龙坡墓葬发掘简报》，《文物》1988年第12期。
④ 广西壮族自治区文物工作队：《平乐银山岭战国墓》，《考古学报》1978年第2期。

和规范性。这可能是原始文字萌芽的标志。① 所以，学者们普遍认为此时骆越人已跨入了文明的门槛。有学者甚至认为骆越人此时已建立了"方国"，武鸣马头很可能是"骆越方国"的都城②。

  此时的骆越人有着较强的凝聚力和族群意识。公元前 221 年，秦始皇平灭六国，统一中国，建立了中国历史上第一个统一的多民族的中央集权国家。为了巩固秦朝政权，拓展疆土，公元前 219 年，秦始皇继平定闽越和扬越之后，遣尉屠睢统帅 50 万大军，分五路进军岭南。"一军塞镡城之岭（今越城岭），一军守九疑之塞（今萌渚岭），一军处番禺之都（今骑田岭），一军守南野之界（今大庾岭），一军结余干之水（今江西余干水上游）。"③ 五路大军都受到顽强抵抗，特别是第一和第二路军，遭受到西瓯人的奋力阻击。西瓯人在初战受挫，首领译吁宋战死之后，毫不气馁，"皆入丛薄中，……莫肯为秦虏，相置桀骏以为将"④，继续抗击秦军。致秦军主帅尉屠睢被斩，"伏尸流血数十万"⑤，"宿兵无用之地，进而不得退"⑥。直至秦始皇增派"尉佗将卒以戍越"⑦，令监御史史禄"以卒凿渠，而通粮道"⑧，征调大批中原人民，"丁男被甲，丁女转输"⑨，并于公元前 215 年，派名将任嚣和赵佗率兵再度征战，才于公元前 214 年，打败西瓯、骆越，统一岭南。

  （二）秦汉时期逐渐融入中华民族大家庭阶段

  秦始皇统一岭南后，岭南遂成为中国中央王朝版图中不可分割

---

① 李富强：《壮族文字的产生、消亡与再造》，《广西民族研究》1996 年第 2 期。
② 郑超雄：《壮族文明起源研究》，广西人民出版社 2005 年版，第 213—215 页。
③ （汉）刘安：《淮南子》卷 18《人间训》，上海古籍出版社 2016 年版，第 467 页。
④ （汉）刘安：《淮南子》卷 18《人间训》，上海古籍出版社 2016 年版，第 467 页。
⑤ （汉）刘安：《淮南子》卷 18《人间训》，上海古籍出版社 2016 年版，第 467 页。
⑥ （汉）司马迁：《史记》卷 112《平津侯主父列传》，线装书局 2006 年版，第 471 页。
⑦ （汉）司马迁：《史记》卷 112《平津侯主父列传》，线装书局 2006 年版，第 471 页。
⑧ （汉）刘安：《淮南子》卷 18《人间训》，上海古籍出版社 2016 年版，第 467 页。
⑨ （汉）司马迁：《史记》卷 112《平津侯主父列传》，线装书局 2006 年版，第 472 页。

的一部分,骆越进入了一个新的历史时期:在中央王朝的统治下,在统一的多族群国家中发展的时期。

汉文化族群和族群关系观的核心是:以中原文明为本,判断其他族群与中原文明的"文化距离",以"仁政"和"感召"的方式"教化"其他族群是中原文化的"使命",汉文化对待其他文化的基本态度是"兼容并包""有教无类",最终实现"天下大同"。① 这一思想在周朝时期就已形成。反映在其以中央王朝与周边民族的关系秩序制定的"五服之制"中。《史记》卷四《周本纪》载:"夫先王之制,邦内甸服,邦外侯服,侯卫宾服,蛮夷要服,戎翟荒服。甸服者祭,侯服者祀,宾服者享,要服者贡,荒服者王。日祭,月祀,时享,岁贡,终王,先王之顺祀也。有不祭,则修意;有不祀,则修言;有不享,则修文;有不贡,则修名;有不王,则修德;序成而有不至,则修刑。于是有刑不祭,伐不祀,征不享,让不贡,告不王。于是有刑罚之辟,有攻伐之兵,有征讨之备,有威让之命,有文告之辞。布令陈辞而有不至,则增修于德。于勤民于远,是以近无不听,远无不服。"中国历代王朝都以"五服之制"作为理想的统治目标,来对周围各民族实施具体的统治政策。② 对骆越的统治也不例外。

秦始皇统一中国,"废分封,立郡县",以建立中央集权制。统一岭南后,按照中原地区所推行的郡县制度,在岭南地区设桂林、南海、象郡三郡。据考证,桂林郡治所在布山(今广西贵港市),辖区为东起今广东肇庆,与南海郡西界交错;西抵今广西田东右江以北;北至今广西兴安县以南;南濒南海,包括今广西大部和广东西部。南海郡治所在番禺(今广州市),辖区东、南面滨南海;西抵今

---

① 马戎编著:《民族社会学——社会学的族群关系研究》,北京大学出版社2004年版,第128页。
② [日]冈田宏二:《中国华南民族社会史研究》,赵令志、李德龙译,民族出版社2002年版,第3页。

广西贺州市,与桂林郡东界交错;北至今韶关、南雄、乐昌一带,主要在今广东境内。象郡治所在今越南北部,辖区东起广东湛江、海康,与桂林郡和南海郡相接;西抵今越南长山山脉以东;北及广西右江一线;南至今越南富安省南境,包括今越南中部、北部和广西西部、云南东部、贵州西南部及广东西部的部分地区。① 秦在岭南设郡县虽与中原无异,但岭南三郡,只"置南海尉以典之,所谓东南一尉也",② 而且"南海惟设尉以掌兵,监以察事而无守"。③ 究其原因,乃瓯骆越虽为秦所败,然势力依然强大,秦王朝为巩固新生之郡县,需强化其军事统治,而岭南地处边远,风俗殊异,需赋予南海尉"专制一方"之特权。④

秦亡后,赵佗建南越国,割据岭南,实行"和揖百越"的政策。他把越人中威高势大的吕嘉奉为丞相,把许多越人显贵纳入军政队伍。他还自称"蛮夷大长",带头"椎结箕倨","顺其俗治,全其部落"⑤。

汉初,以分封制治天下。其有悖于中央集权、不利于统一之弊端很快显现,因而汉武帝改弦更张,仍实行郡县制。元鼎六年(公元前111年),汉武帝平定南越后,"遂以其地为儋耳、珠崖、南海、苍梧、郁林、合浦、交趾、九真、日南九郡"⑥。然汉在边疆或少数民族地区所设之郡为"初郡",《汉书·食货志》云:汉武帝时,"汉连出兵三岁,诛羌,灭两粤,番禺以西至蜀南者置初郡十七,且以其故俗治,无赋税"⑦。林超民曾撰文指称,"初郡"有如下四大

---

① 覃圣敏:《秦代象郡考》,《历史地理》1983年第3辑。
② (唐)房玄龄等:《晋书》卷15《地理志下》,吉林人民出版社1995年版,第258页。
③ (明)顾炎武:《顾炎武全集》《天下郡国利病书·广东通志·亲蛮》,上海古籍出版社2011年版,第3424页。
④ 张声震主编:《壮族通史》,民族出版社1997年版,第261—262页。
⑤ (汉)司马迁:《史记》卷113《南越尉佗传》,线装书局2006年版,第474页。
⑥ (汉)班固:《汉书·两粤传》,中华书局1962年版,第3859页。
⑦ (汉)班固:《汉书》卷24下《食货志第五下》,中华书局1962年版,第1174页。

特征①：

1. 郡县几乎设置于与部族连结的范围内。
2. 任命太守、县令、长史掌治郡县，任命少数民族地区的部族首领为王、侯、邑长等，实行土官和流官双重统治，流官掌治土地，土官治理属民。
3. 初郡出赋，土长缴纳土贡，无征调。
4. 初郡的太守掌管军事，军队由内地派遣，担任武备。

可见，汉代对边疆少数民族包括骆越实行的是间接统治。"以其故俗治"包括以"蛮夷君长复长其民"，少数民族首领是边疆少数民族地区的实际统治者。

汉代的"初郡"制度不仅在三国两晋时期被继承，而且成为唐代羁縻制的先驱。②

秦汉中央王朝的统治，不论是直接还是间接，紧密还是松散，不仅将骆越作为多族群国家一员的事实以制度的形式固定化、具体化，而且为越汉文化交流提供了一个制度框架。在这一框架下，越汉文化交流蓬勃发展。首先，历朝历代由中原南下岭南的移民络绎不绝。如果说秦始皇"以谪徙民，与越杂处十三岁"③，并应赵佗之请，遣无夫家妇女15000人南来，"以为士卒衣补"④，是第一次移民浪潮的话，当时汉人的势力也只是局限于少数军事据点。而汉武帝平定南越之后，加强郡县制在岭南的推广，于岭南设苍梧、郁林、合浦三郡，下设27县，并开放中原与岭南的贸易，促成了第二次移民浪潮。因而西汉中晚期之后，广西合浦、郁林、苍梧一带汉墓大

---

① 林超民：《羁縻府州与唐代民族关系》，《思想战线》1985年第5期。
② ［日］冈田宏二：《中国华南民族社会史研究》，赵令志、李德龙译，民族出版社2002年版，第5页。
③ （汉）司马迁：《史记》卷113《南越尉佗传》，线装书局2006年版，第474页。
④ （汉）司马迁：《史记》卷118《淮南衡山列传》，线装书局2006年版，第494页。

量增加。至东汉"元初二年（公元115年），苍梧蛮夷反叛，遂招诱郁林、合浦蛮汉数千人，攻苍梧郡"。①南来汉人不仅已达到一定的数量，而且其势力已深入骆越腹地。

  进入骆越地区的中原汉人不仅带来了先进的生产方式、生产技术，还带来了精神文化。南来的文人学士和中央王朝在骆越地区建立学校传播中原汉文化。自汉代以来，私学在骆越地区出现并得到发展。一批南来文人先后在岭南讲学授徒，蔚然成风，一些当地文人学士亦起而仿效，成为汉文化的传播者。如东汉桓帝时郡毋敛县（今广西西北部）人尹珍，到汝南（今属河南）师从著名经学和文字学家许慎，学成之后，回乡讲学，影响颇大。②除了私学之外，官学也得到稳步发展，并发挥更重大的"教化"作用。汉平帝时，锡光为交趾太守，教导民夷，渐知礼仪。光武帝时任延为九真太守，"建立学校，导之礼义"。③

  在先进汉文化的强大影响下，骆越经济社会快速发展。如骆越人的农业在秦汉之后快速发展即与南来汉人带来了先进的铁制农具和耕作技术密切相关。汉初，吕后"禁南越关市铁器"④，为此，赵佗再三派出使者北上谢罪，说明岭南铁器缺乏。汉武帝开放岭南贸易之后，铁器流入岭南增多，反映在西汉中晚期之后，岭南出土铁器数量大幅增多，先进的生产工具促进了农业的发展繁荣。再从青铜铸造业的发展来看，秦汉之前，壮族先民早已掌握了制造铜鼓的技术，但铸造铜鼓工艺最精、铸造铜鼓最多则是在秦之后。秦汉之后铜鼓的合金成分与记载中原地区先秦时代手工业品制作工艺的

---

  ① （南朝）范晔等：《后汉书》卷86《南蛮传》，太白文艺出版社2006年版，第659页。
  ② （南朝）范晔等：《后汉书》卷86《南蛮西南夷传》，太白文艺出版社2006年版，第661页。
  ③ （南朝）范晔等：《后汉书》卷76《任延传》，太白文艺出版社2006年版，第658页。
  ④ （汉）司马迁：《史记》卷113《南越列传》，线装书局2006年版，第474页。

《考工记》所载基本相同的事实说明，骆越青铜铸造业的辉煌是由于汉人大量南迁带来了中原的先进技术。随着经济和技术的发展，骆越社会结构、社会形态也发生了变化。

中原汉人进入骆越地区及汉文化的强烈影响还促进了越汉民族文化的融合。秦和汉初，南来汉人规模小，汉人和越人的文化互动和涵化主要表现为汉人"越化"。南越王赵佗尚且自称"居蛮夷中久，殊失礼义"，[①] 普通移民"越化"不难想象。可自汉武帝特别是东汉以后，随着南来汉人规模的扩大，特别是由于中央王朝和南来的文人学士在骆越地区"建立学校，导之礼义"，使之"渐见礼化"，[②] 越汉文化互动和涵化就主要表现为"汉化"了。

三 骆越后裔的延绵

东汉中期以后，"骆越"称谓逐渐形消匿迹，但这不是说骆越人绝灭了或迁徙离开了，只是因为其后裔的称谓变化了。

（一）乌浒、俚、僚

1. 乌浒

东汉中期以后，骆越逐渐形消匿迹。当时的汉族文人、官员对于岭南越人以地名人，称为"苍梧、郁林、合浦蛮夷"。[③] 东汉后期，由于汉灵帝建宁三年（公元170年），郁林太守谷永深入越人之中，知悉内情，了解他们自称为"乌浒"，于是"以恩信招降乌浒人十余万内属，皆受冠带，开置七县"。[④] 从此，"乌浒"之称便雀然而起，成了当时岭南越人一个常见称谓。比如，汉灵帝光和元年（178年），合浦、交趾郡的越人起兵反汉，《后汉书》卷8《孝灵帝

[①] （汉）班固：《汉书》卷43《陆贾传》，中华书局1962年版，第2112页。
[②] （南朝）范晔等：《后汉书》卷86《南蛮传》，太白文艺出版社2006年版，第658页。
[③] （南朝）范晔等：《后汉书》卷5《孝安帝纪》，太白文艺出版社2006年版，第39页。
[④] （南朝）范晔等：《后汉书》卷86《南蛮传》，太白文艺出版社2006年版，第660页。

记》便称为"合浦、交趾乌浒蛮叛"①。

初见于东汉后期的"乌浒",经魏晋,至唐宋依然不绝于古籍记载。如东汉杨孚《异物志》载:

> 乌浒,南蛮之别名也。巢居,鼻饮,射翠取毛、割蚌求珠为业。无亲戚重宝货,卖子以接衣食。若有宾客,易子而烹之。②
> 乌浒取翠羽、采珠为产,又能织斑布,可以为帷幔。
> 族类同姓有为人所杀。则居处伺杀主。不问是与非,遇人便杀,以为肉食也。③

又三国吴国丹阳太守万震《南州异物志》载:

> 交、广之界,民曰乌浒。东界在广州之南,交州之北。恒出道间伺候二州行旅,有单迥辈者辄出击之。利得人食之,不贪其财货也。
> 地有棘竹厚十余寸,破以作弓,长四尺余,名狐弩;削竹为矢,以铜为镞,长八寸,以射急疾,不凡用也。
> 地有毒药,以傅矢金,入则挞皮,视未见疮,顾盼之间,肌肉便皆坏烂,须臾而死。寻问此药,云:"取虫诸有毒螫者,合着管中曝之。既烂,因取其汁,日煎之。如射肉,在其内地则裂,外则不复裂也"。
> 乌浒人便以肉为肴俎,又取其髑髅破之以饮酒也。
> 其伺候行人,小有失辈,出射之。若人无救者,便止以火

---

① (南朝)范晔:《后汉书》卷8《孝灵帝纪第八》,中华书局1965年版,第340页。
② (宋)乐史:《太平寰宇记》卷166《贵州》引,中华书局2007年版,第3177页。
③ (宋)李昉、李穆、徐铉等:《太平御览》卷786《乌浒》引,河北教育出版社1994年版,第322页。

燔燎食之；若人有伴相救，不容得食，力不能尽相担去者，但断取手足以去。尤以人手足掌跖为珍异，以饴长老。

出得人归家，合聚邻里，悬死人中当，四面向坐，击铜鼓、歌舞、饮酒，稍就割食之。

奉（春）月方田，尤好出索人，贪得之以祭田神也。①

晋南北朝裴渊《广州记》也载："晋兴（治今广西南宁市——引者）有乌浒人，以鼻饮水，口中进噉如故。"②

《旧唐书》卷41《地理志》载：

（贵州）郁平县（治今广西贵港市——引者），汉为广郁县地，属郁林郡。古西瓯、骆越所居，后汉谷永为郡太守，降乌浒十万，开七县，即此也。

乌浒之俗，男女同川而浴；生首子食之，云宜弟；娶妻美，让兄；相习以鼻饮。

秦平天下，始招慰之，置桂林郡，汉改郁林。郡在广州西南，安南府之北，邕州所管郡县是也。③

乐史《太平寰宇记》卷162《桂林》引唐人《郡国志》载："阳朔县有夷人名乌浒，在深山洞内。能织文布，以射翠取羽、割蚌取珠为业。"④ 卷166《贵州风俗》载：

---

① （宋）李昉、李穆、徐铉等：《太平御览》卷786《乌浒》引，河北教育出版社1994年版，第322页。
② （宋）李昉、李穆、徐铉等：《太平御览》卷786《乌浒》引，河北教育出版社1994年版，第322页。
③ （后晋）刘昫等：《旧唐书》卷41《地理四·郁平》，中华书局1975年版，第1738页。
④ （宋）乐史：《太平寰宇记》卷162《桂州》，中华书局2007年版，第3104页。

  风俗多何、滕、黄、陆等姓，以水田为业，不重蚕桑；生以唱歌为乐，死以木鼓助丧。

  又郡连山数百里，有俚人皆为乌浒。诸夷率同一姓，男女同川而浴；生首子即食之，云宜弟。居止接近，葬同一坟，谓之合骨，非有戚属，大墓至百余棺。凡合骨者则去婚，异穴则聘女。既嫁，便缺去前一齿。①

2. 俚

关于俚人的记载，最早见于《后汉书·南蛮西南夷列传》："建武十二年（公元36年——引者注），九真徼外蛮里张游，率种人慕化内属，封为归汉里君。②"文中"蛮里"即为一种族称。此后，所谓"蛮里"改为"俚"。从东汉至南宋均有俚人活动的记载。如万震《南州异物志》。该书载：

  广州南，有贼曰俚。此贼在广州之南，苍梧（治今广西梧州市——引者）、郁林（治今广西贵港市——引者）、合浦（治今广西合浦县——引者）、宁浦（治今广西横县——引者）、高凉（治今广东恩平县——引者）五郡中央、地方数千里。往往别村，各有长帅，无君主，恃在山险，不用王。自古及今，弥历年纪。③

西晋前期张华《博物志》卷9云："交州夷曰俚子。"

---

① （宋）乐史：《太平寰宇记》卷166《贵州》引，中华书局2007年版，第3178页。
② （南朝）范晔：《后汉书》卷86《南蛮西南夷列传第七十六》，中华书局1965年版，第2836页。
③ （南朝）范晔等：《太平御览》卷785《俚》引，河北教育出版社1994年版，第319—320页。

南朝宋始兴郡（治今广东曲江县）太守徐豁遣使巡视郡中各县民情之后，元嘉二年（426年）上书陈奏三事。其三说：

中宿县（今广东清远县——引者）俚民课银，一子丁输南称半两。寻此县自不出银。又俚民皆巢居鸟语，不闲货易之宜，每至买银，为损已甚，又称两受入，易生奸巧。山俚愚怯，不辩自申，官府课甚轻，民以所输为剧。今若听计丁输米，公私兼利。①

《隋书》卷53《刘方传》说：隋朝开皇二年（602年）交州"俚帅"李佛子举兵反隋，隋文帝杨坚命刘方率军南征。刘方以兵威作后盾，"谕以祸福，李佛子方才投诚"②。

《新唐书》卷95《高俭传》载：唐朝时"钦州俚帅宁长真以兵侵交趾"③。

南宋《岭外代答》："钦（州）民有五种……三曰俚人，史称俚僚者是也。"④

3. 僚

"僚"初见于记载，写作"獠"。三国时代曾任吴国丹阳郡（治今南京市）太守的万震《南州异物志》载："獠民，亦谓文身国，刻其胸作华（花）以为饰。"⑤《三国志》卷41《霍弋传》载："永昌郡（治今云南省保山县东北）夷獠恃险不宾，数为寇害。"南朝宋时裴松之注《三国志》卷43《张嶷传》也引《益都耆旧传》说："牂柯（治今贵州省凯里西北——引者）、兴古（治今云南省岘山县——引

---

① （南朝）沈约：《宋书》卷92《良吏徐豁传》，吉林人民出版社1995年版，第1309页。
② 《隋书》卷53《刘方传》，中华书局1973年版，第1357页。
③ （宋）欧阳修等：《新唐书》卷95《高俭》，中华书局1975年版，第3839页。
④ （宋）周去非：《岭外代答》卷3《五民》，上海远东出版社1996年版，第76页。
⑤ （南朝）范晔等：《太平御览》卷371《胸》引，河北教育出版社1994年版，第95页。

者）獠种反。忠令巂领诸营往讨。巂内招降，得二千人，悉传诣汉中。"这些记载说明从岭南经云贵高原东部到西南部的住民，三国时已称为"獠"。

此后，关于獠的记载常见于古籍。《南史·欧阳颉传》却云："兰钦征夷獠，擒陈文彻。"《隋书·地理志》："俚獠贵铜鼓，岭南二十五郡，处处有之。"①《旧唐书·王翃传》："岭南溪峒夷獠乘此相恐为乱。其首领梁崇牵自号'平南十道大都统'……"②《新唐书》卷147《南蛮传》："黄贼皆峒獠，无城廓，依山险，各治生业，急则屯聚。"③《明史》卷318《广西土司传》："璟言，蛮獠顽犷，散则为民，聚则为盗，难以文治，当临之以兵，彼始畏服。"明代之后，獠的称谓才较少见。

4. 乌浒、俚、獠与骆越的关系

骆越之后出现的"乌浒""俚""獠"等族称，尽管名称不同，其实指的都是"骆越"或"西瓯"之后裔，"俚""獠"是同一族属的异称。《南史·兰钦传》曰："兰钦……破俚帅陈文彻。"《南史·欧阳颉传》却云："兰钦征夷獠，擒陈文彻。"同是陈文彻，可说是俚，又可说是獠，"俚"和"獠"实为一体。所以，在古文献中，"俚"与"獠"常常并称"俚獠"。如《太平御览》卷785引裴渊《广州记》云："俚獠贵铜鼓，唯高大为贵，面阔丈余，方以为奇。"④而据《太平寰宇记》："贵州（今广西贵县）连山数百里皆俚人，即乌浒蛮。"⑤可知俚獠亦即乌浒。关于乌浒、俚獠的活动之地，

---

① （唐）魏征：《隋书》卷31《地理下》，中华书局1973年版，第887—888页。
② （后晋）刘昫：《旧唐书》卷157《王翃》，中华书局1975年版，第4144页。
③ （宋）欧阳修等：《新唐书》卷222下《南蛮下·西原蛮》，中华书局1975年版，第6329页。
④ （宋）李昉、李穆、徐铉等：《太平御览》卷785《俚》，中华书局1960年版，第3478页。
⑤ （宋）乐史：《太平寰宇记》卷166《贵州》，中华书局2007年版，第3178页。

《太平御览》卷786"乌浒"条引《南州异物志》云:"交广之界,民曰乌浒,东界在广州之南,交州之北。"① 同书卷785"俚"条引《南州异物志》又云:"广州南有贼曰俚。此贼在广州之南,苍梧、郁林、合浦、宁浦、高凉五郡中央,地方数千里。"② 其活动范围与"骆越"或"西瓯"一致。而且,据学者考究,"乌浒"是"瓯"之慢读,"俚"亦不过是"骆"之异读③。所以,"乌浒""俚""僚"均是"骆越"和"西瓯"的后继族称。

(二)壮、侗、仫佬、毛南、水

1. 壮

南宋淳祐九年(1249年),李曾伯上奏朝廷称:

> 近自淳祐八年,经司常行下团结两江诸州洞丁壮。④ 右江则黄梦应具到名帐共计一万九百六十二人,左江则廖一飞具到名帐共计二万二千六百人,其本州民丁在外。如宜、融两州,则淳祐五年亦有团结旧籍。在宜州则有土丁、民丁、保丁、义丁、义效、撞丁九千余人,其猗撞一项可用;在融州则有土丁、峒丁、大款丁、保丁九千余人,其款丁一项可用。⑤

"撞",即越人及其后裔谓山间平地或川谷平原为"ɕo:ŋ⁶"的汉音译写字。上文说过,越人"ɕo:ŋ⁶",历史上除译作"陆梁""泷""骆"或者"窜",自然也可以近音译写作"撞"。"撞丁",即住在

---

① (宋)李昉、李穆、徐铉等:《太平御览》卷786《乌浒》,中华书局1960年版,第3480页。
② (宋)李昉、李穆、徐铉等:《太平御览》卷786《乌浒》,中华书局1960年版,第3480页。
③ 覃圣敏:《秦至南朝时期岭南民族及民族关系刍论》,《广西民族研究》1987年第1期。
④ (宋)司马光:《资治通鉴》大历十二年,"差点土人,春夏归农,秋冬追集,给身糖酱菜者,谓之团结"。也就是聚集、团结、训练。
⑤ 《可斋杂稿》卷17《帅广条陈五事奏》。

"ço:ŋ⁶"中的丁壮。而"其猗撞一项可用"的"猗撞",即上古称越人为"瓯骆"在中近古的另一近音译写。越人自称"于",历史上近音译写作雩、雽、吁、于、呕、瓯、乌浒或白衣,自然也可以音译写作"猗"。

在汉族文化的长期和深入影响下,俚、"獠"逐渐趋同于汉族。唯偏远荒僻的丛山地区的"獠人"以及桂中、桂西特别是土官治下诸地汉族文化渗入力度较少的地区,仍以"ço:ŋ⁶"称人,于是有了"撞"的族称。进入元代,"撞"作为特定群体的称谓,涵盖面越来越大,包容的人群越来越多,开始成为一个特定族群。比如,大德二年(1298年)湖广等处于枢密院副使刘国杰平定上思州(治今广西上思县)知州黄圣许(黄胜许)的反叛后,"尽取贼巢地为屯田,募庆远(治今宜州市)撞人耕之,以为两江蔽障"。① 至正八年(1348年)特旨迁林兴祖为"道州路(治今湖南道县)总管。行至城外,撞贼已迫其后,相去仅二十里"。② 又如,至正十一年(1351年),"广西庆远府有异禽双飞,见于述昆乡(在今宜州市西南),飞鸟千百随之,盖凤凰云。其一飞去,其一留止者,为撞人射死,首长尺许,毛羽五色"。③ 这些记载说明,"撞"的分布已经包括宜州及柳州、静江二路,甚至到了湘南的道州路等地。

元"撞"在明朝被犬化,清朝继之。如:《明史》卷317《广西土司传序》载:

  广西猺、獞居多,盘万岭之中,当三江之险,六十三山(在今岑溪县)倚为巢穴,三十六源踞其腹心。其散布于桂林、

---

① (明)宋濂、王祎:《元史》卷162《刘国杰传》,岳麓书社1998年版,第2140—2143页。
② (明)宋濂、王祎:《元史》卷192《林兴祖传》,岳麓书社1998年版,第2468页。
③ (明)宋濂、王祎:《元史》卷51《五行志》,岳麓书社1998年版,第608—623页。

柳州、庆远、平乐诸郡县者，所在蔓衍，而田州、泗城之属尤称强悍。种类滋繁，莫可枚举。

清初桂林守钱元昌《粤西诸蛮图记》载：

粤西山谷奥险阻绝，厥类尤繁。派别支分，则曰猺，曰獞，曰狼，曰伶，曰犴，曰狑，曰狪，曰狔，曰狄，曰蜑，曰土人，曰隆人，曰阳山人；合其类而十分之，獞居四，猺居三，狼居二，余仅得一焉。①

民国徐松石先生著《粤江流域人民史》以"僮"代"獞"。僮，《玉篇》读作"昌容切，音冲"，为"撞"的近音字。1949年以后，改獞为僮。1965年10月12日经国务院批准，改僮为"壮"，音既近"ço: ŋ⁶"，汉语义又是健壮、强壮、茁壮之义。

2. 侗

侗族自称"金"或"更"或"干"。"侗家""侗人"是汉人对他们的称呼，来源于"峒蛮""峒民""峒丁"或"峒人"。唐宋时期，古文献称分布于桂、黔、湘部分山区的少数民族居民为"峒蛮"。"峒"来源于骆越的语言，在今壮侗语中，是一种地貌的称呼，指山间的田野。由于这些少数民族长期居住在这种环境中，同一"峒"的民众，形成一个组织，有的还几个"峒"联系成为一个组织，所以后来"峒"又成为一种组织名称。唐宋时期，中央王朝在这些地方实行羁縻制度进行统治，建立羁縻州、县、峒，并委派知州、知县、知峒管辖其地。峒作为基层行政单位，其居民称"峒民"

---

① （清）金鉷修，钱元昌、陆纶纂：雍正《广西通志》卷92《诸蛮》引，广西人民出版社2009年版，第1511页。

"峒丁"或"峒人"。

大概是在明代,"峒民""峒蛮"或"峒人"变为族名,成为对侗族的专称。明田汝成《行边纪闻·蛮夷》云:"峒人,一曰峒蛮。散处于牂牁、巫溪之界,在辰、沅者尤多。……男子科头、徒跣、或跂木履,以镖弩自随;暇则吹芦笙、木叶、弹二弦、琵琶、臂鹰逐犬为乐。妇人短裙、长衫,后垂刻绣一方,若绶胸亦如之。以银若铜锡为钱,编次绕身为饰。富羡者,以金环缀耳,累累若贯珠也。……人死以尺帛裹头为服。争讼不入官府,以其长论决之,号曰乡公。"这些描述与侗族风俗习惯是相符的。

3. 仫佬

魏晋以后瓯骆越人中分化出"伶""僚"等族群,频见于史册中。《新元史》中出现"木楼"的族称。明清以后古籍出现了"穆佬""木老""姆佬""伶""僚"等称谓。"木楼""穆佬""木老""姆佬"等就是"仫佬"这个族称的来源。"仫佬"是汉人对他们的称呼,他们多自称"伶",少数自称"谨"。"木楼""木老""姆佬"的文化,如语言、节庆、宗教信仰、风俗习惯等,都与瓯骆越人一脉相承,这说明了他们的渊源关系,而元代仫佬族名称的出现可作为其形成的标志。

4. 毛南

毛南族自称"爱南","毛南"是他称。这个名称来源于宋代周去非《岭外代答》中对居住于今天毛南族聚居区环江毛南族自治县上南、中南、下南的居民的称谓"茅滩蛮"。《岭外代答》卷一云:"宜处群蛮之腹,有南丹州、安化三州一镇、荔波、赢河、五峒、茅滩、抚水诸蛮。"[①]《宋会要》蕃夷五之一〇二载,绍熙三年,广西经略安抚等司言:"宜州尤为紧要,盖缘西接南丹,北接安化、茅

---

① (宋)周去非:《岭外代答校注》,杨武泉校注,中华书局1999年版,第4页。

难、荔波、五团,南接蝦水、地州、三旺诸洞。"① 可见 "茅滩" 即 "茅难" 是一个因地得名的称谓。元明时代,史籍中的 "茅滩处" "茆滩团" "茅滩堡" "毛难里",由地名变为行政区划名称,居住这里的是 "茆滩蛮" "毛难人"。清末民国时期,"毛难" "冒南" "毛南" 等名称也是上述名称的同音异写。毛南族其实来源于从瓯骆越人后裔僚人分化出来的 "苦卖伶","苦卖伶" 是伶人的一支。伶人是侗族、仫佬族、水族、毛南族的共同祖先。所以,毛南族又曾被称为 "伶人"。

5. 水

水族自称 "虽",汉族称之为 "水"。这个族称最早见于明代王守仁《月潭寺公馆记》和邝露《赤雅》。清代称其为 "水家苗" "水家"。据水族古歌传唱,水族祖先最初居住于邕江流域的 "邕虽山",后因为战争向北迁徙,经今河池、南丹一带溯龙江而上,最后辗转至黔桂边境一带定居下来。水语中保留有大量的骆越的语言特征,水族文化中也有很多与瓯骆文化的因子,如 "干栏" 建筑、"鸡卜"、崇尚铜鼓,等等,说明水族也是瓯骆越人后裔,他们是在北迁过程中,逐渐从俚僚族群中分化出来,形成为一个共同体的。所以邝露《赤雅》说 "水亦僚类"。

第三节 骆越人的社会形态演变

一 夏商时期:父权制的确立

由于岭南动植物资源丰富,骆越先民在 "广谱开发" 的基础上,很早就发明了农业②。农业是由妇女在采集的过程中发明的,

---

① (宋)周去非:《岭外代答校注》,杨武泉校注,中华书局1999年版,第5—6页。
② 李富强:《越族原始农业的起源》,《广西民族研究》1989年第4期。

无疑加强了妇女在经济社会活动中的地位。再者，由于骆越先民最初的农业不是稻作农业，故其在各种经济成分中，所占的比重尤其小。人们主要靠采集、渔猎糊口，尤其是采集占有重要的位置。到新石器时代中期，农业虽有发展，但遗址中石镞、网坠等制作精致的渔猎工具大量存在，说明渔猎仍是生活来源的重要部分。因为从事采集和农业的主要是妇女，而男子又不能从渔猎中解脱而参加到农业生产中来，这就决定了骆越先民的母系社会的长期存在和发展。

新石器时代晚期，由于根茎农业已为稻作农业代替，农业已成为主要的生业部门。遗址中石铲、石锄、石犁、石镰、石刀、有肩石斧、石锛、石磨盘、石磨棒等一套工具的出现，说明当时的农业已有了犁耕农业的萌芽。这使男子在农业中的作用大大提高。因而，骆越先民的社会逐渐向父系社会过渡。作为男性崇拜物的石祖的出现，标志着父系部落公社的形成[1]。但是，骆越先民社会的这一发展是在中原文化的影响下促成的。当时，广西与内地的联系已经沟通。《尚书·尧典》云："申命羲叔宅南交。"《墨子·节用篇》亦云："古者尧治天下，南抚交趾。"[2] 文中的"南交""交趾"均泛指岭南地区。《淮南子·修务训》曰：舜"南征三苗，道死苍梧"。[3] 此中苍梧已接近广西甚至已深入广西北境。[4]《史记·五帝本纪》亦曰：舜"践位三十九年，南巡狩，崩于苍梧之野，葬于江南九嶷，是为零陵"[5]。据考证，舜封弟象于有庳，而死于苍梧。有庳即今湖南道

---

[1] 广西壮族自治区文物考古训练班、广西壮族自治区文物工作队：《广西南部地区新石器时代晚期文化遗存》，《文物》1978年第9期。

[2] （战国）墨翟：《墨子·节用中》，华龄出版社2002年版，第81页。

[3] （汉）刘安：《淮南子》卷19《修务训》，陈一平校注译，广东人民出版社1994年版，第959页。

[4] 蒋廷瑜、蓝日勇：《广西先秦青铜文化初论》，载《中国考古学会第四次年会论文集》，文物出版社1985年版，第260页。

[5] （汉）司马迁：《史记》卷1《五帝本纪第一》，中华书局1964年版，第44页。

县，苍梧即湖南九嶷山之南，包括宁远、蓝田及广西富川、钟山、贺县、苍梧诸地区①。从考古学材料来看，广西的兴安、灌阳、荔浦、忻城、宾阳、武鸣、横县、陆川等地，都发现了商周青铜器②。先进的中原青铜文化汹涌南下，给骆越社会文化的发展以巨大的影响。在新石器时代晚期，广西制陶工艺和技术水平的长足进步，是受中原青铜文化的影响所致。反映在广西此期陶器的纹饰上，新石器时代晚期陶器的纹饰除了前期常见的绳纹、蓝纹、划纹外，新出现了云雷纹、穷曲纹、夔纹、回形纹、方格纹、网纹、席纹等，其中云雷纹、穷曲纹、夔纹、回形纹等，最早出现并流行于中原地区，是商周青铜器上常见的花纹图案。而广西陶器出现的这类花纹，其风格特征与商周青铜器的同类纹饰基本相同③。另外，新石器时代晚期的石铲等犁耕农业工具是坚硬而锋利的金属工具加工而成的。在广西合浦县清水江，曾发现过石铲与青铜器残片共存的例子④。这表明，骆越父系社会是中原青铜文化催生的。

正因为骆越父系社会是在中原文化的刺激下催生的，骆越社会在由母系制向父权制的过渡中，传统力量表现得特别强烈。为了证明父权制的合法性或合理性，人们千方百计地寻求各种狡狯的方式，以帮助自己在传统的氛围中打破传统。所以，在骆越及其后裔社会中存在许多作为这样一种狡狯手段的文化事象，如：

"产翁"制。《太平广记》卷483引尉迟枢《南楚新闻》曰："南方有獠，妇生子便起，其夫卧床褥，饮食皆如乳妇。稍不卫护，生疾亦如孕妇，妻反无所苦。"又云："越俗：妇人诞子经三日，便

---

① 刘介：《广西哪些地方最先受到中原的影响》，《广西日报》1963年5月31日第4版。
② 覃彩銮：《骆越青铜文化初探》，《广西民族研究》1986年第2期。
③ 覃彩銮：《汉文化的南传及其对壮族古代文化的影响（一）》，《广西民族研究》1988年第4期。
④ 广东省文物管理委员会：《广东南路地区原始文化遗址》，《考古》1960年第11期。

澡身于溪河，返具糜以饷婿，婿则拥衾抱雏坐于寝榻，称为产翁。"《岭外代答》卷10载："僚在江溪峒之外，俗谓之山僚。……唐房千里《异物志》言，僚妇生子即出，夫卧惫如乳妇；不谨，其妻则病，谨乃无苦。"清袁子才《子不语》亦载："广西太平府僚妇生子，经三日便澡身于溪河，其夫乃拥衾抱子，坐于寝榻，卧起饮食，皆须其妇扶持之。稍不卫护，生疾如孕妇，名曰产公，而妻反无所苦。"由于生产力的发展，独立于氏族财产之外的个体家庭财产的产生，男子力图把这些财产交给自己的孩子，但在传统上，孩子属于母系氏族成员，母亲对孩子拥有至高无上的权力，因此，男子在妻子生了小孩后，就要到床上去，像产妇一样，接受亲友们的庆贺，以此来确立他作为父亲的权力和地位。这反映出了母系制的强大。

舅权和入赘婚。在骆越后裔壮族社会，舅舅权力之大，有所谓"天上雷公，地下舅公"的比喻。舅权的存在，虽各地不尽相同，但带有普遍性。在广西环江县城管乡的壮族中，凡是外甥的事，无论大小巨细，舅舅都有权过问。外甥的婚姻，毫无例外需要征询舅舅的意见，若舅父有儿子，则不管情况如何，外甥女都得嫁给他。此外，外甥的离婚、分家、纠纷以及父母的丧事等，舅父一定要过问，甚至外甥在父母死后第一次理发，也得请舅父到家里来进行。没有舅父的意见，外甥的一切事情都办不成①。所谓入赘婚就是女性娶男性，即男到女家落户。壮称"跟栏"或"享栏"，直译为"登上房屋"，意译是"加入女方家庭"。这种婚姻曾盛行于骆越后裔社会中。张心泰《粤游小志》曰：广西"土州寡妇曰鬼妻，土人弗妻也。粤东估客多往赘焉"。清《梧州县志》云："招赘之风，壮族盛行。"《岭表纪蛮》载："赘婿之俗，苗瑶与瑶壮略异。"民国《雷平县

---

① 《环江县城管乡壮族社会历史调查》，广西壮族自治区编辑组《广西壮族社会历史调查》第2册，广西民族出版社1985年版，第316页。

志》：入赘"此俗惟土人有之"（按："土人"即壮族）。民国《崇善县志》："崇左一带入赘陋习，乡村盛行。"民国《龙州县志》："村陇人民好招入赘婚。"民国《柳城县志》："男固可以娶妻，女亦可娶夫，俗称入赘或上门。"直至 1949 年后，大部分壮族地区还在不同程度上存在入赘婚，尤以桂西的田林、隆林、西林、凌云、环江、那坡、东兰、凤山等地较常见。1958 年，广西西林各族自治县那劳区维新乡的入赘婚约占当地婚姻总数的百分之五十①。可见入赘婚在部分壮族地区还是很普遍的。舅权和入赘婚都是母系制的产物。因为在母系社会中，夫从妻居，即男子到外氏族与另一氏族的女子结合，所以，后来的"入赘婚"在母系社会中是普遍而正常的。由于姐妹的子女是随母居，即与姐妹的兄弟（舅舅）共同生活在一个氏族，而与父亲不在一起，所以子女与舅舅的关系比与父亲的关系要密切得多，舅父的权力比父亲还大。

二 西周—秦汉时期：家长奴隶制社会

在中原文化的影响下，骆越人通过长期的摸索，大约在周代掌握了青铜冶铸技术，并创造了具有鲜明的民族特色的青铜文化。这标志着壮族社会的新的发展。由于青铜工具的出现和使用，原始社会的氏族制度进一步崩溃。从广西武鸣马头乡西周至战国时期的古墓②和平乐银山岭战国墓③等考古材料来看，当时墓葬规模大小、形制的繁简和随葬品的多寡、优劣各有不同，说明已出现了私有财产和贫富分化，阶级已经萌芽。

元龙坡、安等秧山墓群墓葬数量众多，而且墓葬集中分布，排

---

① 《西林县那劳区维新乡壮族社会历史调查》，广西壮族自治区编辑组《广西壮族社会历史调查》第 2 册，广西民族出版社 1985 年版，第 211 页。
② 叶浓新：《武鸣马头古骆越墓地的发现与窥实》，《广西民族研究》1989 年第 4 期。
③ 广西壮族自治区文物工作队：《平乐银山岭战国墓》，《考古学报》1978 年第 2 期。

列密集，疏密有致，大小相错，间隔有序，头向一致，相互间极少有打破现象，反映出聚族而葬的特点，属于族墓地的性质。特别是元龙坡墓地，墓葬分区明显，中心位置突出。墓葬以顶部为中心，向西、南、东及西侧坡面散布，形成三个聚集区，即元龙坡西支脉中段聚集区，南、东支脉与顶部最高点连成的聚集区，西支脉东端坡面聚集区。但从已清理发掘墓葬的分布来看，主要集中在元龙坡西支脉中段和南、东支脉与顶部最高点连成的聚集区，西支脉东端坡面聚集区的墓葬较少且不集中。整个墓地的分布格局是：大型墓葬分别位于二个聚集区地势较为平缓的最高点和中心位置，中型墓大多围绕在大型墓的周围，小型墓则在远离大型墓的坡上。

南、东支脉与顶部最高点连成的聚集区的海拔高度为211米，墓葬基本分布在海拔207米以上；此墓区的墓葬数量最多，分布最为密集，该区以元龙坡墓地规模最大的316号墓为中心，它的周围分布着很多大小不等的中小型墓，其中188、189、190、205、219、274号等中型墓紧紧环卫在316号墓周围。316号墓位于元龙坡的坡顶部，属于墓群最高的中心位置，不仅墓葬规模大，形式特殊，而且随葬品也较其他墓丰富，具有特殊的意义。在此墓区的南部还可以看出有分别以318号墓和296号墓为中心的两个墓葬相对集中的小墓区。

南、东支脉与顶部最高点连成的聚集区西支脉中段聚集区最高处的海拔高程为207米，墓葬大多分布在海拔201—207米，此区的墓葬以位于最高点中心区域的147、148、149号墓为中心，东、北、南三面环绕着数量众多中小型墓葬，尤以东、南两面为多，形成一个相对独立的墓葬区。147、148、149号墓均为元龙坡墓地中的大型墓，其中以147号墓最为特殊，其规模是仅次于316号墓和296号墓的大墓，而且出土了青铜卣这样贵重的青铜礼器。

从墓葬在墓地中所处的位置即墓葬之间的空间关系可以看出，元龙坡墓地的墓葬有明显的分区，大型墓葬多集中于墓地的中心，中小型墓则分布在其周围。墓地的这种分布格局，与各地先秦时期的族墓地是一致的，如滇池地区青铜时代墓葬，大墓在墓地中有一定的分布区域，大墓集中于墓地的中心，中小型墓则分布在其周围[1]。如楚雄万家坝墓地中规模最大、埋葬最深、随葬品最丰富的23号墓就位于墓地的正中，周围分布有众多的小墓[2]；呈贡天子庙[3]、江川李家山[4]等墓地也是如此。广东博罗横岭山商周时期墓地其墓葬以等级地位为规范排列得非常整齐，贵族墓葬区（大墓）基本在山腰以上及山脊，而平民墓葬区（小墓）基本集中在山下[5]。

根据墓葬分布格局分析，元龙坡墓地有两个相对独立的墓葬区，一是以316、318号等大墓为中心的南、东支脉与顶部最高点连成的聚集区；二是以147、148、149号墓为中心的西支脉中段聚集区。其中以整个墓群墓坑规模最大的316号墓为中心的南、东支脉与顶部最高点连成的聚集区是元龙坡墓地最主要的墓区，这里地势最高、墓葬数量多、分布范围大、墓葬的等级也最高，估计是一个大的宗族墓地，古骆越国的统治阶层是以这个大的宗族为核心，其他则是方国内的小宗族。而以318号墓和296号墓为中心的两个小区，大概属于一个宗族内的不同家族。

元龙坡墓葬均为竖穴土坑墓，墓室规模较小，形制简单，无墓道。其显著特点是墓室狭长，一般长约2米，宽约0.6米，深约0.8米，长与宽的比例约为4∶1。墓葬形制分为竖穴墓、竖穴带二层台墓和竖穴带侧室墓三种类型。根据墓葬的形制和规模，元龙坡墓群

---

[1] 蒋志龙：《滇国探秘——石寨山文化的新发现》，云南教育出版社2002年版，第356页。
[2] 云南省文物工作队：《楚雄万家坝古墓群发掘报告》，《考古学报》1983年第3期。
[3] 昆明市文物管理委员会：《呈贡天子庙滇墓》《考古学报》1985年第4期。
[4] 云南省博物馆：《云南江川李家山古墓群发掘报告》，《考古学报》1975年第2期；云南省文物考古研究所等：《江川李家山——第二次发掘报告》，文物出版社2007年版。
[5] 广东省文物考古研究所：《博罗横岭山——商周时期墓地2000年发掘报告》，科学出版社2005年版，第9—10页。

的墓葬可以分为大、中、小三种。

大型墓葬数量较少,大部分长度均在3米、宽在0.6米、深1.2米以上,面积多在2平方米以上且大多数有生土二层台,墓穴深且随葬品多。如整个元龙坡墓地面积最大、最深的316号墓,墓长3.50米、宽1.60米、深2.40米,面积5.6平方米,四周还有宽0.4米、深0.8米的二层台。元龙坡西坡顶部中心位置的147号墓,墓穴长4米、宽0.60米、深1.64米,东西两端有生土二层台,二层台及墓底经火烧处理。此外,还有两座形制较为特殊的墓葬,即将墓坑做成船形的土坑墓,其中最明显的56号墓也是一座大墓,墓坑长4米、宽74厘米、深1.2米,两端有生土二层台且尖翘,整体形状似船。中型墓葬数量最多,墓坑一般长2米以上、宽0.6—0.8米,面积在1.2—2平方米。小型墓的数量也很少,墓穴一般长在2米、宽0.6米以下,面积多在1平方米左右或以下,最小的墓长仅1米、宽0.55米,面积只有0.55平方米。

从墓葬的规模来看,元龙坡墓地的墓葬形制不同,墓穴的规模大小不一,且大型墓与小型墓在形制与规模上差距明显,特别是在墓穴的占地面积上,最大的墓与最小的墓之间相差十倍。这些差别反映出墓主人生前身份和社会地位的不同。

随葬品的数量和质量是社会等级直接或间接的表现,是墓主人生前社会地位和身份的象征。

元龙坡墓群共发掘墓葬350座,有随葬品的墓296座,占墓葬总数的84.6%,无随葬品的墓54座,占墓葬总数的15.4%。有随葬品的墓一般每墓只有3—4件,最多不过十余件。

在有随葬品的墓葬中差别也很大,大部分墓中仅随葬1件陶器或是玉器,有极少数墓仅随葬1件铜器,而有些墓则有铜器、陶器、玉器等多达十余件,如元龙坡316号墓,随葬铜矛、铜刀、陶罐、陶碗、陶片、玉雕饰、玉环及石块共10件,填土中、二层台上及墓底有意放置数十块天然砾石，其中二层台上便有49块。147号墓，随葬器物5件，有铜卣、铜矛、铜钺、陶罐、陶钵，其中铜卣置放于东端二层台上，填土中还出许多陶片和3件铸铜石范。安等秧山墓群发掘墓葬86座，有70%的墓葬有随葬品，另有约30%的墓葬没有随葬品，且各墓随葬品的数量不等，大部分墓中仅随葬2—3件陶器、铜器或玉器，最多的14件，少的1—2件。如墓群中规模最大的14号墓和69号墓是单座墓中随葬品最多的，分别有14件和11件，两墓的随葬品数量已占整个墓地随葬品总数的10%强，而且以铜器、玉器为主。

由于骆越人的青铜冶铸技术还比较低，制造的青铜器主要是一些器形简单、体小的兵器、生产工具和生活用具，品种单一，数量稀少。因此，青铜器对骆越人来说是一种高质量的贵重物品，其拥有者主要是上层贵族。

玉器也是随葬品中质量较高的一类。马头墓葬中出土的玉器多为装饰品，极少量为生产工具，器形有玦、环、钏、璜、管饰、扣形器、坠子、穿孔玉片、方形玉片、镂空雕饰等装饰品及凿、锛等生产工具。数量很少，一般陪葬于大、中型墓中，玦、环、管饰、玉片多成组集中出土。玉因其原材料的稀少和珍贵，极少被用来制作实用的生产工具，它几乎完全被用来制作礼仪用品和装饰品。玉器在中华民族的文明发展中具有特殊地位，从新石器时代起，随着社会结构的复杂化，玉器逐渐被用来作为地位和等级的象征，是贵族重要的丧葬用品[①]。

在马头古墓葬中，也出现了用奢侈品随葬的现象。有极少量的随葬品也属于奢侈品，如铜卣、铜盘和部分玉器。铜卣共发现二件。勉岭出土的兽面纹提梁铜卣，器体呈椭圆形，下有圈足；盖和身上

[①] 陈淳：《当代考古学》，上海社会科学院出版社2004年版，第201页。

四面都有高耸的扉棱，通体以云雷纹为地，饰三重花纹。盖面和腹部是浮雕式的水牛首兽面纹，目、眉、耳突起，目似圆球，眉如卧蚕，眉尖突出器体外。盖的边缘、颈部、足部各装饰夔纹一圈，夔身上又饰以勾云纹。盖顶有钮，钮由6只蝉纹聚合成瓜棱形；提梁两端做成水牛头形。器物的造型、纹饰与湖南宁乡出土的商代卣很相似。元龙坡M147出土的铜卣，圆腹，圈足，扁圈足外饰云雷纹。提梁作绳索状，提环饰牛头纹，盖及腹部饰夔纹，整体造型及纹饰位置与北方地区发现西周时期的告田父乙卣、启卣等基本相似。铜盘一件，平唇，折沿，浅腹，双耳，高圈足，圈足内有一个半环钮，盘内中心饰六瓣花纹，六瓣花纹之外为三道重环纹，器外腹部饰窃曲纹，造型和纹饰都与西安西周墓出土的相似。从广西考古的发现来看，虽然在商周时期广西已有了青铜铸造业，但由于技术水平还比较低，只能铸造小型的青铜器，发现的本地产品大多是兵器、生活用具和生产工具等小型器具。广西商周青铜器没有大型的铸件，目前发现的大型容器都是从五岭以北的中原地区传入的。骆越地区发现的铜卣、铜盘与中原地区的同类器物十分相似，无疑是从中原地区传入的。铜卣、铜盘是中原地区商周时期重要的礼器之一。礼器，又称彝器，是中国古代贵族在进行祭祀、丧葬、朝聘、征伐、宴享和婚冠等活动时所使用的器皿，指青铜器中的鼎、簋、豆、觚、钟、镈、卣、盘等。"国之大事，在祀与戎。"由于战争和祭祀都是由统治阶级的少数贵族主持和垄断，礼器成为了权力和财富的象征。从历史记载和考古发现来看，在我国古代，青铜礼器只与地位高贵的人相联合。骆越墓葬内发现的铜卣、铜盘也属于青铜礼器，是骆越人的权力重器，它们应当是与商周王朝上层交往所获，极可能是骆越向商周王朝纳贡地方物产后商周王朝赠赏的礼品。它们在中原地区是权力财富的象征，那么来到骆越地区后同样具有权力财富的功能。在等级森严的商周奴隶制社会中，青铜礼器只有手握重权的统治阶层才能拥有并用于随葬,这在骆越也是如此。

  玉器因原材料稀有和在制作过程中对特殊工艺的需要以及大量精力的投入,玉器也成为社会上层人物的奢侈品。马头墓葬中出土的玉器多为装饰品,极少量为生产工具,大多器形简单,制作粗糙,但元龙坡316号墓发现的镂空玉雕佩饰是少有的一件制作精致的玉器。其外观呈椭圆长形,通长8.4厘米,最宽2.50厘米,厚仅有0.2厘米。通体磨制光滑,采用了镂空、琢磨、切割等工艺,工艺非常复杂精细。镂空玉雕佩饰是该墓地发现的唯一一件玉雕,这样珍贵的玉器,只有贵族才能拥有,它既是一件可供墓主欣赏的艺术品,同时也是财富的象征,而更多的是拥有权力的功能[①]。

  此外,在墓葬的随葬品中还有少数属于特殊随葬品。钺、戈是随葬品中较为特殊的物品,在中原地区是具有权力仪杖一类性质的兵器,是王权和军事统帅权的象征。史载武王伐商在牧野誓师时"左杖黄钺,右秉白旄"。纣王兵败自焚后,武王又以黄钺斩纣头,以玄钺斩纣二嬖妾之颅。《尚书顾命》:"一人冕执刘,立于东堂;一人冕执钺,立于西堂。"在新石器时代晚期的良渚文化和石峡文化的大型墓葬中有用玉(石)钺以及象征主人具有特殊地位的琮及其他贵重物品随葬的现象。商周时期铜钺也大多数出于墓葬之中,从共存青铜礼器所显示的墓主身份表明,只有相当地位的贵族才能拥有并使用铜钺。马头古骆越国时期的墓葬中出有铜钺15件,其中元龙坡墓地中出有铜钺11件,均出自大中型墓中。元龙坡出土的青铜钺,形象怪异,更显威严神秘性,除开有斩杀功能外,也具有号令征伐及仪仗的功能。

  玉(石)戈在中原和其他地区商周时期的墓葬中一般都是大、中型的墓中才随葬,小型墓中极少见到,这些墓的主人有着很高的

[①] 郑超雄:《壮族文明起源研究》,广西人民出版社2005年版,第189页。

社会地位，他们是方国中的君王、贵族，军事首领或是身份地位很高的巫师。在岜马山岩洞葬中出土一件玉（石）戈，通长22厘米，玉质坚硬，通体磨光，制作极为精致。有学者认为，岜马山出有石（玉）戈的墓主很可能是当地君王一类人物①。

此外，镂空扁茎匕首也具有号令征战与仪仗作用，其拥有者应是军事高级指挥官，都是贵族一类的首领人物。铜剑有着身份地位象征的作用②。

另外，有些乐器或宗教用品也与较高社会等级相关联，它们通常都会出现在一个墓地中随葬品比较丰富的墓葬中。元龙坡237号墓、敢猪岩洞葬和岜马山岩洞葬中均发现有用小石子陪葬的现象。这些小石子均为采自河滩的小砾石，大部分为扁方形，也有部分圆形、椭圆形和不规则形等；大小若手指，大都经过人为的加工和修整，将石子的一端或两端敲掉一小部分，也有一些未经加工，为石子的自然形态。每墓中的数量多少不一，最多的敢猪岩洞葬8号人骨架处有438颗，而岜马山岩洞葬4号壁洞和敢猪岩洞葬7号人骨架处分别只有58颗和50颗。其用途被认为可能与占卜有关③，是当时占卜的工具，是一种宗教用品。而随葬有小石子的墓葬其随葬品均比较多，元龙坡237号墓随葬品中除有130颗小石子外，还有石凿1件，陶纺轮2件、玉镯2件、陶釜2件。岜马山岩洞葬中，4号壁洞随葬有陶壶4件、砺石1件。敢猪岩洞葬在7号人骨架处有小石子50颗，另有较多的陶片以及1件较完整的陶罐和6件陶纺轮。3号人骨架的随葬品有陶片、玉石、玉石凿、玉环、玉片、骨镞等20余件和小石子101颗。

元龙坡244号墓曾出土5件铜铃，分别悬挂在一个铜链环上面。

---

① 郑超雄：《壮族文明起源研究》，广西人民出版社2005年版，第168页。
② 郑超雄：《壮族文明起源研究》，广西人民出版社2005年版，第190页。
③ 马头发掘组：《武鸣马头墓葬与古代骆越》，《文物》1988年第12期。

在铜环下端连着一个三叉极铜钩,下端各自连着一个椭圆形铜环,环之下各自悬挂一个铜玲。三个铜玲大小相等,呈椭圆形,上有环钮,口部做成鱼尾状,两角下尖。该墓的随葬器物除铜铃环外,还有陶器、玉器和玉片等数十件。安等秧山战国墓地中,也有铜铃陪葬。5件铜铃全部发现于14号墓内,该墓是安等秧山墓地中规模最大、随葬品最多的墓葬。铜铃既是一种乐器,同时又是用于宗教活动的法器。沈从文先生在《中国古代服饰研究》一书中指出:"西南少数民族秉铎摇玲,始终属于巫师通神工具,至今犹未尽废。"因此,马头墓葬中出土的铜铃都与巫有关,即是巫的法器①。

石子和铜铃仅发现于随葬品数量较多的墓中,说明在当时是一种垄断性的特殊物品,它们与王权统治有着密切的关系。从随葬品较多的情况看,墓主生前有着较高的身份地位。

根据墓葬形制、规模及随葬品的不同,元龙坡墓地成员大致可分成三类,即贵族类、平民类、贫民类②。据此,骆越的社会阶层也相应地分为贵族、平民、贫民三大阶层。

墓地中那些位于墓地中心区域,墓葬规模较大,随葬品数量较多、品种全、有奢侈品和特殊随葬品的墓主以及岩洞葬中的墓主,生前应是部落中"王"或将之类的人物,是骆越中的贵族阶层,他们平时是骆越中生产生活的领导者,战时又是指挥者,是统治阶级。这部分人的数量虽然很少,但他们却占有着方国内的大部分资源。

元龙坡316号墓是墓地中最大的一座墓葬,随葬品也十分丰富,有铜矛、铜刀、陶罐、陶碗、陶片、玉雕饰、玉环及石块共10件;同时该墓处于墓地最高的中心位置,由多方面显示出316号墓显赫独尊的地位,墓主当是墓地中身份最高的首领。147号墓出土铜卣、

---

① 郑超雄:《壮族文明起源研究》,广西人民出版社2005年版,第286页。
② 郑超雄:《壮族文明起源研究》,广西人民出版社2005年版,第188页。

铜矛、铜钺及 3 件铸铜石范，铜卣造型别致、纹饰精美，在整个墓地中是独一无二的，如此精美的青铜器一般的人是难以享用的，铜卣是青铜礼器，是权力的象征，表明墓主生前应是部族中地位较高的人物。

平民阶层相当于中原地区奴隶制社会中的自由民，他们是骆越的主体人群，是生产生活和的直接参加者，平时是劳动者，战时则是冲锋陷阵的战士。平民类的墓葬是数量最多的一类，其与贵族明显的区别有三点；其一是墓葬规模小；其二是墓穴形制中未见有二层台；其三是随葬品很少，有的只有少量陶片，一般仅有一件陶器或玉器或青铜兵器，也有的三种均有，但没有青铜礼器等奢侈品。

贫民阶层的数量较少，约占 30%。生前同在一起生产生活，死后埋在同一个墓地，但他们的墓葬形制简单，墓坑小，有的仅能容身，基本无随葬品，而且墓葬大多分散在远离墓地中心的边缘。他们是骆越中地位最低者，是生活在社会底层的最贫困者。

武鸣马头墓葬在墓葬形制、规模、随葬品上的差异，反映出骆越社会阶级分化现象的客观存在，出现了对社会财富占有的不均，产生了人际间的不平等，出现了阶级对立，其政治社会内部结构已出现了等级分化。但是，各墓之间的差异还不是悬殊，表明骆越的社会生产力还比较低，虽然跨入了阶级社会的门槛，但尚处于阶级社会的初级阶段，社会内部的分化还十分缓慢，各阶层的贫富差距还不是特别大，等级制度尚不十分严格。

至今为止，广西没有发现类似中原地区的那种规模宏大，人殉众多，随葬品丰富的大墓。在随葬品的组合及种类上，广西春秋战国墓是以青铜兵器、生产工具和生活用器等实用器物为主，礼器种类少，没有中原奴隶社会用以"别尊卑，明贵贱"的用鼎制度。由于骆越地区生产力低下，骆越处于溪洞之间，交通闭塞，各溪洞之间的联系受到阻碍，未能形成较大的政治中心，这就严重地制约了其奴隶制的发展。自西周开始，骆越社会中虽已出现阶级萌芽，但并没有完全冲破原始氏族制度。在武鸣马头古骆越墓地遗址中,大小墓穴集体分布于同一范围内,相互间排列密集有序,其中规模较大、随葬品较丰富的墓穴往往处于墓地中心,而数量众多的小型墓则分布在其四周,极少有墓与墓之间的打破现象①。这种大墓和小墓,随葬品多与寡或无的墓相互交错,同葬于一个墓地的状况,正是墓主之间存在一定血缘关系的反映,而这种以血缘关系为纽带同葬一地的埋葬习俗,是原始社会时期氏族埋葬制度的遗俗。因此,尽管当时已开始有了阶级分化,但人们的身份尚比较接近。广西宁明花山崖壁画生动地说明了这一点。宁明花山崖壁画是左江流域崖壁画的代表作,目前尚可辨认的各种画像1819个,其中以人物画像居多。这些人物画像有"大人"和"小人"之分,"大人"头上有饰物,腰佩刀剑,脚下有犬,多居画面中心;"小人"众多,且多排列成行,朝向或簇拥着"大人"。二者的身份显然是不同的,但不论是"大人"还是"小人",都曲肘举手屈腿,没有"小人"侍奉或跪拜"大人"的形象,说明二者并无严格的尊卑关系,即使他们有大小之分,亦不是典型的奴隶主与奴隶的关系②。

据《淮南子·人间训》记载,秦攻岭南时杀了当地越人首领西呕君译吁宋,越人又公推"桀骏以为将",继续抗秦。这种全民皆兵,共举军事首领的行为是原始军事民主制的反映。《交州外域记》云:"交趾昔未有郡县之时,土地有雒田,其田从潮水上下,民垦食其田,因名曰雒民。《水经注》卷37引。"可知当时壮族先民没有郡县等政治机构,文献中提到的"雒王""雒侯"等,只是部落酋长或部落联盟的首领。尽管当时可能已出现奴隶,但奴隶没有被用于大规模的劳动生产上,不是社会生产的主要承担者,只是氏族成员

---

① 叶浓新:《武鸣马头古骆越墓地的发现与窥实》,《广西民族研究》1989年第4期。
② 覃彩銮:《从考古学材料考察壮族的古史分期问题》,《广西民族研究》1987年第2期。

生产劳动的辅助力量，主人自己也还参加生产。虽然阶级分化已逐渐明显，但阶级的矛盾和对立却尚未达到足以形成奴隶主国家的地步。所以，当时骆越社会只是家长奴隶制社会，而不是典型的奴隶社会。

秦汉时期，骆越人受中原文化的影响加剧，但这种影响不是民族融合的自然交流，而是以强制性的武力征服为前提的。秦始皇南征岭南，使得处于部落阶段的骆越还来不及建立完整的奴隶制国家机器，便成为中央封建王朝的臣民。也就是说，秦始皇的南征，扼杀了骆越建立奴隶制国家机器的可能性，使尚未发育成熟的骆越社会制度更加软弱无力，无法对自身进行重新的组合和更新，以求对外来民族文化作出有益的反馈。所以，中央封建王朝的统治，并无法给壮族带来封建制。而且，据我国学者研究，秦汉时期，骆越的土地形式仍沿袭原始公社土地公有制①。因此，家长奴隶制的秦汉时期继续发展。

此后，由于历代中央王朝对岭南实行"以其故俗治"的间接统治政策，使骆越后裔社会长期停留在家长奴隶制的阶段上。直至隋唐之后，由于骆越后裔逐渐打破血缘纽带的束缚，形成了许多由一个族姓或几个族姓组成的组织——"峒"，各峒的峒酋或峒长，也由部落首领转变为统治者。正在此时唐王朝实行羁縻统治，册封这些首领为羁縻州的刺史或都督，大大提升了这些首领的社会地位和政治权力，加速了其由首领到统治者的转变，使得首领与峒民的平等关系变成了对立的阶级。于是，骆越后裔社会从家长奴隶制逐渐演变成为封建农奴制。清代改土归流后，再演变成为以地主经济为基础的封建制度②。

---

① 林尉文：《古代东南越人土地制度初探》，《中央民族学院学报》1988年第6期。
② 李富强：《人类学视野中的壮族传统文化》，广西人民出版社1999年版，第91—100页。

第四节 骆越人的文化习俗

一 经济生产

（一）农业生产

1. 原始农业产生的契机

随着考古学研究的进展，骆越文化的渊源不仅可追溯到新石器时代广西桂林甑皮岩、广东英德青塘洞穴、潮安贝丘、江西万年仙人洞等"先越文化"①，而且可上溯到旧石器时代晚期。广西柳州白莲洞②、鲤鱼嘴③、广东阳春独石仔④等遗址的地层剖面和年代测定所反映的，白莲洞下部堆积、大龙潭鲤鱼嘴下文化层、崇左漱湍区绿轻山矮洞、广东阳春独石仔中、下文化层等旧石器时代晚期遗存与前述新石器时代初期文化一脉相承的事实说明，白莲洞下部堆积、大龙潭鲤鱼嘴下文化层等旧石器时代晚期遗存，从渊源上说，是目前发现的最古老的骆越文化。

从这些考古材料来看，当时的骆越先民与世界上所有其他古人类一样，以采集、狩猎为生。但由于岭南地区动植物资源的极端丰富，骆越先民的采集狩猎经济亦与我国中原或其他地方的古人类有异。按照考古发现，上述旧石器时代晚期遗址主要集中在依山傍水的岩溶里，普遍出土多种类的动物骨骼。

广西柳州大龙潭鲤鱼嘴下文化层：猕猴 Macaca macaca、野兔 Lepus cf. Oiostolus、咬洞竹鼠 Rhizomys troglodytes、黑鼠 Ratlus ratlus、

---

① 曾骐：《"百越"地区的新石器时代文化》，载《百越民族史论集》，中国社会科学出版社 1982 年版，第 36 页。
② 柳州白莲洞洞穴科学博物馆等：《广西柳州白莲洞石器时代洞穴遗址发掘报告》，《南方民族考古》1987 年第 1 辑，第 143—160 页。
③ 柳州市博物馆等：《柳州市大龙潭鲤鱼嘴新石器时代贝丘遗址》，《考古》1982 年第 9 期。
④ 邱立诚等：《广东阳春独石仔新石器时代洞穴遗址发掘》，《考古》1982 年第 5 期。

无颈鬃豪猪 Hystrix subcristata、狐狸 Vulpes vulgaris、熊 Ursus sp.、猪獾 Arctonyx collaris、虎 Panthera tigris、猞猁 Lynx lynx、犀牛 Rhinoceros sp.、野猪 Sus scrofa、麂 Muntiacus sp.、斑鹿 Cervus sp.、水鹿 Cervus（Ri）unicolor、羚羊 Gazella sp.、牛 Babulus sp.。此外还有一些爬行类、鱼类，如龟、鲤科等。螺蛳及蚌壳也很丰富。[①]

白莲洞遗址下部堆积：豪猪 Hystrix subcristata、竹鼠 Rhizomys sp.、鼠类 Muridae indet、熊 Ursus sp.、猪獾 Arctonyx collaris、大熊猫 Ailuropoda melanoleuca、貂 Martes sp.、水鹿 Rusa unicolor、果子狸 Paguma larrvata、狐 Vulpes cf. vulgaris、野猪 Sus scrofa、水牛 Babulus sp.、斑鹿 Pseudaxis sp.、赤鹿 Muntiacus sp.、鹿 Cervus sp.、秀丽漓江鹿 Lijiangocerus speciosus、羊 Ovis sp.、中国犀 Rhinoceros sinensis、剑齿象 Stegodon sp.、真象 Eliphas sp.、猕猴 Macaca sp.、金丝猴 Rhinopithecus sp.、蝙蝠 Vespertilionidae indet、双田螺 Viviparus、李氏环螺 Bellamya leei、乌螺 Semosulcospira sp.、大蜗牛 Helix sp.、道氏珠蚌 Unio douglasiae、鲤鱼 Cyprinus carpio、青鱼 Mylopharyngodon piceus、蛙 Rana sp.、陆龟 Testudinidae indet、鸟类（种属未定）。[②]

崇左漱淄区绿轻山矮洞：淡水螺、丽蚌、鱼牙及鹿类的牙齿[③]。

广东阳春独石仔中、下文化层：猕猴 Macaca sp.、鼯鼠 Petaurista sp.、板齿鼠 Bandicota indico、家鼠 Rattus rattus、无颈鬃豪猪 Hystrix subcristata、马蹄蝠 Hipposideros sp.、小灵猫 Viverricula malacensis、金猫 Felis temmincki、长尾麝香猫 Hemigale harduicki、果子狸 Paguma larvata、南方猪獾 Arctonyx collaris、中国黑熊 Ursus thibeta-

---

[①] 刘文、张镇洪：《广西柳州大龙潭鲤鱼嘴石器时代贝丘遗址的动物群研究》，载《纪念黄岩洞遗址发现三十周年论文集》，广东旅游出版社1991年版。

[②] 柳州白莲洞洞穴科学博物馆等：《广西柳州白莲洞石器时代洞穴遗址发掘报告》，《南方民族考古》1987年第1辑，第156—157页。

[③] 贾兰坡等：《广西洞穴中打击石器的时代》，《古脊椎动物与古人类》1960年第1期。

nus、水獭 Lutra sp.、豹 Panthera（Panthera）pardus、犀 Rhinoceros sp.、貘 Tapirus sp.、野猪 Sus scrofa、水鹿 Cervus（Rusa）unicolor、麂 Muntiacus sp.、水牛 Bubalus sp.，介壳有圆田螺、大川蜷、短沟蜷、蚌等。①

上述几个遗址出土的动物骨骼共包括2门4纲12目26科约112种动物。这些动物骨骼都经烧烤或打碎，且不同动物骨骼堆积在一起，显然是人工造成的堆积。因而，我们可以断定这些动物大多是旧石器时代晚期人类狩猎和捕捞的对象。

从动物生态学的角度来看，这100多种动物中，除少数适应范围广的种类外，绝大多数是亚热带、热带的代表性类群。它们的生存环境大多不同。猕猴、金丝猴生活于树上，群居于山地密林；鼯鼠、狐、狼、豹、熊、貂、果子狸、牛、麂、马鹿、斑鹿等种类栖息于森林、丛林或平原树林中；小灵猫栖于森林、灌丛、土丘草丛等环境；野兔是一种食草小兽，常生活于丘陵平野的灌丛低草坡中，在地势较平坦、干爽的草木丛堆间隙地带较多；猪獾栖于山野，穴居地下；野猪喜住在潮湿阴凉、傍溪洞的丛林草莽中；猞猁善攀树，常活动于多岩的密林中；竹鼠食竹笋和地下茎，主要生活于竹林繁茂处，穴居地下；水鹿产于密林或高草原中；象、犀、貘是在温暖潮湿的森林多水地带游逛的动物；水獭是半水栖性兽类，常栖于山溪、河流、湖沼深处的岸边；水牛是喜水性动物，群居于近水低地森林中；豪猪适于沼泽地带活动；羊好食短草、灌木，多居于疏林草坡地；蝙蝠、马蹄蝠多群栖于阴暗、潮湿的山洞中；田螺、环螺、圆田螺、河蚌、丽蚌、大川蜷、短沟蜷等是河流、湖沼的水产动物；鲤鱼、青鱼是淡水鱼类；蛙是两栖动物，栖于河湖边潮湿处或水中；鳖是爬行类动物，生活于小河流中，群栖于泥底。可见，当时古人

---

① 邱立诚等：《广东阳春独石仔新石器时代洞穴遗址发掘》，《考古》1982年第5期。

类对动物资源的利用是极为广泛的。人们不仅到森林、竹林、沼泽、丘陵狩猎，还到洞穴捕杀动物，充分开发小环境。而且，从所出动物的习性来看，鼯鼠、豪猪、狐、水獭、貂、虎、水鹿、野猪、果子狸、灵猫等种类，都是夜行性动物，这些动物骨骼在遗址中大量出现，可能说明旧石器时代晚期人类对这些动物的生活习惯已有相当的了解。他们可能已经懂得在白天趁其昼息时进行捕捉，或者在夜间待其出来活动时猎取。在猎取陆栖动物的同时，人们还在附近的河流进行捕捞，遗址中大量出现螺类、贝类、蚌类等动物，证明它们是当时人类的重要食物来源。由于在18000—15000年前，海平面大幅度下降，尤其是在15000年前达到最低位置，比现在的海平面低110米左右[1]。河流、湖泊的水位也随之下降，有的甚至干涸或变为沼泽，大大便利了人们对螺、蚌、贝类及鱼类的捕捞。因此，华南旧石器时代晚期的人类（也就是骆越的远古先民）对这些软体动物的利用逐渐增多。

  关于旧石器时代晚期的骆越先民在植物利用方面的情况，目前还无直接的材料可以说明。但是，"像书籍中描写的纯粹打猎民族，是从来没有过的；靠打猎来维持生活是极其靠不住的"[2]。现代狩猎—采集部落的研究资料表明，现存狩猎—采集部落主要是以采集植物为生。据统计，欧亚非大陆和南美的24个狩猎—采集部落中，以采集为主的16个，以狩猎为主的3个，以渔猎为主的5个；而在北美的34个部落中，以采集为主的13个，以渔猎为主的13个，以狩猎为主的8个。而且，从全球的狩猎—采集部落来考察，狩猎部落大多分布在北纬40度以上的地区，现今地球北纬60度以北的地区，没有一个采集部落，而在北纬39度以南的地区，只存在一个以狩猎

---

[1] 郭旭东：《四万年来我国海平面的升降变化》，《中国第四纪研究委员会第三届学术会议摘要汇编》，1979年。

[2] 恩格斯：《家庭、私有制和国家的起源》，人民出版社1972年版，第20页。

为生的部落。这是因为北纬60度以北的地区,几乎没有什么野生植物资源可供采集,所以那里的游荡人群,只好以狩猎为生活手段。当然,北纬40度以南的地区并不是没有动物可供狩猎,但靠采集野生植物为生更可靠,更有保证和更容易。相比之下,靠狩猎动物是不稳定、不可靠的生活方式,如猎捕到较多的动物,可以饱餐一顿;若狩猎不到或不足,则会发生饥荒。①

我国南方的大量民族志材料更具体地说明了这一问题。根据怒族老人介绍,在农业产生以前,采集在经济生活中的地位并不亚于狩猎,甚至比狩猎更重要。因为当时的打猎工具十分简陋,开始只是用普通的石头和木棍,以后虽然学会了制造竹弓,狩猎能力有所增强,但要猎取大兽并非易事,猎物不是每天都可以得到的。当时的人们又不懂得储藏猎物的方法,所以,更经常的食物只能是采集野生植物。② 按照传说,他们的祖先经历过用木棍石头打碎野果生吃的时代。而且1949年以前,他们还常常采食"木掐""色达""色夹""色赫""颇河"等树上野果,棕树上的花苞,"扒挂""思桠"树梢上的嫩叶,等等。至于采食的野菜,种类就更多了。③

景颇族也有类似的传说,而且人们在解放前还大量采集野果和野菜。据云南少数民族社会历史调查组1957年对瑞丽县雷弄寨的调查,当地作为采集对象的野果、野菜(包括部分块根)达百余种之多。野果类如"冷年石""格润石""漫仲石"(汉称烟泡果)、"施谬石"(汉称酸泡果)、"施菜石"(汉称黄泡果)、"汤虐石"、"标磨""洋莓"(即小杨莓)、"拉格石"(即酸木瓜)、"毛木石"(即

---

① 孔令平:《世界现存的狩猎和采集部落及其生产活动》,《中山大学学报》(哲学社会科学版)1982年第3期。
② 李根蟠等:《中国南方少数民族原始农业形态》,农业出版社1987年版,第122—123页。
③ 李根蟠等:《中国南方少数民族原始农业形态》,农业出版社1987年版,第179—182页。

木瓜)、"石苍木石""必砍石""施鸟石""普占石""聘石""施作石""施罗石""争石"(汉称尖梨)、"木扎"等。①

云南碧江县的托克扒村1949年前在相当长时期内仍以采集为主要产业。其经常采食的植物有"败儿""咩儿夸""阿翁""库""垦角""鸽袜""鸽学""噜学""噜壳""魁角""哇扎刀"等。②

独龙族也广泛采集野生植物,有些与怒江地区的相同。如"达格来""意马"(独龙语叫"阿波")、"垦角"(独龙语叫"儿")等。也有的不同,如"梅嫩""萨恩""贝勒""贝勒以""士娘""芒""阿勒""阿兜"等。③

因此,我们认为,在旧石器时代晚期,野生植物的采集在活动于华南地区的壮族先民的经济生活中,占有相当大的比重。

属于和平文化(the Hoabinhian culture)的泰国仙人洞(the spirit cave)遗址的材料,有助于我们对华南地区旧石器时代晚期在植物利用方面的情况。仙人洞遗址在1966年由美国考古学家C. F. 戈尔曼(C. F. Gorman)首次发掘。据戈尔曼在《古代东南亚和平文化的变化》一文中公布,仙人洞遗址共分五层,最底一层距今11690±560年,第四层距今11237±580年至9455±360年,第二层距今8806年±200年至8777±290年,第一层距今8142±390年至7622±300年。④ 这次发掘出土了很多植物种子⑤:

---

① 李根蟠等:《中国南方少数民族原始农业形态》,农业出版社1987年版,第179—182页。
② 李根蟠等:《中国南方少数民族原始农业形态》,农业出版社1987年版,第179—182页。
③ 李根蟠等:《中国南方少数民族原始农业形态》,农业出版社1987年版,第179—182页。
④ [美]切斯特·戈尔曼:《和平文化及其以后——更新世晚期和全新世初期东南亚人类的生存形式》,载《考古学参考资料》第2辑,文物出版社1979年版,第107—130页。
⑤ [越]黄春征:《关于和平文化阶段》,《考古学参考资料》第5辑,文物出版社1982年版,第119—140页。

第四层：樱桃、榄仁、槟榔、菜豆、蔓豆、豌豆、菱角、葫芦。

第四层和第三层之间：槟榔、胡椒、胡桃、橄榄、菜豆、罂子、桐、蚕豆。

第三层：橄榄、葫芦、黄瓜。

第二层：槟榔、橄榄、黄瓜。

1973—1974年，戈尔曼再次发掘仙人洞，又在早期地层中新发现了栝楼属或丝瓜属（Trichosanthes/Luffa）、蓖麻属（Richinus）；在晚期地层中发现了苦瓜（Momorolica）、莲属（Nelumbium），以及朴属（Celtis）、大戟科（Euphorbiaceae）和竹类植物。①

对于仙人洞的植物资料，戈尔曼曾指出："现代土著生活中的民族学知识告诉我们，这类遗物和植物的利用方式是：利用野生或经过人工照顾的带壳的核果为食物，如白胡桃、橄榄和榄仁；用于取光或食用，如油桐子；用为调味品，如胡椒；用为刺激品，如槟榔。但除此之外，葫芦和黄瓜的使用，以及菱角、带荚的豆和豌豆形成的一组食用作物，指示着超过简单的植物采集阶段的经济发展。"② 他的老师 W. G. 索尔海姆Ⅱ（W. G. SolhiemⅡ）则据此得出了东南亚大陆从事"早期农业革命"比世界上任何其他地区都早的结论，而且还假设，东南亚的园艺试验早在公元前20000—公元前15000年已进行，栽培作物在公元前13000年已牢固地建立。③

但戈尔曼和索尔海姆Ⅱ二人立论的材料是有问题的。1977年，美国夏威夷毕晓普博物馆（Bishop Museum）的植物学家 D. E. 延（D. E. Yen）公布了对仙人洞植物种籽的研究结果。他将这些植物分

---

① 童恩正：《略述东南亚及中国南部农业起源的若干问题——兼谈农业考古研究方法》，《农业考古》1984年第2期。
② Chester F. Gorman, Hoabinhian: A pebble tool complex with early plant associations in Southeast Asia, *Science*, 1969, Vol. 163, No. 3868, pp. 671–673.
③ W. G. SolhiemⅡ, An earlier agricultural revolution, *Scientific American*, 1972, Vol. 226, No. 4.

为三类。

第一类：油桐子、槟榔、橄榄、白胡桃、胡椒、杏、蓖麻、橄仁、竹、栲、朴以及大戟科植物，都是当代东南亚原始或次生森林中的树木或多年生植物（Perennial）。

第二类：黄瓜、葫芦、菱角、苦瓜、莲、栝楼或丝瓜属，为年生或多年生的植物，见于当代混种的园圃、菜地以及稻作地区的小池塘中，某些具有野生的同类或非常近似的品种。

第三类：菜豆、豌豆类，为可能的年生作物，现在东南亚的农民习惯于在小块地里与稻谷轮种，或者与其他作物混种。但他也强调指出，这类种籽的鉴定是极不可靠的。

为此，他得出了最后的结论："关于更早期的和平文化以及具有超过一万年以前的园圃农业的可能性，现有的证明是非常不足的——这与最初植物鉴定结果公布以及各种推测产生时的情况并无两样。我们只能设想当时的洞穴居民对于其周围的环境已有广泛的利用。如橄仁、橄榄代表了山谷中的 Dipterocarps 为主的树林，多年生植物（槟榔、胡椒、橄榄、杏）以及所有的一年生植物均属于当代栽培的范围，从而成为本地以后栽培稻谷的序幕。它们在很大程度上都指向直接的使用，而非保存下来用于种植。[①]"

可见，尽管这些植物种籽不能说明当时已有植物栽培，但却说明当时的人类对植物资源有广泛的利用，而且这些植物种籽大部分是属于中南半岛后世种植或栽培的品种，其用途包括食物、刺激、调味、器皿、医药、毒药等领域，所以，这些发现至少意味着当时人们经过长期的摸索和筛选，对这些植物已非常熟悉，并懂得了利用。他们已站在掌握栽培技术的门槛了。

---

① 童恩正：《略述东南亚及中国南部农业起源的若干问题——兼谈农业考古研究方法》，《农业考古》1984年第2期。

第一章　骆越之民：左江流域岩画的创作者

我国的华南地区（福建、广东、广西、台湾等）与中南半岛的越南、泰国、缅甸、老挝、柬埔寨诸国同属热带或亚热带气候。在更新世之末和全新世之初，两者的生态条件及动植物种类大同小异。① 而且，我国南方的一些新石器时代遗址也发现有相当多的植物种子。如甑皮岩遗址的植物群发现有蕨类（Pteridohyta）15 科、10 属、2 种，裸子植物（Gymnospermae）6 科、5 属、1 种，双子叶被子植物（Angiospermae Dicotyledoreae，含木本、草本）58 科、63 属、7 种，单子叶被子植物（Angiospermae Monocotyledoneae，含木本、草本）10 科、4 属，共计 89 科、82 属、10 种。② 如此丰富的古植物群，包括了食用、油料、饲料和药用四大类植物。其中食用植物有：

1. 淀粉类：桃金娘科（Myrtaceac）、山毛榉科（Fagaceae）、毛茛科（Ranuneulaceae）、百合科（Liliaceae）、栎属（Qucreus）和各种蕨类（Pteridophyta）的根部。

2. 纤维类：木本科（Gramineae）、槭树科（Aceraceae）、山茱萸科（Cornaceae）、木来木属（Cornus）和山麻杆属（Alchornea）等。

3. 瓜果类：杨梅科（Myricaeae）、蔷薇科（Rosaceae）、芸香科（Rataceae）、葫芦科（Cucurbitaceae）、榆科（Ulmaceae）和朴属（Celtis）等。

油料植物有：松科（Pinaceae）、柏科（Cupressceae）、梧桐科（Sterculiaceae）、大戟科（Euphorbiaceae）、木樨科（Oleaceae）、小蘗科（Berberidaceae）、木兰科（Magnoliaceae）和豆科（Leguminosae）等。

浙江余姚河姆渡遗址出有小葫芦（Lagenaria siceraria）、菱角

---

① J. S. Aigner, Pleistocene ecology and Paleolithic assemblage in South China, *Journal of the Hong Kong Archaeological Society*, 1979, Vol. 8, pp. 52–73.
② 阳吉昌：《简论甑皮岩遗址植物群及其相关问题》，《考古》1992 年第 1 期。

（Trapa sp.）、橡子（Quercus sp.）、酸枣（Choerospondias axillaris）、茨实（?）以及黄瓜等果籽。①

钱山漾遗址发现有毛桃（Prunus persica sieb et Zucc）、甜瓜子（Cocumis melo）、花生（Arachis hypogaea L.）、稻壳、芝麻（?）（Sesamum indicum L. 或 Sesamum orientale L.）、蚕豆（?）（Vioia faba L.）、菱（Trapa nataus L. a. 或 T. bispinosa Roxb）。②

据此推论，我国华南地区的旧石器时代晚期文化应有相当广泛的植物利用。在旧石器时代晚期，我国华南地区古人类的经济可说是一种"广谱开发"（broad-spectrum exploitation）的形式，即人类尽量对各类环境资源同时利用，虽然利用程度不同，但其范围是非常广泛的。

在这种"广谱开发"的形式下，人类的流动性降低，这使人们对各种植物生长的周期性及其他特性有所了解，所以，当时人们的生产活动很可能是按某些规律性的自然变化排时间表（Scheduling）进行。如居住于南非的卡拉哈里（Kalahari）沙漠的布须曼人（Bushmen）利用的植物有85种，动物17种，他们全年的生产活动在夏天（12月、1月、2月）、冬天（6月、7月、8月）、秋天干燥期（3月、4月、5月）、春天干燥期（9月、10月、11月）各有不同。夏天，妇女主要采集浆果和甜瓜，男子用弓箭、狗狩猎，也采集一点；冬天，妇女掘挖块根、球根、松蜡等，男子用圈套、陷阱猎捕野营地附近的小动物；秋天干燥期，妇女采集坚果；春天干燥期，妇女采集块根和绿叶；男子追捕新出生的小动物。③ 澳大利亚土

---

① 浙江省博物馆自然组：《河姆渡遗址动植物遗存的鉴定研究》，《考古学报》1978年第1期。
② 浙江省文物管理委员会：《吴兴钱山漾遗址第一、二次发掘报告》，《考古学报》1960年第2期。
③ 孔令平：《世界现存的狩猎和采集部落及其生产活动》，《中山大学学报》（哲学社会科学版）1982年第3期。

著了解数百种植物的特性,他们也已有生产季节的观念,懂得在最适当的季节来进行采集,这种知识、习惯往往通过原始宗教的形式固定下来,如在收获山药的季节形成欢乐的"山药节"。① 狩采时期的这种生产季节观念在壮族的节日里至今仍有所反映。浔江两岸盛产鱼花,每年农历三月二十日即鱼汛期快要到来的时候,他们欢度第一个"鱼花节"。到七月二十日紧张繁忙的鱼汛期过去,他们又安排第二个"鱼花节",节日期间各家都备有以鱼食为主的鱼花宴,招待亲友②。

在考古学材料上,柳州大龙潭鲤鱼嘴遗址及白莲洞遗址发现很多腹足类和蚌类遗骸。从这些遗骸来看,腹足类动物口缘锐利,没长全,表明它是在生长期被捕捉的。腹足类的生长期是雨季,这说明旧石器晚期人类是在雨季趁腹足类蔓延与觅食时捕捉,而在旱季捕捞蚌类,因为在雨季,华南地区河水暴涨,到河里捕捞非常困难。这些材料一方面说明华南地区旧石器时代晚期人类生产活动的季节性,另一方面说明了华南地区旧石器时代晚期人类的定居性。

广谱的资源开发,导致了华南古人类的定居性,而定居又使古人类对各种动植物的了解更加深化,这为农业的出现提供了前提条件。正如国外有的学者指出,原始改革者向农业的转变不是突然的,它在很大程度上依赖前适应文化的人工制品和特殊的狩猎或采集者实践活动的存在。这种适应发生在定居的狩猎采集者中间,他们的经济活动与当地的植物特别有关,他们能够发展出适当的文化背景来作为接受新生事物的一般条件。③ 由此可见,早在旧石器时代晚

---

① 李根蟠等:《中国南方少数民族原始农业形态》,农业出版社1987年版,第123—124页。
② 范玉梅:《我国少数民族的节日》,《社会科学战线》1983年第3期。
③ [日]赤泽建:《日本的水稻栽培》,戴国华译,《农业考古》1985年第2期。

期，华南地区古人类的独特的狩猎采集经济已为骆越先民发明农业提供了契机。

2. 原始农业的产生

旧石器时代晚期，与广谱经济产生和发展的同时，古人类的人口快速地增长。因为在旧石器时代晚期之前，人类的婚姻是内婚制，近亲通婚，对人类的健康和繁衍有极大的危害性。据世界卫生组织调查，近亲结婚比非近亲结婚子女的死亡率一般高3倍，遗传病的显性遗传率更高达150倍。1963年1月至10月，中国科学院民族研究所云南民族调查组和云南省历史研究所民族研究室，对云南永宁地区纳西族1949年前后婚状况的调查证明，永宁纳西族过去由于存在历史上遗留下来的、具有群婚性质的"阿注"婚，造成反复近亲结婚比较普遍，人们的健康状况和生育状况受到严重危害。根据对巴奇村的典型调查，该村不少妇女不育，婴儿死亡率很高，性病流行。到1962年底为止，35岁妇女中，有6人根本不育或小孩生下后即死。所以，人口增长极为缓慢，一部分家庭因此绝嗣。近50年来，该村即有5家绝灭，占民主改革时全村总户数17户的30%左右。[①] 再从考古材料看，旧石器时代晚期以前的人类，由于近亲结婚等原因，夭折人数很多。在40个北京猿人中，死于14岁以下的占39.5%，死于15—30岁的占7%，死于40—50岁的占7.9%，死于50—60岁的占2.6%（还有43%的北京猿人寿命不可确定）。[②] 南亮三郎在所著《人口思想史》一书中，根据对发掘出来的187具原始人残骸的分析，发现几乎全部是夭折，能活到40岁以上的寥寥无几，平均寿命不到20岁。尼安德特人11岁以下者8人，占40%，12—20岁者3人，占15%，21—30岁者5人，占25%，31—40岁者3人，占15%，

[①] 黄新美：《体质人类学对建设"两个文明"的作用——从禁止近亲结婚谈起》，《中山大学学报》（哲学社会科学版）1984年第2期。

[②] 贾兰坡：《中国猿人》，龙门联合书局1951年版，第130页。

41—50岁者1人，占5%，50岁以上者没有；旧石器时代前期原始人死于11岁以下者25人，占24.5%，12—20岁者10人，占9.8%，21—30岁者28人，占27.4%，31—40岁者27人，占26.5%，41—50岁者11人，占10.8%，50岁以上者1人，占1.0%。① 由于旧石器时代晚期以前的社会是人口出生率低而夭折率高的社会，人口的增长是极为缓慢的。苏联学者瓦连捷伊等人引证考古学家和古人口学家的推断估算，公元前100万年世界人口为1万—2万人，到公元前10万年，不过才300万人。② 但在旧石器时代晚期，由于实行族外婚，近亲的婚姻被严格排除，人口的出生率肯定有所提高，夭折率也肯定有所下降。尤其是华南地区古人类在旧石器时代晚期出现了定居，为人口的迅速增长提供了条件。南非的布须曼·昆人（！kung）在近代的人口增长说明，只有在定居以后，人口才可能有较大的增长。因为，未定居的布须曼人有70%—80%的食物是靠妇女采集的，每个妇女除老年外，每周要3次来回走5—20公里的路程，去寻找野果、块根或坚果，背着孩子还得扛7—15公斤的东西，加上在哺乳期，每天还得消耗1000卡能量制造乳汁，在这样的营养条件下，脂肪储存消耗特大，加上哺乳期大都停经，排卵不大可能，布须曼（！kung）妇女生育后一般要隔三五年才再次怀孕。③ 但定居减轻了妇女的负担，降低了妇女的能量消耗，使人口快速增长成为可能。

由于上述原因，华南地区旧石器时代晚期的人口必有大幅度的增长。在考古学材料上，旧石器时代晚期遗址较以前大大增加，遗址文化层厚度增大的事实，反映了这一情况。

在定居逐渐成为传统的情况下，人们的活动范围相对缩小，利

---

① 邬沧萍主编：《世界人口》，中国人民大学出版社1983年版，第26页。
② 邬沧萍主编：《世界人口》，中国人民大学出版社1983年版，第21页。
③ 何兆雄：《史前农业研究的新道路》，《史前研究》1985年第1期。

用某一环境的期间大大加长,为了解决当地快速增长的人口的食物资源,就要更广泛深入地开发本地区的食物来源。但是,自然资源各个系统的扩充性是不一样的,有的系统,如某些野生的动植物,在人类采取、利用到一定程度之后,在一定条件下,就不能再增加其数量了。随着人口的增加,这种系统的扩充利用相对减少,而有的系统则可以扩充,如某些野生植物,只要得到人的照顾,便可增加其数量。因此,人口的压力成了旧石器时代晚期骆越先民走上农业道路的推动力。这在壮族的一则神话中有所反映:在古老的时候,人间还没有谷米,人们饿了,就拿野果、野菜来充饥。后来,人越来越多,能吃的东西渐渐少了,大家常常挨饥受饿。那时候,天上已有了谷子,但天上的人害怕地上的人有谷米吃了,繁殖太多,会打到天上去,占领他们的地方,就一直不让一颗谷种落到地上来。地上的人哀求天上的人借些谷种来种,天上人总是不肯给,没法子,地上的人就派了一只九尾狗到天上去找谷种。九尾狗来到天上,看见天上的人在天宫门前晒谷子,便弯下九根尾巴悄悄地向晒谷场走去,用九根尾巴粘满谷子,回头就跑。不料,刚跑了几步,就被看守谷子的人发觉。他们一边喊,一边追赶,一边挥着斧钺乱砍,九尾狗的尾巴被砍掉了八根,最后只剩下一根尾巴带回来几粒谷种,救活了世间的人们。[①] 神话传说不是疯子的谎言,而常常是诗化了的历史,其中常常包含着历史的真实。上述这则神话以隐喻的语言,向我们道出了人口增长对农业产生的推动作用。倘若我们以科学的语言对此神话进行演绎,骆越原始农业产生的过程便昭然若揭:在人口的压力下,人们为了解决食物问题,必然要改进获得野生食物的季节,增加对特定资源的专业化使用。在此情况下,骆越先民不

[①] 民族院校公共哲学课教材编写组编:《中国少数民族哲学和社会思想资料选编》,天津教育出版社1988年版,第409—410页。

是着重加强捕捞和采集，而是着重于技术的改进和动植物的遗传选择，因而走上了农业经济的道路。

从现有的材料分析，广西桂林的甑皮岩①、柳州白莲洞（上部）、柳州大龙潭鲤鱼嘴（3—1层）、广东英德青塘洞穴②、潮安贝丘③等遗址无疑是壮族先民的最早的农业遗址。因为，这些遗址都出现了驯养的家畜。甑皮岩遗址中出有大量的猪骨，估计个体数达67个之多。根据40个可以进行比较准确的年龄估计的结果，1岁以下的个体有8个，占总数的20%，2岁以上的个体有6个，占15%，1—2岁的个体（许多是1.5岁以上）共26个，占65%。所有标本中，犬齿数量不多，较为长大的粗壮犬齿更是少见，犬齿槽外突的程度很差，牙齿M—没有一枚已经磨蚀很深。这表明甑皮岩人已经驯养猪。④而潮安石尾山贝丘遗址已发现有驯养的牛⑤，潮安陈桥村贝丘遗址发现有驯养的猪和牛⑥，翁源青塘洞穴遗址发现有驯养的羊⑦。这表明岭南古人类在一万年左右便已有了饲养业。而家畜饲养是与农业分不开的，家畜所需的饲料必须由农业来提供。

另外，这些遗址出现了陶器，这也是农业产生的标志之一。从中外民族志材料来看，狩猎—采集的部落一般不会制陶，不少处于原始农业早期的民族也不会制陶。如哥伦比亚与委内瑞拉交界处的莫迪洛涅斯山谷的耶瓦的尤卡斯人，他们过着狩猎—采集的生活，没有农业，也没有陶器。又如我国1949年以前仍过着游猎生活的鄂

---

① 广西壮族自治区文物工作队等：《广西桂林甑皮岩洞穴遗址的试掘》，《考古》1976年第3期。
② 广东省博物馆：《广东翁源县青塘新石器时代遗址》，《考古》1961年第11期。
③ 广东省文物管理委员会：《广东潮安的贝丘遗址》，《考古》1961年第11期。
④ 李有恒：《与中国的家猪早期畜养有关的若干问题》，《古脊椎动物与古人类》1981年第3期。
⑤ 广东省文物管理委员会：《广东潮安的贝丘遗址》，《考古》1961年第11期。
⑥ 广东省文物管理委员会：《广东潮安的贝丘遗址》，《考古》1961年第11期。
⑦ 广东省博物馆：《广东翁源县青塘新石器时代遗址》，《考古》1961年第11期。

伦春人和鄂温克人，基本上处于刀耕火种阶段的苦聪人、倮人和独龙族人都不会制陶，而农业较为发达的西盟佤族、怒族、珞巴族、黎族、西双版纳的傣族已懂得了制陶。再从考古学材料看，农业比较发达的文化，如仰韶文化、龙山文化、河姆渡文化等，制陶业也较发达，而北方草原地区的细石器文化，农业比较落后，制陶业也相对落后，也说明制陶业与农业是密切相关的。一般说来，有陶器就有农业。

由此我们或可以断定，活动于我国岭南地区的骆越先民早在一万年左右就已发明了农业，实现了由攫取性经济到生产性经济的飞跃。

但应该指出，骆越的农业并非一开始就是稻作农业，它起初很可能是种植根茎、果树类植物的一种园圃式农业。因为，所处生态环境与华南地区基本相同的泰国仙人洞遗址的发现表明，更新世晚期人类对根茎、果树类植物有广泛的利用。据人类地理学的研究，亚热带、热带地区的许多民族的最初农业都是种芋农业。如新几内亚北部和西部的塞必克河川流域是一片沼泽，那里的人们以种植山芋为主，每年都要举行一次祈求丰收的山芋祭，把长得高的山芋覆在面具上，饰成人状，人们则围在装饰好的山芋四周，吹笛打鼓，婆娑起舞。[①] 密克罗尼西亚人广泛种植他鲁芋、雅姆芋。这两种薯类的特性不同，他鲁芋性喜湿地，种植在潮湿地带，而对于味道特别甜美的品种，则细心地种植和除草，经过7—12个月就有收获。雅姆芋种植在排水良好的干燥地带，收成期是每年十一月至三月[②]。

我国南方一些民族（壮侗语族或非壮侗语族的民族）的民族志材料也证明，这些族群在刚刚开始经营农业时，其所种的作物不是谷物，而是芋薯之类的植物。我国台湾高山族便是如此。清代余文

[①] 日本学习研究社：《世界民族大观》第1册，王志远等译，自然科学文化事业公司出版部1981年版，第41页。

[②] 日本学习研究社：《世界民族大观》第1册，王志远等译，自然科学文化事业公司出版部1981年版，第131页。

仪《续修台湾府志·番社风俗》载："生番所居,迭山献深溪,树木翁翳,平原绝少,山尽沙石,土人于石罅凿孔,种植芋薯。内优诸番,煨芋为粮,捕鹿为生,茹毛饮血,不知稼穑,不辨春秋。"同书又云："琅王乔诸番,傍岩而居,或丛处山内,五谷绝少,砍树燔根,以种芋薯,魁大者七、八斤,贮以为粮。收芋时,穴为窖,煨芋灰中,仍覆以土,聚一社之众,口敢之甲尽则乙,不分彼此,日凡三餐。"清《番社采风图考》亦曰："内山生番不知稼穑,惟于山间石罅刳土种芋。"

景颇族最早种植的也不是谷物,而是芋头。据说景颇族迁离"木死省腊崩"不远之时,即已种芋,这时尚无谷物。景颇族载瓦支最古老的姓氏有"梅何",意为栽芋;"梅普",意为犁芋;"梅掌",意为重堆芋墒,都因种芋而得名。传说他们原是三兄弟,第一个去栽芋头,后来第二个去将它犁了,第三个来了又重新将芋墒堆起来,因而获得了上述称呼,并演变为姓。在解放前景颇族的宗教仪式中,芋头有极其重要的地位。在送魂时,必须在坟头画芋,给死者送食物时,也是送芋。在其所供奉的诸鬼中,有所谓的"芋头鬼"。每年打新谷时,"芋头鬼"往往和"谷魂"一起献祭。现在人们说话中,也经常是芋头、谷子连称,并将芋头放在前面。这生动地反映出芋头确实是景颇族最早的栽培作物。①

最早栽培芋薯类作物的民族,不仅有高山族和景颇族,还包括黎族、怒族、阿昌族、独龙族和拉祜族。在我国南方,对于无性繁殖植物的利用是非常久远而普遍的,其中很可能就有本地起源的品种。据《史记·货殖列传》记载,赵之迁人卓氏入蜀之后,要求定居临邛。理由是:"吾闻汶山之下,沃野,下有蹲鸱,至死不饥。"②

---

① 李根蟠等:《从景颇族看原始农业的起源和发展》,《农业考古》1982年第1期。
② (汉)司马迁:《史记》卷129《货殖列传第六十九》,中华书局1964年版,第3277页。

《正义》:"蹲鸱,芋也。"《艺文类聚》卷87:"甘藷,似芋……南方以当米谷,客至亦设之,出交北。"所谓"交北"当指交州北部。按汉置交州,其包括今广东、广西及云南之一部,所以,交州北部也可能在今华南或西南地区。同书又云"甘蔗":"《神异志》曰:南方荒内,有矸睹林焉。其高百丈,围三丈八尺,促节多汁,甜如蜜。"这些记载虽都是后世的现象,但却暗示着岭南地区原始农业的某些特点。

据语言学材料,种子一词,壮语、布依语、黎语谓为 fan^1,傣语谓为 fan^2,临高语谓为 $vɔn^1$,侗语谓为 pan^1,水语、仫佬语谓为 $pən^3$,毛南语谓为 van^1,大体一致,其差异有着语音的演变规律可循,表明越人各个群体在分立以前,曾经驯化某种植物成为栽培作物,于是产生了"fan^1"(种子)此一常用词。黎族在有栽培稻以后,认为秧苗也是种子,便以 fan^1 称之,出现了两物共为一词的现象。在可食的栽培作物中,壮侗语族各族语言,称谓完全相同或有着共同语源的,一是谓薯类为 man^2;二是谓小米为 $fe:ŋ^3$(壮)或 $vɯ:ŋ^3$(布依)或 $fəŋ^3$(临高)或 $naŋ^1$(傣)或 $pja:ŋ^3$(侗、水)或 $fe:ŋ^3$(黎)。这种相同,意味着在新石器时代,越人最早栽培的作物可能是小米及根茎类作物,比如毛茹、淮山等。

据我们的民族学调查,壮族民间在每年八月尝新节所煮的新米饭一定要杂有芋头。八月十五中秋节时,人们一定要吃芋头,或单吃,或将芋头与米共煮着吃。在祭月请神和招魂的咒语中,也说到灵魂是坐在芋头叶子上而往返天地的。这些材料对说明骆越最初农业的特点具有比较直接的意义。

骆越最初农业之所以是种植块根植物的农业,主要是由于其所处的岭南地区野生块根植物繁多的缘故。无性繁殖的块根植物不像谷物那样严格地要求砍倒烧光大片森林,可以更灵活地利用林间空隙挖穴栽种,而且这类植物产量高,饮食方便,所以它先于谷物被人们栽种。

3. 农业的发展

（1）水稻的驯化：稻作农业的发明

骆越先民的根茎农业孕育着稻作农业产生的契机。因为，原始农业经济是在古老的经济形态内部产生的，其在初期只是作为一定的成分存在，还不能改变社会经济的整个面貌。事实上，农业刚刚产生之时，并不能供给人类很多的食物，大部分食物还是来自采集和狩猎。如我国独龙族，据说在几十年前，独龙族人每年的劳动时间中，有2/3以上从事野粮的采集，渔猎也是生活资料经常的来源。50年代调查时，四乡的茂斗老人说，在70多年前，他与父亲茂爪棒一年打到野牛、岩羊、麂子、山鹿等70只以上，足够当时他家13口人吃5个月。页明滴的父亲页明及一年猎获的野兽肉约60—70背，够他家12人吃6个月。① 云南金平县三区翁当乡新安寨黄苦聪人（拉祜西人）在新中国成立初期，尽管已有了农业，但采集仍是他们经济生活中的主要手段。②

从考古学材料看，7000年前墨西哥德匡坎（Tehuancan）河谷已出现了农业，但居民的食物仍有60%是兽肉，40%是野生植物。直到6000年前，野生植物才变为52%，而栽培作物不过占14%。该地豢养牲畜始于5000年前，但直至西班牙人入侵时，家畜只占食物的5%，而野兽肉仍占10%，农业粮食到3000年前才仅仅占食物的过半数。即便在欧洲人到来之前，野生植物仍占8%。③ 在公元前5000—公元前3000年的马德雷文化的奥砍波（Ocampo）遗址和坦马斯帕斯文化的诺该斯（Nogaes）遗址中，70%—80%的食物是采集的，5%—

---

① 李根蟠等：《中国南方少数民族原始农业形态》，农业出版社1987年版，第122—123页。
② 云南省编辑组：《拉祜族社会历史调查》（二），云南省人民出版社1981年版，第99页。
③ 何兆雄：《史前农业研究的新道路》，《史前研究》1985年第1期。

8%是家种的生玉米,其余12%—25%是狩猎。公元前3000—公元前2000年,原始农耕有了进一步的发展,遗址奥坎波后期和拉·帕拉(La perra)采集的野生植物占70%—75%,狩猎占10%—20%,家种作物占10%—15%;公元前2000—公元前1800年,马德雷文化的弗拉柯(Flacco)和坦马斯帕斯文化的阿尔马格雷(Almagre)遗址,家种食物增加到20%,采集仍占65%,狩猎占15%;到公元前1800—公元前1400年,马德雷文化的危拉(Guerra)遗址,农耕占30%,采集占60%,狩猎只占10%。[1] 再看西亚的材料,伊拉克北部前陶新石器文化的乌姆—达巴吉亚遗址的家畜(牛、羊、猪)只占11%。高度专门化的猎人们主要猎取野驴(占食用的野兽和家畜总数的70%),部分猎取黄羊(占16%)。[2] 这也说明在经营农业之初,农业经济只是整个经济生活中的一小部分。

据此分析,骆越先民经营农业之初,农业经济也只是其整个经济中的一小部分。这在我国岭南地区新石器时代初期遗址中有所反映:在这些遗址中,渔猎工具制作讲究,种类很多,不仅仍袭用旧石器时代的刮削器、砍砸器、石球,"蚝蛎啄"等渔猎工具,而且还发明了鱼镖、陶石网坠和骨鱼钩等新的渔猎工具。这表明渔猎方法有了较大的改进。在人类不知道制造陶石网坠和骨鱼钩之前,捕鱼只能在河、海的浅水地区手捞,或者"竭泽而渔",但这种方法所得有限,对深水大鱼无可奈何。此时陶石网坠和骨鱼钩等生产工具的出现,证明当时的人们已懂得用绳索编织渔网来捉鱼,用鱼钩来钓鱼。所以,此时的动物资源利用,除有旧石器时代晚期的种类外,还有所增加。尤其是在广东潮安贝丘[3]等遗址中,已开始利用海生动

---

[1] 孔令平:《关于农耕起源的几个问题》,《农业考古》1986年第1期。
[2] [苏]B.M.马松:《远古的近东:农业与牧业经济史》,《考古学参考资料》第6辑,文物出版社1983年版,第160页。
[3] 广东省文物管理委员会:《广东潮安的贝丘遗址》,《考古》1961年第11期。

物，说明渔猎经济还占很大的比重。从泰国仙人洞遗址及我国河姆渡遗址的植物利用的资料推断，采集在岭南的新石器时代初期仍占很重要的地位。甑皮岩、白莲洞、鲤鱼嘴等新石器时代初期遗存中的大量采集工具的存在，说明了这一点。

正是在新石器时代初期，人们在经营根块农业的同时还广泛开发各种动植物资源的过程中，逐渐认识和利用了稻谷。因为华南地区有丰富的野生稻分布。在1978—1980年，广西农业科学院组织188个单位协作，对85个县市的野生稻资源作了普查，结果发现31个县有普通野生稻（O. rafipogon）分布。从北纬21°28′—25°11′5″，东经106°21′—111°50′的广大地区都有发现，尤以桂中南部最集中，其次为广西南部。① 如此丰富的野生稻是古人类的最好的，也是最易得到的食物资源。甑皮岩等遗址发现的石磨盘、磨棒等谷物加工工具表明，新石器时代初期的壮族先民所采集的植物包括了稻谷。因为东南亚很多少数民族及印度尼西亚的一些部落大量采集野生水稻，用船运回去，磨面而食。② 我国古籍中有关野生稻的称呼"秅""穤"等实际上是古越语的记音，③ 也是骆越先民最早认识和利用野生稻的证明。

2011年，由中科院韩斌研究员的科研团队采用先进的分子生物学技术，对1000多份栽培稻和400多份野生稻进行研究，通过全基因组遗传背景的比较分析，证明栽培稻起源于广西境内的珠江流域，起源祖先为广西普通野生稻④。这一研究成果解开了长期困扰科学家

---

① 何兆雄：《史前农业研究的新道路》，《史前研究》1985年第1期。
② ［越］黄春征：《关于和平文化阶段》，《考古学参考资料》第5辑，文物出版社1982年版，第135页。
③ 覃乃昌：《"秅"、"穤"、"膏"、"ŋaːi"考——兼论广西是栽培稻的起源地之一及壮侗语民族对稻作农业的贡献》，《广西民族研究》1996年第2期。
④ Bin Han, etc., A map of rice genome variation reveals the origin of cultivated rice, *Macmillan Publishers Limited*, 2012, Nature, Vol. 490, pp. 497–501.

们的学术之谜，同时也印证了华南起源说的观点。

骆越先民在认识和利用野生稻的过程中，逐渐掌握了对稻谷的驯化和栽培技术。20世纪后期，在广东省英德市云岭狮石山牛栏洞出土了"原始人工栽培水稻硅质体"，经测定，年代为12000年①。1995年，湖南省文物考古队在五岭之一的都庞岭脚下的道县寿雁镇白石寨村发掘了一处旧石器时代文化向新石器时代文化过渡的全新世早期洞穴玉蟾岩文化遗址，出土了锄形器等石器生产工具和十分原始的陶片，还出土了包括普通野生稻和古栽培稻类型的谷壳遗存，估计其年代距今约10000年②。广东英德市牛栏洞和湖南道县玉蟾岩遗址出土的水稻栽培还处于初期阶段，非籼非粳，栽培稻的品种还未定型，但却是世界上迄今发现的最早的人工栽培稻。它的发现，为骆越地区和我国水稻起源的研究，提供了全新的材料。而在距今5000—4000年前的广西资源县延东乡新石器时代晚期晓锦文化遗址，出土遗物"以石器和陶器为主。石器约800多件，大都磨制精细，种类繁多，有斧、锛、钺、凿、刀、矛、镞、网坠、镯、环、球、钻、锯、砺石等"。"陶器绝大多数为夹砂陶"，"主要器形有罐、釜、碗、钵、盘、器座、支脚和纺轮等"。"此外还在北区第5层发现三件在器表施赭彩的彩陶"。遗址分为南、北、西三区，南区4、5层灰土中有炭化稻米，北区2—5层也都有碳化稻米遗存。"通过水洗法共选出炭化稻米12000多粒。这些碳化稻米形状各异，品种较多，经初步鉴定是原始的栽培粳稻，有少量为籼稻。这是目前为止岭南地区发现最早的一批标本"③。资源县晓锦遗址出土栽培稻碳化

---

① 《中国水稻史推前万多年》，《羊城晚报》1999年12月13日第12版。
② 袁家荣：《玉蟾岩获水稻起源重要新物证》，《中国文物报》1996年3月3日第1版；黎石生：《道县玉蟾岩古稻出土记》，《中国文物报》1999年9月5日第4版副刊。
③ 蒋廷瑜等：《资源县晓锦遗址发现炭化稻米》，《中国文物报》2000年3月5日第1版要闻。

稻米遗存，不仅年代早，而且数量大，填补了广西远古栽培稻遗存的空缺。1997—1998 年，广西文物队在今广西那坡县感驮岩文化遗址进行发掘，除出土大量陶器、石器、骨器和动物骨骸外，也出土了碳化稻、碳化粟。这也是栽培稻遗存。经鉴定，该遗址距今也有近 4000 年，属新石器时代晚期的文化遗址[1]。这一发现，为探讨骆越地区稻作起源和发展提供了较为丰富的材料。

从语言的角度来考察，今操壮傣语支语言的壮、布依、傣三族和临高人以及操侗水语支语言的侗、水、仫佬、毛南四族，他们谓稻、秧都是相同或相近的，说明今操壮侗语族壮傣、侗水二语支各族在分立以前，形成了"kja^3"（秧）此一概念。"kja^3"（秧），在壮人的观念里，就是指水稻种子浸泡冒芽以后从撒在秧田里生长至其可以移栽这段时间里的禾苗。因此，出现了"na^2kja^3"（秧田）、"$va：n^5kja^3$"（撒播秧苗）、"$beŋ^1kja^3$"（或 $çi：m^2kja^3$，拔秧）、"kam^1kja^3"（秧把）、"vit^8kja^3"（抛秧）等词语。由于插秧时，在壮人的观念里稻秧已经成了稻禾，不能讲"dam^1kja^3"，只能说"dam^1hau^4"，dam^1 是种，hau^4 是稻禾。"草铺长麖烟横板，秧出新针水满畦。"[2] 在壮傣语里，秧的界域是非常明确的。操壮侗语族壮傣、侗水二语支语言各族有着"kja^3"（秧）这样的共同语，说明了刘志一先生关于"野生稻移栽是最早的驯化方式"此一命题是正确的。"多年生普通野生稻的传代方式主要是种茎保存。"[3] 远古越人采用移栽多年生普通野生稻植株种茎的方式来保存其种性，并逐步改变其生长条件，缩短其生长期限，增强其果实的发芽率，驯化成

---

[1] 韦江：《广西那坡感驮岩遗址出土牙璋研究》，打印稿，第 98 页。
[2] 蒋冕：《自七里桥北至奢岩途间漫兴》，《粤西诗载》卷 16，（清）汪森编辑，广西南宁出版社 1988 年版，第 47 页。
[3] 刘志一：《关于野生稻向栽培稻进化过程中驯化方式的思考》，《农业考古》2000 年第 1 期。

一年生栽培稻。从驯化野生稻开始,越人移栽成习,于是在普通野生稻驯化成栽培稻以种子发芽培育新一代稻子时,拔秧、移栽便成为习惯的行为。这样,稻谷从发芽播下田里到长成可以移栽这段时间的稻苗称为"kja^3"(秧)的概念便形成了。

东汉和帝十二年(公元100年)成书的汉文第一部字书《说文解字》禾部有"秧"字,但其字义并不是当禾苗解,而是作为"禾若秧穰也"解。南北朝时顾野王《玉篇》载"秧,于两切,禾苗秧穰也",仍是据《说文解字》来解释"秧"字的含义。"秧穰",据宋人陈彭年(961—1017)《广韵》的解释,就是"禾稠",也就是禾苗稠密,与今天"秧"一词的含义完全不一样。所以清朝段玉裁《说文解字注》说:"秧、穰,迭韵字。《集韵》曰:'禾下叶多也。'今俗谓稻之初生者曰秧,凡草木之幼可移栽者皆曰秧。此与古义别。"[①] 鉴于秧在唐以前不是初生稻苗的载体,所以晋人湛方生《庭前植稻苗赞》只说"茜茜嘉苗,离离阶侧。弱叶繁蔚,圆珠疏植。清流津根,轻露濯色"[②],没有提及秧字。南北朝后北魏贾思勰撰农书《齐民要术》10卷,其卷2介绍水稻的选种、浸种、育苗、撒播等方法,也只见"稻苗"一词,没见"秧"一字。《集韵》12《霁韵》说"吴人谓秧稻曰稧",道出了稧与秧不相干。

秧在汉语中蕴含"稻之初生"一义,当在隋、唐以后。唐朝诗人高适(706—765)的《广陵别郑处士》诗"溪水堪垂钓,江田耐插秧"及大诗人杜甫(712—770)的《行官张望外补稻畦水归》诗"六月青稻多,干畦碧泉乱。插秧适云已,引溜加溉灌",道出了中唐时代秧不仅已经成了"稻之初生"的载体,而且有了"插秧"一词。插秧也就是移秧,张籍(约768—830)《江村行》于是有"江

---

① (清)段玉裁:《说文解字注》,上海古籍出版社1981年版,第326页。
② (清)汪灏等:《广群芳谱》卷8《稻》引,河北人民出版社1989年版,第170页。

南热旱天气毒,雨中移秧颜色鲜"的诗句。至南宋时,秧字大行,大诗人陆游、杨万里等相继以秧为中心进行吟咏。比如陆游的《稻陂》《代乡邻作插秧歌》,杨万里的《插秧歌》等。其中,杨万里《插秧歌》中的"田夫抛秧田妇接,小儿拔秧大儿插"诗句,淡雅情真,白描成句,朗朗成诵,脍炙人口。

可是,由于汉语以稻之初生可以移植的为秧,于是引申开来,凡植物可以移植的幼苗都指为秧,如树秧、菜秧等;后来又引申到用来培养的幼小动物身上,如鱼秧、猪秧等:"今人家池塘所蓄鱼,其种皆出九河,谓之鱼苗,或曰鱼秧。"① 这是汉语秧一词与操壮侗语族壮傣、侗水二语支语言的各群体关于秧一词的用法是不同的。壮傣、侗水二语支语言"kja^3"(秧)一词指自种子撒播到禾苗移栽前一段时间里的稻苗,专指性极强,移栽时稻禾已不能称为"kja^3"(秧),菜、树、猪、鱼等非稻种类更不能与"kja^3"(秧)构词。

汉语"秧"一词,从没有稻苗的含义到涵盖稻苗至其泛化,指明了汉语的发展,但也点出了秧指称"稻之初生"借用于操壮侗语族壮傣、侗水二语支语言"kja^3"(秧)一词,因为秧原义为"禾苗茂密",其引申义无论如何也难以引申到"稻之初生"上来,汉语"秧"字新义的赋予当是自外注入。所以唐代民间已经广泛流行以秧承载"稻之初生"一义,有插秧、移秧等词语,北宋丁度(990—1053)等奉皇帝之命撰《集韵》仍死抱"秧,倚两切,音鞅。秧穰,禾密貌"的解释,认为以秧"训(解释)栽,非(不对)"。宋末元初熊忠撰《古今韵会举要》(简称《韵会》)说禾苗"莳(shì,移栽),谓之秧",其意还不怎么明确,至明朝张自烈的《正字通》认为禾"苗始生尚稚,分科植之,非秧即栽禾也",汉语"秧"字

---

① 《豫章漫钞》,《古今图书集成·禽虫典·鱼部》引,中华书局1934年影印,第137卷,第526册,第5页。

方才有个比较明确的意义上的界域,从而与壮傣、侗水二语支语言"kja³"(秧)在义域上基本相符。汉语"秧"一词词义的变异和因袭,道出了骆越对于稻的驯化栽培先于中原汉语地区。

我国古籍中,"稻"的底层语"秏""糇""膏""ŋa：i"皆是古越语的汉字记音,"秾""穄"是壮侗语族称籼型水稻和籼型旱稻的汉字记音,"稴"源于古越语①。壮族民间流传的《布洛陀》经书里有专门叙述驯化野生稻过程的内容,无可辩驳地说明骆越是最先发明稻作农业的族群之一,水稻驯化和栽培技术的发明是骆越人对人类的重大贡献。

(2) 旱稻的栽培

普通野生稻驯化成栽培水稻后,越人又因地之所宜,育成旱稻品种,实行水稻陆种。

有论者认为:"西盟佤族的旱稻不是从水稻发展而来的,而很可能是从野生稻发展而来的。证据之一是某些旱稻的品种可以作水稻种植,但水稻品种却不能作旱稻种植。"② 佤族的实践,是否可以律定古代发生的事情,一时也无从验证。

成书于东汉永元十二年(公元 100 年)的《说文解字》禾部收有"穄"字,解释说:"稻,紫茎,不粘也。从禾。糞声,读若靡。"段玉裁《说文解字注》引王念孙说:"靡,当作廱,字之误也,扶拂切。"③ 这就是说,穄读作 fei。穄,在汉代的其他记载里,没见使用,从哪里来?很可能是译写的字。

《汉书》卷 28 下《地理志》载:"江南地广,或火耕水耨,民

---

① 覃乃昌:《"秏"、"糇"、"膏"、"ŋa：i"考——兼论广西是栽培稻的起源地之一及壮侗语民族对稻作农业的贡献》,《广西民族研究》1996 年第 2 期。
② 李根蟠、卢勋:《刀耕农业和锄耕农业并存的西盟佤族农业》,《农业考古》1985 年第 1 期。
③ (清) 段玉裁:《说文解字注》,上海古籍出版社 1981 年版,第 320 页。

食鱼稻。"① 水耨似为水田的操作，火耕则既属水田又属陆地的经营。

顾炎武《音学五书·唐韵正》火部引明代《广东通志》说："今琼州西乡，音谓一年为一火，火音微；东乡人谓年为喜，或谓之化，乃火之变音。""化"，古又读胡隈切，音回②。海南琼州（治今海南省琼山县）东乡、西乡人，就是今日操壮傣语支语言的"临高人"。据清代的《琼州志》等记载，临高人不仅谓一年为一火，而且大年初一清晨，各户还派人到野外去堆草烧火以取吉利。这是远古越人举行刀耕火种的礼仪演变而成的习俗。时间过去4000多年了，今海南临高话一仍其旧，以年为火，年火不分，都谓为 vəi²。

火，壮语谓为 fei²，布依语谓为 fi²，傣语谓为 fai²；年，壮语、布依语谓为 pi¹，傣语谓为 pi⁶：与临高语谓火、谓年为 vəi² 音近，有语音变化规律可寻，源同一语。这是怎样产生的呢？岭南是个多雷地区，"无日无雷"③。茫茫宇宙，有声可闻的就是雷鸣，有形可见的就是飘荡的云团。这种直觉性形成了岭南越人的理念：云是雷，雷是天，"三位一体"④。至今，南壮及傣人仍天、云、雷不分，三者同为一词，都谓为 fa³ 或 fa⁴。电闪雷鸣，雷劈也常引发森林大火，于是岭南古越人又产生并形成了"火生于雷"的理念⑤。随着雷鸣雨来，放火烧地农事开始，新一年的时间也就开始了⑥。因此，在岭南越人的语言里，天、云、雷、年、火五个概念，音同一词。今临高语谓云为 fa⁴，这或许是岭南古代越人谓天、云、雷为 fa⁴ 的遗存⑦，现在壮傣语支各族语言谓火为 fei²（或 fi² 或 fai² 或 vəi²），谓

---

① （汉）班固：《汉书》卷28下《地理志第八下》，中华书局1962年版，第1666页。
② （宋）吴棫：《韵补》，商务印书馆1936年版，第13页。
③ （清）屈大均：《广东新语》卷1《冬雷》，中华书局出版社1997年版，第16页。
④ （宋）周去非：《岭外代答》卷10《天神》，上海远东出版社1996年版，第269—270页。
⑤ （清）屈大均：《广东新语》卷1《风火》，中华书局出版社1997年版，第28页。
⑥ 白耀天：《年由火来：岭南古越人对时间的知觉方式》，《思想战线》1993年第5期。
⑦ 今临高话谓天为 fa³，与黎语相同，与南壮语、傣语谓为 fa⁴ 相近，而北壮、布依语谓为 bɯn¹，侗、仫佬等语谓为 mən¹，则楚化了；临高人谓雷为 lɔi²，又是借用于汉语。

年为 pi^1（或 pi^6 或 $vəi^2$），都是由 fa^4 发展演变而来的。年因火为起始，耕作又以放火烧地或烧山为第一道工序，所以火耕便成为岭南古代越人的习惯行为。宋人吕公弼（1007—1073）《送桂州张田经略迁祠部》的诗句"春满农郊劝火耕"①，说的就是此一层意思。

"火耕"产出的稻子，称为"hau^4fei^2"，译成汉语就是"火米"。唐朝大中二年（848），丞相李德裕被贬为崖州司户参军，途经今广西北流县城西的桂门关时写了一首《鬼门关》诗："岭外中分路转迷，桄榔树叶暗前溪。愁冲毒雾连蛇草，畏落沙虫避燕泥。五月畲田收火米，三更津吏报潮鸡。不堪肠断思乡处，红槿花中越鸟啼。"②其中的"畲田"就是旱地，"火米"就是旱稻或陆稻。称旱稻为"火米"，是越人因火耕而来。由此或可清楚，《说文解字》中的"穖"一字，读作 fei，乃是岭南越人谓旱稻的音译写字。此字在《说文解字》成书前不见于记载，之后也不见其形，就是因为其前"火米"没有盛输于中原，其后则中原已经种植旱稻或已经翻译定称为"火米"。明李时珍《本草纲目》卷 22 载"西南夷有烧山地为畲田种旱稻者，谓之火米"，就是这样的说法。

汉代或其前，岭南越人已经在种植水稻之余培育了旱稻。旱稻种植传到北方，或在汉代或在魏晋南北朝。北朝魏高阳太守贾思勰《齐民要术》卷 2 已经记载了旱稻的种植方法。宋、元之际，戴侗《六书故》载："稻性宜水，亦有同类而陆种者，谓之陆稻。《记》曰'煎醢加于陆稻上'，今谓之旱稑。南方自六月至九月获，北方地寒，十月乃获。"《记》就是《礼记》，相传为西汉人编纂。《礼记·内侧》说到了陆稻，同时，汉代人托名的《管子》，其卷 19《地员》③

---

① （清）汪森：《粤西诗载》卷 13，广西南宁出版社 1988 年版，第 34 页。
② （清）汪森：《粤西诗载》卷 13，广西南宁出版社 1988 年版，第 10 页。
③ 管子，名管仲，春秋时辅佐齐桓公成就了霸业，为一代名相。《管子》却是后人托名于他的著作。《汉书》卷 30《艺文志》载有《管子》一书，说明该书至少为汉时人所撰。

也说北方种有"陵稻"。唐朝房玄龄注"陵稻,谓陆生稻",分明汉代北方已经种植了陆稻。同时,北方所种的陆稻并不是火耕,据《齐民要术》介绍,它是在"停水处"的"下田"种植的,因为这些地方干燥时土块坚硬,潮湿则黏结泥泞,雨来又积水易涝,麦、豆等作物不宜,难以经营,以致容易丢荒。这说明称陆稻为"穛"为"火米",并不是因北方种植陆稻而来。"穛"无外是中原人对岭南越人"火米"的音译写字。

（3）其他作物的种植

芋,原产于东南亚,壮族地区位近其处,迄今还有野芋存在,壮语谓为 pi:k^7tu:n^6,谓其茎叶为 muη^2tu:n^6,说明壮族地区为芋的原生地之一。栽培芋,壮语谓为 pi:k^7,布依语谓为 pɯə^5,傣语谓为 phək^9,音相近,语同一源,说明壮、傣、布依族在分化前已经驯化野生芋为栽培芋。广西贵港市罗泊湾汉墓一号墓出土遗物有"芋茎和芋头的外壳"①,可见芋就是骆越人主要的补助食粮之一。

小米,粒小色黄,穗如狗尾,因此又称为狗尾粟,壮语谓为 hau^{4}fi:η^3。1998年在广西那坡县感驮岩新石器时代晚期遗址出土了炭化粟②,后来在广西贵县（今贵港市）罗泊湾汉墓一号墓的遗物中也见有小米出土③,这或者是越人地区为丘陵,也适宜于小米的生长。《汉书·两粤传》云,汉武帝平南越,楼船将军杨仆"得粤船粟"。说明骆越人很早就种植小米。

甘蔗,壮语称谓与布依语、傣语一样。但是,关于由甘蔗而制成的糖,壮语谓为 ta:η^3,明为借汉语词;布依语谓为小 ti:η^2这是以味定称,因为 ti:η^2为"甜"义,比如有些地方的布依族人即认"甜"为"va:η^1ti:η^2";傣族以甘蔗、糖为一物,同为一词,认为

---

① 广西博物馆:《广西贵县罗泊湾汉墓》,文物出版社1988年版,第87页。
② 韦江:《广西那坡感驮岩遗址出土牙璋研究》,打印稿2001年版,第99页。
③ 广西博物馆:《广西贵县罗泊湾汉墓》,文物出版社1988年版,第87页。

甘蔗即糖，糖即甘蔗。对甘蔗和糖的称谓情况，道出了操壮傣语支语言的壮、布依、傣三族分化以前，已经认识或种植甘蔗，但只供咀啖，并不知道用它来榨汁制糖。1983—1988年，广西甘蔗研究所组织技术人员先后考察了钦州、百色和桂林三个地区的25个县（市），收集到野生甘蔗亚族五个属植物118份，其中野生甘蔗割手蜜分布最广，数量最多，说明远古时代，岭南地区曾是野生甘蔗盛产的地方，越人认知野生甘蔗，驯化并将它培育成栽培蔗是有其充足的物质基础的。权威的研究也表明，甘蔗栽培源自我国华南，然后由华南逐步向北延伸发展[1]。

  我国关于甘蔗的记载，最早见于战国伟大诗人屈原的《楚辞·招魂》："胹鳖炮羔，有柘浆些。""柘浆"就是甘蔗汁。煮鳖炙羊，用甘蔗汁来调味，增加烹调品醇香美味。甘蔗最初是供人们作果品咀嚼的，屈原时代已经用来压汁作调味品了，说明甘蔗有了新的功能，并说明楚国都城郢都（今湖北江陵县）已经繁殖了甘蔗。至汉代，《汉书》卷22《礼乐志》载帝王家每年的郊祭例行歌唱的《郊祀歌》十九章中第十一章《天门》有"百味旨酒布兰生，泰尊柘浆析朝酲"之句，则说明汉代除以甘蔗汁作食用调味品外，又用来解除醉酒醒后所出现困倦似病的状态。晋人嵇含《南方草木状》载"南人云甘蔗可以消酒，司马相如《乐歌》曰'大尊蔗浆析朝酲'是其义也"[2]，道明了以甘蔗汁治酒病是由岭南传入中原的。

  两汉时代，甘蔗已经扩种于我国长江以南广大地区，所以东汉杨孚《异物志》说："甘蔗远近皆有，交趾所产特醇厚，本末无薄厚，其味甘。围数寸，长丈余，颇似竹，断而食之，既甘，生取汁

---

[1] 梁家勉：《中国甘蔗栽培探源》，《中国古代农业科技》，农业出版社1980年版，第406页。
[2] （元）陶宗仪：《说郛》卷87《说郛三种》，上海古籍出版社1988年版，第1192—1197页。

为饴饧益珍，煎而暴之凝如冰。"① 汉代，岭南属交趾刺史部，《异物志》所说的出产甘蔗最好的"交趾"，当包括岭南地区在内。托名西汉东方朔著的《神异经》载："南方有甘蔗之林，其高百丈，围三丈八寸，促节，多汁，甜如蜜。"② 甘蔗"高百丈，围三丈八寸"，纯属"神异"性的"荒经"，但其说"南方有甘蔗之林"，则反映了当时岭南越人种植甘蔗的现实。

骆越是我国最早种棉用棉的族群之一。棉和棉花，壮语谓为 fa: i³ 或 bu: i³，布依语谓为 va: i³，临高语、傣语谓为 fa: i³。国外操同一语支语言的侬、岱、佬、泰、掸、阿含等语亦谓为 bu: i³ 或 fa: i³。与壮、傣同一语族的黎语谓为 bu: i³。bu: i³ 与 fa: i³，有着对应转化关系，语同一源。而与壮、傣语同属侗台语族的侗语谓为 mjin²，仫佬语谓为 mjen²，显然是借用于汉语的"棉"一音。而与侗语同一语支的水语谓棉花为 fa: i⁵，毛南语谓为 wa: i⁵，与壮、傣语略近，无疑是原越语的传承。操壮侗语族语言各语支群体谓棉为 bu: 1³ 或 fa: i³，说明他们在未分化以前就已经认识和使用了棉花。

骆越人种植或采集的木棉纤维有两种：一是落叶乔木木棉；二是灌木多年生木棉。

乔木木棉，花时无叶，叶生在花落之后，掌状复叶，互生，小叶 5—7 枚，长椭圆形，橼。每个果实内含纤维 3—5 克，呈浅黄色，细胞壁薄，纤维短（1.5—3 厘米），无拈曲。虽然，《后汉书》卷 116《西南夷传》载永昌哀牢夷"有梧桐木华（花），绩以为布，幅广五尺，洁白不受垢污③"：西晋郭义恭《广志》亦载"梧桐有白

---

① （宋）李昉等编纂：《太平御览》卷974《甘蔗》引，河北教育出版社1994年版，第807页。
② （元）陶宗仪：《说郛》卷87《说郛三种》，上海古籍出版社1988年版，第1192—1197页。
③ （南朝）范晔：《后汉书》卷86《南蛮西南夷列传第七十六》，中华书局1965年版，第2849页。

者，剽国有桐木，其华（花）有白氎，取其氎淹渍，缉织以为布"①，但在岭南地区，落叶乔木木棉花开实裂，棉絮随风飘舞，举手可摘，因其棉纤维过于短促又无拈曲，加上有"古终"这样纤维长易于纺纱织布的灌木棉花于左近，落叶乔木木棉的棉絮仅充作裀褥和枕套的内质，并没有用它来纺纱织布。清朝康熙年间汪森辑《粤西丛载》卷20引明人张七泽《梧浔杂佩》载："木棉，一名琼枝，其高数丈，树类梧桐，叶类桃而稍大，花色深红，类山茶。春、夏间花开满树，望之烂然如缀锦。花谢结子，大如酒杯，絮吐于口，茸茸如细氎。旧云海南蛮人织为布，名曰吉贝，今第以充裀褥，取其软而温，未有治以为布者。浔（今广西桂平县）、梧（今梧州市）间亦多有之，但土人未尝采取，随风飘坠而已。"清代吴震方《岭南杂记》卷下也载："木棉树大可合抱，高者数丈，叶如香樟，瓣极厚，一条五六叶。正、二月开大红花，如山茶，而蕊黄色，结子如酒盅，老则坼裂，有絮茸茸，与芦花相似。花开时无叶，花落后半月始有新绿。其絮，土人取以作裀褥。余买数斤归，欲效棉花制为絮，女工不能治。海南蛮人织以为巾，上出细字花卉，尤工巧，名曰吉贝，即古所谓白叠布。……今询之粤人，亦无有识作者，或是别一种耳。"二者的记载，虽是明、清时人所为，但以其参照商周时代福建崇安县船棺葬的棉织残片②，可知古代越人用来织布的是灌木木棉，不是落叶乔木木棉。而且，《太平御览》卷960《木棉》引佚名的《罗浮山记》载："木棉正月则花，大如芙蓉，花落结子，方生绵与叶耳。内有绵甚白，蚕成则熟，南人以为缊絮。"罗浮山在今广东省惠州市博罗县，"南人以为絮"，即岭南人以木棉花作为御寒被褥的棉絮。《太平御览》是宋朝初年李昉等人奉命编纂的大型类书，

---

① （宋）李昉等：《太平御览》卷956引，河北教育出版社1994年版，第667页。
② 福建省博物馆、崇安县文化馆：《福建崇安武夷山白岩崖洞清理简报》，《文物》1980年第6期。

书中所引均是五代以前的书籍。这说明五代以前的岭南人也没有用乔木棉来纺纱织布。

落叶乔木木棉，壮语谓为"mai⁴le:u⁴"。"mai⁴"，是"树"或"木"。壮语习惯将事物分为大类，属于此大类的事物，即以大类的名称为冠词，而后缀以该事物的名称，以明其属类。"mai⁴le:u⁴"既属木类，"le:u⁴"也与壮语谓可纺纱织布的 fa:i³或 bu:i³（棉）毫无关系。

灌木木棉，古书称"ko¹çoŋ²"（古终），壮语谓为"ko¹fa:i³"或"ko¹bu:i³"。ko¹ 在壮语中，既是数量词，也是特指冠词。

商周时期骆越人即有可能用灌木木棉进行纺织。福建崇安县武夷山白岩洞船棺葬出土的棉织残片，青灰色，"是联核木棉纤维品"①。1976 年，在广西贵港市罗泊湾汉墓一号墓"发现有不少纤维状物，在湿润状态下，外观呈黄褐色，颇类纸浆。后经中国科学院自然科学史研究所鉴定，不是植物纤维纸，而是一种植物性纤维。又经广西绢纺研究所鉴定，认为可能是木棉"②。

骆越是我国最早种植和利用苎麻的族群之一。苎麻，壮语谓为 da:i³，布依语谓为 da:i⁴，临高话谓为 kan¹，西双版纳傣语谓为 Kɔpan⁵，侗语谓为 ga:n¹，仫佬语、水语谓为 ŋa:n¹，毛南语谓为 ŋga:n¹。在壮侗语族诸语言中，侗水语支的毛南语谓苎麻的词尚存复辅音，应该是古越语的遗存。侗语在发展中脱落了辅音"ŋ"，成了"ga:n¹"；仫佬语、水语则脱落了辅音"g"，成了"ŋa:n¹"。临高人语言是壮傣语支中保存古越语原态音较多的语言，长短元音仍然不分，他们谓苎麻为"kan¹"，当是古越语"ŋgan¹"一词脱落了辅音"ŋ"后"g"又演化中"K"的结果。晋人常璩《华阳国志》卷 4《南中志》："有阑干细布。阑干，僚言纻也。织成文，如绫

---

① 林钊、吴裕孙、林忠干等：《福建崇安武夷山白岩崖洞清理简报》，《文物》1980 年第 6 期。
② 广西区博物馆：《广西贵县罗泊湾汉墓》，文物出版社 1988 年版，第 87 页。

锦。""僚",就是僚人,为越人在东汉以后的称谓。僚人谓纻为"阑干",其词当是古越语谓苎麻为"ŋgan¹"的近音译写。ŋ、g二辅音是舌根音,汉族记音人将其听成了"ŋgan",于是得出了"阑干"二音。汉、晋时期,僚人将苎麻布"织成文,如绫锦",可知其水平已经非同凡响。广西贵港市罗泊湾汉墓一号墓出土的苎麻纱衣残片,经广西绢纺工业研究所鉴定,其"支数在200S/1以上"①。他们的初步意见认为:"目前国内还无法纺出这样的细度支纱。"②

荔枝,壮语、布依语谓为 ma:k⁷lai⁵ 或 ma:k⁸la:i⁵,傣语谓为 mak⁹kai⁴,语同一源,说明壮傣语支各族分化前就已经认识并栽培了荔枝,汉语的荔枝一语即源于壮傣语而来。《西京杂记》说,南越王尉佗献汉高祖荔支③,说明汉代岭南荔枝已成珍品。1975年,广西合浦县堂排汉墓出土的一个铜锅内盛装有果壳、内核完好的荔枝④。这是目前考古发现最早的荔枝遗物。由于荔枝"甘而多汁",其味无穷,让人垂涎,所以自汉武帝灭南越国后,历朝历代帝王,无不命令岭南州县进贡。南朝《广州记》说:"每岁进荔枝,邮传者疲毙于道。汉朝下诏止之,今犹修事荔枝煎进焉。"⑤

龙眼,壮语谓为 ma:k⁷ŋa:n⁴ 或 lulk⁸ŋa:n⁹。汉语龙眼一词,即因壮语音译而来。壮人的龙眼,汉代以前已经种植。明代张七泽《梧浔杂佩》记载:"龙眼自尉陀献汉武帝,始有名。"⑥《三辅黄图》载:元鼎六年(公元前111年),汉武帝破南越,珍视岭南的荔枝、龙眼,曾将二者移植于都城长安(今西安市)的扶荔宫。此后,关

---

① 广西区博物馆:《广西罗泊湾汉墓》,文物出版社1988年版,第86页。
② 该鉴定意见,现存于广西文物工作队。
③ (宋)李昉等编纂:《太平御览》卷971引,河北教育出版社1994年版,第784页。
④ 广西文物队:《广西合浦县堂排汉墓发掘简报》,《文物资料丛刊》4,文物出版社1981年版,第50页。
⑤ (宋)李昉等编纂:《太平御览》卷971引,河北教育出版社1994年版,第784页。
⑥ (清)汪森:《粤西丛载》卷20引,上海进步书局,粤西丛载6,第18页。

于岭南越人种植的龙眼，汉文历代不乏记载。比如，谢承《后汉书》说："交趾七郡献龙眼。"[1] 交趾七郡就是指交趾刺史部所属的南海、苍梧、郁林、合浦、交趾、九真、日南七郡。

骆越人是中国最早种植柑的族群之一。广西原生柑橘资源丰富。1963年，贺县姑婆山发现野生柑橘类的皱皮柑和元橘。1978年和1984年，龙胜自治县山区和兴安猫儿山先后发现野生宜昌橙的分布。1976年，贵县（今贵港）罗泊湾挖掘西汉墓，出土有碳化橘子种籽。东汉杨孚《异物志》记有岭南柑橘果品的状态和食用价值，汉朝在广西设立主管御橘的官吏。

芭蕉，汉语又名甘蕉，又名苞苴，又名绿天，又名扇仙。壮语只有一名，谓为 $kjoi^3$。对于芭蕉的称谓，布依语谓为 $tçoi^3$，傣语谓为 koi^3。$tçoi^3$、koi^3 二语与壮语的 $kjoi^3$ 音相近，都是由 $kjoi^3$ 变化而来。说明壮、傣、布依族分化以前就已经认知并种植了。《三圃黄图》载："汉武帝元鼎六年（前111年）破南越，起扶荔宫，以植所得奇草异木，有甘蕉十二本。"[2] 说明汉代帝王家对岭南芭蕉垂慕而欲拥为己有的强烈情感。对于岭南芭蕉的功用，早在东汉杨孚的《异物志》中已有详细记载。该书不仅说"芭蕉叶大如筵席，其茎如芋。取镬煮之为丝，可纺绩，女工以为絺绤。今交趾葛也"，而且指出其"实成房"，"一房有数十枚"。"剥其皮食其肉，如蜜甚美。食之四五枚，而余滋味犹在齿间"。此后，三国时吴国万震《南州异物志》，以及晋人郭义恭《广志》、稽含《南方草木状》、顾薇《广州记》，也对芭蕉的生态、种类、功用作了比较详细的叙述。

（4）耕作技术的进步

水稻的栽培使骆越先民原始农业逐渐由种植根茎植物的园圃式

---

[1]（宋）李昉等编纂：《太平御览》卷973引，河北教育出版社1994年版，第794页。
[2]（清）汪灏等：《广群芳谱》卷89《芭蕉》引，张虎刚点校，河北人民出版社1989年版，第2137页。

农业向稻作农业转变。在新石器时代晚期的遗址中,石斧、石锛、石铲、磨棒、磨盘、镰、刀等磨光石器大量出现,尤其是大石铲在广西南部和西部普遍发现,更说明了这种转变已经成为事实。石铲制作精良,装上柄后,其实就是古称的"踏犁",既可用于山地,又能用于烂泥田,可用于翻土、埋埂、开沟或平整土地,比起过去的工具来,功效大大提高。数量如此之多的大石铲和其他工具的出土表明,此时的农业较之前期已有了很大的发展,生产规模进一步扩大,已成为主要的经济部门。

商周时期,由于中原青铜器的传入,骆越经过吸收、消化逐渐掌握了青铜冶铸技术[①],虽然直接用于农业生产的工具不多(仅斧、刮刀等),但铜质工具的出现,使用于农业的工具大大改进,无疑推动了农业的发展。《水经注》卷37引《交州外域记》云:"交趾昔未立郡县之时,土地有骆田,其田从潮水上下,民垦食其田,因名为骆民。"说明当时骆越已知耕种水田。

战国时期,中原与楚国的铁器传入岭南。从广西武鸣县马头乡[②]和平乐银山岭战国墓[③]所出的遗物来看,农业工具有锄、锸、钁、刮刀、斧、凿等类别,数量达100多件,说明铁器的使用已相当普遍。铁工具代替木、石和铜工具,增强了开荒能力,耕作面积不断扩大,耕种技术也不断改进,"火耕水耨"的原始耕作方法已逐渐改变。

秦汉时期,铁器在农业上的使用进一步推广,尤其是在汉武帝统一南越,解除了吕后对岭南的铁器封锁之后,铁农具已广泛使用。从考古发现来看,当时的铁农具已有锸、锄、铧、耙、铲、斧、刀、镰等种类。尽管由于铁器的珍贵,真正用作随葬品埋入地下的器物

---

① 覃彩銮:《汉文化的南传及其对壮族古代文化的影响(一)》,《广西民族研究》1988年第4期。
② 叶浓新:《武鸣马头古骆越墓地的发现与窥实》,《广西民族研究》1989年第4期。
③ 广西壮族自治区文物工作队:《平乐银山岭战国墓》,《考古学报》1978年第2期。

不多，但陪葬铁农具似已成为重要的葬仪内容，有的虽然不能用真农具陪葬，但也要用象征铁农具的模型明器陪葬，而且各种农具的数量都比较多。如广西合浦堂排的一座西汉晚期墓，用黏土模制成的铁千臼、铁斧模型陪葬，锸有十多件，斧有20多件。① 又如贵县罗泊湾汉墓的木牍列有给死者陪葬的农具清单，虽所列件数可能是个虚数，但一项动辄十几件、四十几件、五十几件和一百多件，说明当时农业生产规模已相当的大。②

与铁器普遍使用的同时，骆越地区出现了牛耕。1977年，广西贺县莲塘乡东汉墓葬中出土了铁犁铧，其形状为三角形，首部平直，两边和前端锐利。③ 从其形状看，不仅能破土挖沟，还可以稍向两边翻土和分土，证明当时壮族地区的犁耕已相当发达。秦汉时代牛马耕在中原地区已很盛行。与广西紧连着的广东也有了牛耕。在佛山市郊东汉墓所出的水田模型上，有一个陶俑在一块田上犁田，头戴斗笠，一手扶犁，一手赶牛。④ 据文献记载，东汉建武年间（公元25—56年）任延担任九真郡（今越南清化、河静一带）太守时，已把牛耕向南推广到九真郡《后汉书·任延传》。广西是中原至九真的必经之道，这时出现牛耕是很自然的。此外，秦汉时期，骆越人在深耕、施肥和灌溉等方面也积累了一定的经验。

（二）畜禽养殖

骆越地区位于亚热带，气温较高，雨量充沛，食物资源丰富，适宜各种动物的生存和繁衍。骆越人很早就开始对捕获的野兽进行驯化、饲养、繁殖，积累了丰富饲养家畜家禽的生产经验。

---

① 广西壮族自治区文物工作队：《广西合浦堂排汉墓发掘简报》，《文物资料丛刊》第4辑，第49页。
② 广西壮族自治区博物馆编：《广西贵县罗泊湾汉墓》，文物出版社1988年版，第84—85页。
③ 贺县文化馆：《贺县莲塘公社发掘两座汉墓》，《文物博物馆工作通讯》1977年第2期。
④ 广东省文管会：《广东佛山市郊澜石东汉墓发掘报告》，《考古》1964年第9期。

1. 家畜的驯化养殖

据民族学的材料，畜牧业的发展可分为拘禁驯养、野牧和圈养等三个阶段。拘禁驯养，是将一个野生动物，通过长期的观察、掌握一些本能及特点以后，加以专门训练，使之成为家畜被人们所利用。人类驯养动物，大概始于旧石器时代晚期。到新石器时代，人们由于狩猎工具的改进，狩猎经济迅速发展，猎获禽兽多了，一时吃不完，经过漫长的岁月，逐渐知道将余留的野兽关在天然洞穴里豢养，以备捕捉不到野兽时食用。人们对那些能驯养的动物，便想法不让其逃掉，有岩洞的作门栏养之，无岩洞的便选择一个适宜的地方，采用粗大树枝或竹子将四周围起来进行圈养。桂林甑皮岩遗址发现的家猪骨骼，可能是在洞中关养的。而时间一久，偶有个别原已怀胎的母兽产下了仔，并渐渐长大，洞养或圈养的野兽也就越来越多，越来越普遍。在长期的豢养过程中，一部分野兽性情渐渐温顺起来，进而驯化成为家畜。在人类的童年时代，人们从狩猎到把野兽驯化为家畜，这是人类征服自然的一个重大胜利。

根据动物学家的意见，从驯化野生动物起，到它的转变成培养的畜禽品种以满足人类需求，需要经过几千年的历史。尤其是牛、马、羊等较大型动物的驯化、养殖，是一个漫长的历史过程。

（1）狗

狗的驯养是骆越先民跨入驯化野生动物门坎之始。今操壮侗语族的壮傣、侗水以及黎三个语支的各个民族（或群体）都谓狗为 ma^1 或 ηwa^1，语同一源，说明壮、布依、临高、傣、侗、水、仫佬、毛南以及黎族尚未分化之前，已经认知并驯化、饲养了狗。壮族民间流传着这样的神话故事说，他们的祖先带着一只黄狗到天上的仙田里去打了一滚，沾上了一身稻种带回凡间，但沿途被草木刮掉了，只剩下尾巴上的稻种，所以现在的稻穗形如狗尾一般。此一壮族神话传说，道出了狗的驯养成为是在野生稻的驯化成为栽培稻之前。

曾有学者指出:"狗是最先驯化成功的家畜之一。在华北一些新石器时代遗址,狗的材料很普通。甑皮岩遗址无狗,一方面可能表示当时驯养野生动物的技能还较低;而另一方面,更主要的原因可能是,古代洞穴的居民,对狗的需要并不强烈。"① 甑皮岩遗址没有狗骨的遗存,不能断定当时越人还没有驯化狗。因为狗不是拿来吃的,其骨头不与人吃食丢弃的猪骨、鹿骨等堆在一起是正常的。

狗类勇敢坚毅,聪明机警,忠诚殷勤,能乖人意,看守门户,协从主人狩猎。在远古时代,骆越先人就驯化、饲养了狗,这是一个伟大的创举。骆越不仅驯养了狗,而且在历史的发展中不断优化其品种。《逸周书》卷7《王会篇》说:商朝初年,成汤的大臣伊尹所著的《四方献令》就记载"正南瓯、邓、桂国、损子、产里、百濮、九菌,请令以珠玑、玳瑁、象齿、文犀、翠羽、菌鹤、短狗为献"。岭南正在商朝的正南方,"短狗"很可能是骆越人最早进贡中原王朝的物品。

(2) 猪

猪,壮语谓为 mou^1 或 mu^1,布依语,傣语谓为 mu^1,临高语谓这 mo^1,侗语谓为 ηu^5,水语,仫佬语谓为 mu^5,毛南语谓为 mu^5,音相近源同一词,唯独黎族谓猪为 pou^1,不相同,说明家猪驯养早在壮傣语支和侗水语支各族与黎族分化前即已开始。

桂林甑皮岩洞穴遗址,是我国南方发现的一处重要洞穴遗址,距今9000—7000年,属新石器时代早期遗址。在洞内出土30多具骆越先民的骨骼,有部分保存完整,据科学测定,其头骨特征与"柳江人"相近,有明显继承关系。对甑皮岩遗址出土的大量脊椎动物遗骸的研究表明,当时住人已开始把野猪驯化饲养为家猪。遗址中发现的动物骨骼中,猪骨最多,个体数为67个,其中"可以进行比

----
① 李有恒、韩德芬:《广西桂林甑皮岩遗址动物群》,《古脊椎动物和古人类》1978年第4期。

较准确可靠的年龄估计的个体，计有 40 个。猪的个体死亡年龄统计，结果一岁以下个体 8 个，占总数的 20%；二岁以上的个体 6 个，占 15%；一岁至二岁之间（许多是在 1.5 岁以上），共有 26 个，占 65%。另外，在所观察的本遗址的全部标本中，尚未见到任何一枚猪牙 M3/3 已磨蚀得很深重的标本"。鉴定者认为，猪的年龄数值，是探讨它们是否为驯养的重要依据之一。根据上述甑皮岩遗址猪的年龄情况判断，"它们只能是人类有意饲养和宰杀的自然结果"。同时指出，在甑皮岩猪的标本中，"犬齿数量不多，较为长大粗壮的犬齿更少见，犬齿槽外突的程度很差，而门齿一般都较为细弱"。这些情况，可能是人类驯养条件下猪的体质形态发生变化的结果①。据此，可将骆越先民饲养家猪的历史追溯到距今 9000—7000 年前。

野猪驯化饲养为家猪以后，骆越先民一直以猪的饲养作为副业，以猪为人们渔猎、采集以及农耕生活中肉食的补充。春秋后期，江、浙越国以狗为阳畜，猪为阴畜，勾践实行"生丈夫，二壶酒，一犬；生女子，二壶酒，一豚"②，鼓励人口生育。狗和猪是越国官方利用山地围起来圈养，于是有犬山、豕山的设置③。那时的岭南越人是否也是如此养猪，不得而知。

延至两千年前的秦汉时代，养猪业已经成为岭南越人一项离不开的副业。1974 年，在广西平乐县银山岭汉代的墓葬中，出土了三件房子陶模明器，其中有上屋下圈的干栏式房子，有方形庭院式重楼，也有曲尺形的碓房和猪圈。猪圈内躺着一猪④。1975 年，广西合浦县堂排汉墓中出一件干栏式房子陶模明器。屋后用矮墙围成畜

---

① 李有恒、韩德芬：《广西桂林甑皮岩遗址动物群》，《古脊椎动物与古人类》1978 年第 4 期。
② （战国）左丘明撰：《国语》卷 21《越语》，上海古籍出版社 2015 年版，第 427 页。
③ （汉）袁康、吴平：《越绝书》卷 8《越绝外传记地传》，时代文艺出版社 2008 年版，第 71 页。
④ 广西文物队：《平乐银山岭汉墓》，《考古学报》1978 年第 4 期。

圈，后墙左侧有圆洞，供牲畜自由出入①。1978年，贵港市北郊汉墓出土上居人下圈畜的干栏式房子陶模明器三件。另有曲尺形、拱头式建筑陶模明器四件。其中一件顶饰瓦垄，正面开二门。门内侧有男、女两俑，男俑持杵作春米状，女俑持簸箕站立在春臼旁。左侧开二门，屋后为猪圈，内有一陶猪卧着②。同年，广西昭平县东汉墓出土曲尺形陶模明器一件，"后有矮墙围成猪圈，圈内有一陶猪作站立槽旁进食状。猪圈围墙开长方形和三角形窦洞，地角四角均抹角。正屋开大门……正门内侧有两俑站立作春米状。右侧开两门。其中右门两侧各有一头陶猪，作内向张望状，尾巴卷曲到臀部"③。在此之前，1973年广西梧州市鹤头山东汉墓出土一件曲尺形陶模明器，"屋后有猪圈，圈内有一猪"④；1955年贵港市城郊汉墓出土猪圈陶模明器一件，"前、后开有门，屋后开有栏杆，栏内有一陶猪"⑤；1956年贵港市汶井岭东汉墓也出土一件陶屋明器。屋后为猪圈，圈内有一猪正在小盆内吃食⑥。这种情况说明，汉代养猪在岭南越人中几乎是家家有之的副业，已经结束了放牧养猪，实行了圈养的方式。

东汉杨孚《异物志》载："郁林大猪，一蹄有四、五甲，多膏。卖者以铁锥其头，入七、八寸，得赤肉乃动。"⑦ 从宰杀"郁林大猪"时铁锥打入头七八寸方见猪有动静，可见其膘肥肉厚。汉代的

---

① 广西文物队：《广西合浦县堂排汉墓发掘简报》，《文物资料丛书》（4），文物出版社1981年版，第49页。
② 广西文物队：《广西贵县北郊汉墓》，《考古》1985年第3期。
③ 广西博物馆、昭平文管所：《广西昭平东汉墓》，《考古学报》1989年第2期。
④ 李乃贤：《广西梧州市鹤头山东汉墓》，《文物资料丛书》（4），文物出版社1981年版，第136页。
⑤ 广西文物队：《广西贵县汉墓的清理》，《考古学报》1957年第1期。
⑥ 广西文管会：《广西贵县汶井岭东汉墓》，《考古通讯》1958年第2期。
⑦ （宋）李昉等编纂：《太平御览》卷903《猪》引，河北教育出版社1994年版，第232页。

郁林郡，辖布山（治今广西贵港市）、安广（在今广西横县北）、阿林（治今广西桂平县）、广郁（在今广西天峨、凤山、东兰等县地）、中溜（治今广西武宣县西南）、桂林（治今广西象州县东南）、潭中（治今广西柳州市东南）、临尘（在今广西宁明、龙州、崇左、凭祥等县市）、定周（治今广西宜州市）、增食（在今广西平果、田东、田阳、天等、大新等县市）、领方（在今广西宾阳、上林、南宁等县市）等11县，覆盖了壮族居住的大部分地方。这说明，汉代骆越人已经培育出了比较有名的令当时汉族的著述人员觉得要大书一笔的猪种。

  从汉代墓葬出土的陶模明器情况看，人们就臼舂米，猪儿就小盆而食，可知其时岭南越人已经普遍推行煮熟、稀喂、圈养生猪的饲养方法。因为米糠固然可生食，芋及其茎叶却不能生嚼。广西贵港市罗泊湾汉墓一号墓出土遗物有"芋茎和芋头的外壳"①，芋茎就是专用来作饲料喂猪的，它必须煮熟方能进食。而这种圈养又与让猪自由出入猪圈浪脚放养结合起来，让猪既在家里定期吃上潲水拌上煮熟的芋茎叶、米糠、碎米、薯类等饲料，又保留了猪生存的较大自然空间，使猪能自由觅食，运动，保持其一定的原始野性和生存能力，补充其圈养营养的不足，增强猪抵御疾病的能力。

  由于猪的性腺发育较早，要肥育，就必须实行雄性和雌性猪儿的阉割。从东汉杨孚《异物志》关于"郁林大猪"的记载来看，那个时候的岭南越人可能已经掌握了猪儿的阉割技术，否则难以培育出体壮膘肥的"郁林猪"来。

  （3）山羊

  羊是世界上仅晚于犬和猪而被驯化的家畜。几乎在所有广西新石器时代洞穴遗址中，都发现有山羊和羚羊的骨骼。尤其在桂林甑

---

① 广西壮族自治区博物馆：《广西贵县罗泊湾汉墓》，文物出版社1988年版，第87页。

皮岩遗址出土的数千件动物遗骨中，有猪骨骸也有羊骨骸。猪经鉴定已属饲养猪，而羊却没有什么证据可以证明其已驯化。但壮、布依和傣语均谓羊为 $bε^3$ 或 me^3，或许说明壮、布依、傣三族分化之前已经驯养山羊。

1972 年 7 月，广西田林县普驮发现的一处西汉早期墓葬，出土有 5 件鎏金的山羊纹牌饰和 6 件鎏金绵羊纹牌饰。山羊纹牌饰平面如鞋底形，折边，周边有细小钻跟，正面压印出突起的山羊一只，站立着举头回望，脚踏山峰，头顶云彩，栩栩如生。牌饰长 13.1 厘米，宽 6.5 厘米，出土时表面残存羽毛的印痕。绵羊头牌饰呈心形，长 6.3 厘米，宽 5.8 厘米。铜牌正中镂一长方孔，嵌入绵羊头，羊角向外弯曲，羊颈向牌饰的背面突出，形成半环钮状。另有一件较大，长 15 厘米，宽 14 厘米，嵌入三只绵羊头。羊头大小形象与前 5 件一样[1]。1959 年梧州市白石村东汉墓出土有一对公母羊硬陶明器，作卧地状，造型优美，神态矫健[2]。从这些从考古资料可以直观地看到，骆越人饲养的山羊形象。

（4）牛

水牛，壮语、布依语谓为 $va:i^2$，傣语谓为 $xvai^2$ 或 $xa:i^2$；侗语谓为 kwe^2，仫佬语谓为 hwi^2 或 wi^2，水语谓为 kui^2，毛南语谓为 kwi^2，说明壮侗语族中操壮傣和侗水二语支语言各族对水牛的称谓其音相近，源同一语，其古老形式可能是 $kwai^2$。语相同，道出了他们认知相同，可能在壮傣、侗水二语支各族分化以前已经驯化并饲养了水牛。

在壮族古老的创世史诗《布洛陀》中有造牛的一章，说的是从前壮族地区没有牛，用猪、狗来拉犁，猪、狗拖不动，不愿再拖

---

[1] 广西壮族自治区文物队：《广西西林县普驮铜鼓墓葬》，《文物》1978 年第 9 期。
[2] 广西壮族自治区文管会：《广西出土文物》，文物出版社 1978 年版，图版 115 及说明。

了，人们就去请教布洛陀。布洛陀是壮族人民人人敬仰的祖先，他教人们造牛，用绳穿着牛鼻拉着走。后来有一头牛被杀，牛群惧而逃散。布洛陀又为牛赎魂，使它听从使唤，为人们耕田种地。这一神话故事，反映壮族先民驯服野牛的事实，并通过口耳相传授给后代。

古代岭南地区有着大量的野生水牛群存在，为骆越较早认知水牛并将它们驯化成饲养牛奠定了基础。水牛可能是骆越先民新石器时代驯化的一种动物。从桂林甑皮岩新石器时代早期遗址洞穴和广西其他同时代洞穴遗址中，皆发现有水牛骨骼和水牛的牙齿、下颌骨和牛角出土。

据《汉书》卷95《南粤传》载，汉初吕后禁止铁器进入南越，同时也曾提到禁止"马、牛、羊"等输入。这里所指的牛，应当是黄牛，非指水牛。黄牛为中原所产，比较驯善，可以驾驭使用，而水牛只生长在南方。有论者根据《汉书》卷95《南粤传》载汉高祖的老婆吕后当政时严令中原人卖牛给岭南的南越国只准卖公不卖母一事，否认岭南有牛。这是不符合事实的。黄牛适长于北方，岭南却是野水牛的原生地之一。壮族、布依族不仅与傣族在自己的语言里有了水牛的词汇，而且与操同一语族的另一语支语言的侗、水、仫佬、毛南等族对于水牛的称谓也有着相同的词语。

岭南不仅有水牛，而且饲养了水牛，并用它来犁田耕地。汉代，在岭南地区出土了陶牛和陶牛拉着陶车的明器①，也出土了牛耕的陶制模型②，反映了那个时候水牛已经为人类服务，在岭南越人的生活中举足轻重。1980年苍梧倒水南朝墓出土了件犁田陶模，中有两块

---

① 广西壮族自治区文管会：《广西出土文物》，文物出版社1978年版，图版116、117及说明。
② 广东省文管会：《广东佛山市郊澜石东汉墓发掘报告》，《考古》1964年第9期。

耕地，各有一人在使牛犁田①。"其牛双角粗大，体型壮硕，是典型的水牛。"② 岭南水田多属酸性红壤土，黏湿性大，非壮硕力大的水牛耕作不行，黄牛个小力微难以胜其任。北方在平坦无垠的旱地上耦耕以两头黄牛并行拉犁，岭南地属丘陵，山田较多，田块小，耦耕难以推广，所以汉代及其后，岭南人耕作主要是靠水牛，而不是中原输入的黄牛。

（5）马

从岭南地区目前出土的新石器时代众多的动物遗骨看，犀、象、熊、鹿、猪、水牛等都有，唯独没有发现马的遗骨。另外，在岭南地区的土著居民岭南越人的后裔中，不论是操壮傣语支语言的壮族、布依族、傣族和临高人，还是操侗水语支语言的侗族、水族、仫佬族、毛南族，都谓马为 ma^4 或 $ma^{?8}$ 或 mja^4，明显属汉语借词，没有自己的民族语，只有很早已离开大陆迁居于海南岛的黎族谓马为"ka^3"，不知是民族语，还是另有来源。

《汉书》卷95《南粤传》载，秦末汉初，赵佗割据岭南建立南越国，汉朝吕后当政后命令中原人卖马给南越国，只许卖公马，不许卖母马，使之无法自我繁殖，解决自身对马匹的大量需求。这也说明了汉初的时候，岭南地区有了马，但为数不多。

在广西西林县普驮铜鼓墓葬③和贵港市风流岭三十一号西汉墓④，出土有西汉前期铜马明器，其体型外貌及比例与古籍记载的"果下马"相似。

马产于北方和西南，自秦汉以后，随着中央王朝在岭南设郡置县，

---

① 广西梧州市博物馆：《广西苍梧倒水南朝墓》，《文物》1981年第11期。
② 冼剑民：《秦汉时期岭南农业》，《中国农史》1988年3月号。
③ 广西壮族自治区文物工作队：《广西西林县普驮铜鼓墓葬》，《文物》1978年第9期。
④ 广西壮族自治区文物工作队：《广西贵县风流岭三十一号西汉墓清理简报》，《考古》1984年第1期。

派官治理，遣兵戍守，建立驿站上传下报，北方马匹不断进入岭南。

2. 家禽的驯化养殖

岭南地区气候温热，雨量充沛，是野鸡、野鸭、野鹅生长繁殖的理想区域之一。自远古时代起，骆越先民就相继将野鸡、野鸭、野鹅逐渐驯化成为人类饲养的禽类。

（1）鸡

野鸡，壮语谓为 $\gamma ok^8 kai^5$，γok^8 是鸟，$\gamma ok^8 kai^5$，就是将其归于鸟类。鸡，壮语、布依语、傣语谓为 kai^5，临高语谓为 kai^1，毛南语谓为 $ka:i^5$，侗语、水语谓为 $qa:i^5$，仫佬语谓为 ci，黎语谓为 $khai^1$。其中除仫佬语谓鸡为 ci^1，不同另有来源外，壮侗语族中各族（或群体）不论是操壮傣语支语言各族（或群体），还是操侗水语支语言各族，抑或是操黎语支语言的黎族，其谓鸡音都相同或相近，其间的相异在语音变化规律之内，可知都源自一语。壮侗语族关于鸡称谓的古老形式可能是 $khai^1$，即黎族对鸡的称谓。这说明壮傣语支先民与黎族先民及侗水语支各族先民分化前，已经将野鸡驯化成了饲养鸡。

广西各地汉墓出土文物中，贵县汉墓出土铜鸡铜鸭，钟山县牛庙东汉墓出土陶质鸡笼模型。鸡笼形状呈半球形，前有方门，平底，圆顶上有短柄，似用竹篾编织，它与现代壮族农家用的鸡笼基本相似。1977年又于都安县拉仁乡采集到一件东汉墓出土的陶楼模型，在屋前檐下有一鸽伏窝的塑像。据此，可以推断，汉代已出现家庭饲养的家禽业。

（2）鸭

野鸭，壮语谓为："$\gamma ok^8 pit^7$"，将其归于"γok^8"（鸟）类。鸭，壮语、布依语谓为 pit^7，临高语谓为 bit^7，傣语谓为 pet^7，语音相同或相近，其古老的语音形式可能是 bit^7，因为清音 b 浊化于是变成了 p。这种情况，说明在壮、布依、傣、临高等族群先民分化前已经驯养鸭，因此有了"bit[7]"（鸭）的共同语。

（3）鹅

鹅，壮语，布依语，傣语谓为 ha:n^5，侗、水、仫佬、毛南四族谓为 ŋa:n^6，ha:n^5 和 ŋa:n^6 中的声母 h 和 ŋ，一个是舌根喉音，一个是舌根牙音，读音相近而且可以互相转化。这就道出了大陆越人驯化野鹅为饲养鹅，是在新石器时代晚期当操壮傣与侗水二语支语言的群体还没有分开各自发展的时候。

（三）渔猎和狩猎

在没有驯化野生动、植物以前及其后的相当长时间内，渔猎和采集是骆越先民取食的主要方式和手段。此后，虽然稻作等农业生产成为主导生计，采集、渔猎逐渐退居次要地位，但渔捞、狩猎及随后产生的渔业一直是骆越农业经济的补充。

1. 渔猎

（1）淡水鱼类的捕捞

淡水鱼类，是除海洋咸水鱼类以外的江河、池塘鱼类。江河，壮语谓为 ta^6，方块壮文写作"太""沱"或"打"等。池塘，壮语谓为 tam^2，方块壮文写作"替""𣸣""潭""谭"或"墰"等。比如，广东南海县的谭边，花县的黄潭墟，德庆县的𣸣眉川、𣸣荒山，石城县的谭福村，廉州府的𣸣星村、谭埇村，灵山县的𣸣量村，海康县的潭斗市，钦州的墰额、𣸣银、𣸣晓，防城县潭鼎村等①，都有骆越先民遗留下来的语言化石。

原始农业出现以后，渔猎和采集仍然是骆越先民主要的获取生活资料的途径。出土陶器上的水波、网纹等纹饰，说明了水生生物在骆越先民的感知和经济生活中的重要地位。由于岭南地区水生资源的丰富以及经营农业的艰辛，骆越先民对水生鱼类的捕捞在两汉

---

① 张人骏：光绪《广东舆地全图》，广州石经堂印行。

时期的经济生活中仍不可忽略。而他们在西汉时期将鸬鹚驯化供人捕鱼，在我国则是首先起步并臻至成熟的。

据目前掌握的考古学材料，旧石器时代晚期至新石器时代早期，岭南地区各地发现有许多贝丘遗址。在这些遗址中，保存有许多童年时代的人类吃后剩下的螺蛳壳、蚌壳和鱼等动物的骨骼，以及当时人们使用的鱼叉、鱼镖、鱼钩、网坠等捕鱼捉虾的工具。进入有文字记载的西周以后，随着越人农业的发展，纯粹的捕捞渔业在人们日常生活中地位才有所下降。这表现在考古材料上此一时期贝丘遗址大大减少，遗址中渔猎工具也较为少见了。

但是，由于一者农业的收成物毕竟有限，丰歉不保；二者江河长流，水生动物年年生长，资源丰富；三者居人不多，水生生物得之较易，因此，捕捞渔业经济一直是作为农业经济的重要辅助性经济在壮族社会中存在。

西汉刘安《淮南子》卷1《原道训》载："九疑（在今湖南宁远县南）之南，陆事寡而水事众，于是民人被发文身以像鳞虫，短绻不裤，短袂攘卷以便刺舟。"[①] 所谓"水事众"，除了船货运送之外，主要就是入水捕捞。"越人美蠃蛤"[②]；"东南之人食水产……食水产者，龟、蛤、螺、蚌以为殊味，不觉其腥臊也"[③]。汉东方朔与晋人张华的记载，道出了时至魏、晋捕捞经济在骆越人生活中的地位。

由于经常入水捕鱼，经过长期的实践，骆越人摸索出了一些捕捞的经验。

一是"文身以像鳞虫"。古代骆越人沿水而居，入水捕鱼，但是当时岭南地区的水泽之中却满布着伤人的鳄鱼等巨型爬行动物。鳄

[①] （汉）刘安：《淮南子》卷1《原道训》，陈一平校注译，广东人民出版社1994年版，第13页。
[②] （汉）桓宽：《盐铁论》卷9《论菑》，上海人民出版社1974年版，第110页。
[③] （晋）张华：《博物志》卷1《五方之民》，上海古籍出版社1990年版，第6页。

鱼等巨型噬人动物散居江河水泽地区，严重威胁着沿水居民特别是入水作业居民的生命安全。于是，越人"文身以像鳞虫"。① 这种模拟式的巫术和行为，闻名于古代的中国。"文身断发，以避蛟龙之害"②，活现了骆越人为了维持"饭稻羹鱼"③ 的生活而下水作业、捕捉鱼虾以获取生活资料的境况。

二是驯化养殖鱼鹰以捕鱼。鱼鹰就是鸬鹚，因其形似鸦而大，毛黑，又称为水老鸦。它颌下有小喉囊，嘴长，上嘴末端稍曲，栖息水滨，善于潜水捕食鱼类。人们就是根据它的这些特点，将其驯化为人捕鱼。骆越人驯化鸬鹚供人捕鱼，不详起于何时，但至秦、汉之际，已经成为习常性的行为。1976 年从广西贵港市罗泊湾汉墓一号墓中发掘出来一面铜鼓，"鼓身九晕圈，饰锯齿纹、圆圈纹和龙舟竞渡、羽人舞蹈图案。第四晕圈在胸部，饰六组羽人划船纹，船头向右，每船六人，其中三船的划船者全戴羽冠，另三船各有一人裸体；船头下方有衔鱼站立的鸬鹚或花身水鸟，水中有游动的鱼"④。三只船上"各有一人裸体，船头下方有衔鱼站立的鸬鹚或花身水鸟，水中有游动的鱼"，这纯然是一幅渔人纵放鸬鹚捕鱼的画图。

（2）海产珍珠的采捞

骆越人是珍珠采捞和养殖的先驱。《逸周书》卷 7《王会解》载：

> 伊尹朝献《商书》。汤问伊尹曰："诸侯来献，或无牛马之所生而献远方之物，事实反不利。今吾欲因其地势所有献之，也易得而不贵。其为四方献令。"伊尹受命，于是为《四方令》曰："臣请……正南瓯、邓、桂国、损子、产里、百濮、九菌，请

---

① （汉）刘安：《淮南子》卷 1《原道训》，北方文艺出版社 2018 年版，第 6 页。
② （汉）班固：《汉书》卷 28 下《地理志》，团结出版社 1996 年版，第 249 页。
③ （汉）司马迁：《史记》卷 129《货殖列传》，商务印书馆 2018 年版，第 370 页。
④ 广西壮族自治区博物馆：《广西贵县罗泊湾汉墓》，文物出版社 1988 年版，第 28 页。

令以珠玑、玳瑁、象齿、文犀、翠羽、菌鹤、短狗为献。……"

伊尹是商王成汤的大臣，那时文字初创，是否会有个《四方令》，令人难信其实。而且，《逸周书》为战国时人伪托之作，其真实性备受质疑。尽管如此，战国时人既作《逸周书》，岭南水产珠玑、玳瑁，陆产象齿、文犀、翠羽，其时已为中原众诸侯国君王垂慕，却应是事实。

秦始皇统一六国后，既为了其大一统的帝国版图，也为了占据"越之犀角、象齿、翡翠、珠玑，乃使尉屠睢发卒五十万为五军"，布署于从今江西省到湖南南部，"以与越人战"，征服越人地区[1]。这就清楚地道明了骆越人对珍珠的开发，至少在战国时期就已经开始，并享誉中原了。

珍珠在社会上功用多种，贵者以之炫耀尊荣，富者以之夸示财富，而平民百姓的女子又以"耳中明月珠"[2]"双珠瑇瑁簪"为荣。汉武帝时的董偃，当初就是"与母以卖珠为事"以求生的[3]。汉成帝在位时（前32—前7）京兆尹王章被帝舅王凤诬陷死在狱中，其妻与子女因连坐被流放到合浦郡。他们在合浦绝处逢生，融入当地的社群，十多年间，"采珠致产数百万"[4]。由此可知，四方的人，无贵无贱都崇尚珍珠，欲得之而后快，而当时珍珠产地不多，求之不易，市场供不应求。"玉与石其同匮兮，贯鱼眼与珠玑"[5]，珍珠的价格自然日日看涨。

春秋、战国时期，岭南盛产珍珠，却不知产自岭南的哪个地方。

---

[1] （汉）班固：《汉书》卷5《景帝纪》，团结出版社1996年版，第25—28页。
[2] （汉）古乐府诗：《陌上桑》。
[3] （汉）班固：《汉书》卷65《东方朔传》。团结出版社1996年版，第521页。
[4] （汉）班固：《汉书》卷76《王章传》，团结出版社1996年版，第619页。
[5] （战国）屈原：《楚辞·七谏，谬谏》，漓江出版社2018年版，第318页。

秦始皇垂涎于岭南的犀、象、珠玑，设置了南海、象郡、桂林三郡之后，恣意调取，鉴于记载阙如，不详出产珍珠的地方具体在哪里。元鼎六年（前111年），汉武帝平定割据的南越国，在岭南设置零陵、南海、苍梧、郁林、象郡①、合浦及交趾、九真、日南等9郡，合浦郡辖徐闻（治今广东徐闻县南）、高凉（治今广东阳江县北）、合浦（治今广西浦北县南）、临允（治今广东新兴县南）和朱卢5县，其地包括今广东省西南和广西的南部地区。西汉成帝时代王章的妻子及子女流放合浦，因采珠而积财数百万，不言而喻，西汉采珠的地方当是在合浦郡所属的海区。所以，三国万震《南州异物志》载："合浦民善游采珠，儿年十余岁，便教入水。官禁民采珠，巧盗者蹲水底剖蚌，得好珠，吞之而出。"② 同时，南北朝梁间任昉的《述异记》也明确指出："合浦有珠市。"③

---

① 《史记》卷113《南越列传》载："南越已平，遂为九郡。"南朝裴骃《集解》引徐广说，九郡就是"儋耳、珠崖、南海、苍梧、郁林、九真、日南、合浦、交趾"。唐人司马贞《索隐》说："徐广皆据《汉书》为说。"确实，《汉书》卷95《南粤传》即认为"南粤"已平，汉武帝在南粤所置的就是这九郡。但是，一者，南越国存在的时候并未开发海南岛领有其地；二者，汉在海南岛设置儋耳、珠崖二郡不是在汉平南越国九郡的元鼎六年而是在元封元年；三者，汉武帝为防再有人绝五岭割据岭南，特将零陵（治今广西全州县西）、始安（治今桂林市）、洮阳（治今广西全州县北）等与五岭以北的营浦、冷道等县一起在元鼎六年设置零陵郡，属荆州（《汉书》卷28上《地理志》），难道此郡不是平南越后所置？四者，《史记》卷30《平准书》载："汉连兵三岁，诛羌、平南越，番禺以至蜀南者置初郡十七。"《集解》引晋灼说："元鼎六年定越地，以为南海、苍梧、郁林、合浦、交趾、九真、日南、珠崖、儋耳郡；定西南夷，以为武都、牂柯、越嶲、沈黎、汶山郡；及《地理志》、《西南夷传》所置的犍为、零陵、益州郡，凡十七也。"但《史记》卷116《西南夷列传》明载健为郡置于建元六年（前135年），距元鼎六年（前111年）有24年，怎能说是在"汉连兵三岁"的时域内？因此，晋灼所引的十七郡中当缺一郡。此郡就是象郡。汉高祖五年（前202年）诏曰："……其以长沙、豫章、象郡、桂林、南海立番君（吴）芮为长沙王"。（《汉书》卷1高祖纪）唐颜师古注引臣瓒说："《茂陵书》：象郡治临尘。"《茂陵书》出自汉武帝的陵墓，说明汉高祖至汉武帝时，还存在着象郡，没有废省。又《汉书》卷7《昭帝纪》载，元凤五年（前76年）秋"罢象郡，分属郁林、牂柯"。这就进一步明确了汉武帝平南越国后所置的九郡中有象郡。其地在今桂西、湘西南及黔、滇东南。自唐杜佑《通典》卷184《州郡四》将今桂南的容、白、牢、粤、钦、廉等州认为是秦时象郡地，《十道志》《方舆志》等继之后，于是便成定说。此不合，唐代的粤、廉等州，秦时当为桂林郡地。

② （宋）李昉等编纂：《太平御览》卷803《珠下》引，河北教育出版社1994年版，第486页。

③ （清）王文濡：《说库》（上），广陵书社2008年版，第87—97页。

"合浦"一称，不论是《汉书》《异物志》，还是《述异记》，都是笼统言之，不详该为"合浦郡"还是"合浦县"。《汉书》卷28下《地理志》载合浦郡辖徐闻、高郚、合浦、临允和朱卢（在今广西玉林市南）5县，徐闻为首县，按《汉书》之例，首县即为郡治所在，汉合浦郡当治于徐闻县。合浦郡的居民，西汉时为越人。东汉时，越人衍称为"合浦蛮夷"① 或"合浦乌浒蛮"②。所以，三国时万震《南州异物志》载："交、广之界，民曰乌浒，东界在广州之南、交州之北。"③

"隋侯之珠，和氏之璧，得之者富，失之者贫。"④ 这是西汉淮南王刘安的言论。东汉王符《浮侈篇》载："昔孝文帝（汉文帝）躬衣弋绨，革郭韦带，而今京师贵戚衣服饮食、车舆庐第奢过王制，固亦甚矣。且其徒御仆妾皆服文组缬、绵绣绮纨，葛子升越、筒中女布。犀、象、珠、玉、虎魄、玳瑁，石山隐饰，金银错镂，穷极丽靡，转相夸咤。"⑤ 京城的权贵们视珠为富，穷奢极欲，互相炫耀，观上比下，斗富成风，珠玉犀象多是各地的牧守们给他们的进献赠予。因此，权贵们在日歌夜舞、欢娱奢侈之余，总引领企望进京官员的进献。

建武十六年（40年），"交趾女子征侧及女弟征贰反，攻没其郡，九真、日南、合浦蛮皆应之，寇略岭外六十余城，侧自立为王"。十八年（42年），伏波将军马援奉命率师南征。他在岭南历尽艰辛，打败了征侧为首的反叛。征战中，他为了预防瘴气，轻身省欲，常以薏苡熬粥进食。因见交趾的薏苡实大，返京时就装了一车

---

① （南朝）范晔：《后汉书》卷24《马援传》，长城出版社1999年版，第170页；卷5《安帝纪》，长城出版社1999年版，第42页。
② （南朝）范晔：《后汉书》卷8《灵帝纪》，长城出版社1999年版，第66页。
③ （宋）李昉编纂：《太平御览》卷786引，河北教育出版社1994年版，第323页。
④ （汉）刘安：《淮南子》卷6《览冥训》，北方文艺出版社2018年版，第112页。
⑤ （南朝）范晔：《后汉书》卷49《王符传》，长城出版社1999年版，第326页。

子的薏苡回北方作种子。不想京中的权贵望着这密密实实的一车子，以为是"南土珍怪"，都希望得到一份赠予。谁知希望落空，失望自然而生忌恨。鉴于当时马援胜军而还，深受汉光武帝的宠任，没人敢说什么。待到马援死了，便有人上书皇帝，说他从交趾运回京城的一车子，装的都是"明珠文犀"，一个人独吞了。一人倡首，众人附和，纷纷诉说马援独肥的罪状。皇帝听了，心中也冒起了万丈怒火。马援的妻儿胆战心惊，不敢将之拉回老家归葬于祖坟，只在洛阳城西买了几亩地草草埋葬，"宾客故人莫敢吊会"①。那个时候，岭南这个地方，诚如吴祐所指出的，虽"远在海滨，其俗诚陋，然旧多珍怪，上为国家所疑，下为权戚所望"②。

于是，那些想在岭南为官一任大捞一把的人就更肆无忌惮。他们利用握着的权力，变换手法，巧借名目，胁迫群众为其下海肆行搜蚌割珠。长年累月，日削月朘，东汉中期以后合浦郡的蚌珠资源已经出现枯竭的现象。

汉顺帝时（126—144），孟尝出任合浦郡太守。"郡不产谷实，而海出珠宝，与交趾比境，常通商贩，贸粮食。先时，宰守并多贪秽，诡人采求，不知纪极，珠遂渐徙于交趾郡界。于是，行旅不至，人物无资，贫者饿死于道。（孟）尝到官，革易前敝，求民病利。未曾逾岁，去珠复还。百姓皆反其业，商货流通，称为神明。"③ 这就是千古传为美谈的"合浦珠还"的故事。帝王求贡，官员贪赎，京中权贵又望能分得一杯羹，社会对珠珠的需求量大，恣意采珠过度，导致了合浦珍珠资源的濒临灭绝，因而无珠可采，并不是什么"珠遂渐徙"于别处。孟尝履职，革易前面历任太守们滥采的弊端，对合浦珍珠资源采取了一些保护性措施，使珍珠资源得到保护和繁衍，

---

① （南朝）范晔：《后汉书》卷24《马援传》，长城出版社1999年版，第172页。
② （南朝）范晔：《后汉书》卷24《马援传》，长城出版社1999年版，第419页。
③ （南朝）范晔：《后汉书》卷24《马援传》，长城出版社1999年版，第498页。

因此重新有珠可采。

2. 狩猎

狩猎是人类最古老的生产活动之一。在原始时代，人类完全依赖于自然界的赐予之时，狩猎是可以提供食物、存续种群的主要生产活动。进入农耕社会以后，其作用逐渐削弱，但仍是骆越的重要生产方式之一。

旧石器时代，原始人类从动物界中脱颖而出，一枝独秀地站在众多动物群类的顶端，学会了劳动，学会了思维，有了审美意识，他们敲击砾石，制作石器作砍砸、刮削、切割、投掷等用途。但是，那个时候的原始人类，仍然如同众多的动物群类一样，是在大自然的施惠之下才能存续的。他们活动于自然界的怀抱中，依存于自然界提供的现成食物，取便于自然界提供的自然栖息地，等等。

岭南地区属喀斯特地貌，生就无数的石灰岩洞。这些天然岩洞，成了古人类遮风避雨、躲开酷热阳光照射和逃离毒蛇猛兽侵害的良好场所。而由于壮族地区地处温热地带，四季炎热，雨量充沛，地上瓜果常挂，地下薯类滋长，水里鱼虾游荡、螺蚌遍生，陆上飞鸟丛集、走兽群驰、蚁横蛇纵，给远古壮族先人生提供了优良的生存环境。

古人类采除集可食植物果实、根茎，捕捉鱼虾和捡拾螺蚌外，还进行狩猎，用木棒、石块打击围捕野兽，以其肉饱腹。据考古学资料可知，此一时期与人类化石共存的动物骨殖化石有猕猴、长臂猿、中国熊、猪獾、大熊猫、巨猿、斑鬣狗、犀牛、剑齿象等。无疑，这些动物骨殖化石，是当时的原始人类取动物的肌肉饱腹以后遗留下来的。

进入旧石器时代晚期，岭南古人类已经知道了用火。火不仅给人以温暖，增强御寒能力，提高人的狩猎效果，强化人抵御猛兽侵害的手段，而且可以给人以熟食，促进人体质和智力的发展。

同时，狗的驯化和养殖，也使人获得了一个狩猎的机敏而忠实的助手，大大提高了狩猎的效果。

进入新石器时代以后，出现了原始农业。但是，狩猎仍与渔业、采集一样，是当时岭南古人类取食的主要来源，人们依然乳食于自然界的赐予。

1933年出土的广西桂林甑皮岩新石器时代文化遗址，距今9000—7000年。那时候的甑皮岩人，虽然已经制作了陶器，驯化了野猪成为人工饲养猪，但是这仍无补于改变传统而习行的食物来源的方式和渠道，狩猎依然是人们的主要的取食方式之一。当然，此时由于弓箭的发明和矛枪的使用，人们狩猎的收获物较为丰富和较为容易了。从与人骨化石一同出土的伴生动物群看，既有豪猪、竹鼠、獾、麂鹿、羊、苏门羚、猴、山灵猫、食蟹獴等较小型的动物，也有牛、象、野、豹、貊等大型而凶猛的动物，说明甑皮岩人当时狩猎品的增多和狩猎能力的提高。

从岭南地区各个遗址出土的文物可以清楚看到，史前时代的人们以岩洞为家，群居一处。居住地周围都面对着广阔的原野和溪河的流淌。那个时候，溪河里有鱼虾和螺蚌；山上和原野林木密布，土猩猩、猕猴、大熊猫、柯氏熊猫、豪猪、野猪、中国犀、东方剑齿象、獾、牛、水獭等大小野兽纵横其中，狩猎是获得这些资源的重要途径。

距今9000—7500年前的广西桂林甑皮岩遗址，已经进入新石器时代。新石器时代的标志之一是出现了磨制的石器工具。操壮傣语支语言的壮、布依、傣三族和临高人，操侗水语支语言的侗、水、仫佬、毛南四族都谓磋磨器具为 pan^2，不能不说此词为他们的共同语，操黎语支语言的黎族谓磋磨器具为 $r\alpha^1$，则另有来源了。

甑皮岩遗址文化堆积中有烧火堆和墓葬。遗物包括石制品、骨蚌器、陶片和动物骨骼。石器有打制和磨制两种，磨制石器包括斧、锛、矛、穿孔器、磨石等，此外还有石杵和石砧。这些工具，都与农业生产和农产品的加工密切相关。

同时，猪已经驯化，出现了人工饲养猪①。此时，不论是壮傣语支的民族（或群体）还是侗水语支的民族，都谓饲养猪为 mou¹ 或 mul 或 yu⁵，有着共同的来源，说明壮傣语支和侗水语支各族先民尚未分化。猪的驯化饲养，说明他们已经踏入农耕经济的门槛，因为没有粮食及其副产品，难以长期喂饲唯食和睡是务的馋嘴猪。不过，尽管如此，打制的旧石器仍在人们的生活中大量存在，采集和渔猎所得仍是人们获食的重要来源。对甑皮岩遗址遗存物进行孢粉分析，发现有184种木本、草木和蕨类植物种属②，而伴生的动物群也达34种之多③，说明采集和渔猎的收获在甑皮岩人生活中仍占着主要的分量。

进入新石器时代以后，岭南地区出现了富于越人特色的有肩石器。从早期的贝丘遗址、山岗遗址，中经新石器时代的洞穴遗址，到晚期的桂南山岗遗址如钦州独料新石器时代遗址仍非常流行，有的一直延续到青铜时代。

有肩石器，包括有肩石斧、有肩石锛、有肩石凿、有肩石铲、石钺等。它们的共同特征是器身上部都有肩。这是随着农业生产的发展，生产工具由手握发展到装柄的结果。斧和锛的区别仅在开口处：石斧是两面内收成三角尖刀，即双面刃，而锛则一面平，一面收刃，成为单面刃。有肩石铲和石钺是指比石斧更扁薄、宽大的有

---

① 李有恒、韩德芬：《广西桂林甑皮岩遗址动物群》，《古脊椎动物和古人类》1978年第4期。
② 王丽娟：《桂林甑皮岩洞穴遗址第四纪孢粉分析》，《人类学报》1989年第1期。
③ 李有恒、韩德芬：《广西桂林甑皮岩遗址动物群》，《古脊椎动物与古人类》1978年第4期。

肩石器。石凿柄较粗,身部长直,自肩以下内收,双面直刃,整体呈长条形,通体磨光①。有肩石凿是制造生产工具的必需工具,使用频率高,壮傣、侗水二语支各族(或群体)除临高人谓为 $Sam^4 sak^8$ 外,各族均谓为 siu^5,反映了在古越人中 siu^5(凿子)曾是他们的常用词。

农业工具是随生产的发展而发展的。在农业产生之初,其生产工具多没有从采集、狩猎工具中分化出来。在新石器时代早期遗址中,石斧、石锛、石钺、石刀等工具,耕作和采集、狩猎是兼用的,显示出一器多用。比如,石斧可以用来砍伐树木,开辟田地,也用来狩猎,制服野兽。到新石器时代晚期,耕作工具数量增多,而且趋于配套。广西资源县晓锦新石器时代晚期遗址"出土遗物以石器和陶器为主。出土石器800多件,大都磨制精细,种类繁多,有斧、锛、钺、凿、刀、矛、镞、网坠、镯、环、球、钻、锯、砺石等。其中,用于切割石料的石锯、打孔的钻头,以及用施沟技法加工石器等,都是过去没有发现的石器加工技术"②。此后在以农耕为主的钦州独料遗址中,出土石器1100多件,一般都经过磨制,少部分通体磨光。磨制石器的种类有斧、锛、凿、铲、锄、犁、镰、镞、刀、矛、磨盘、磨棒、杵和锤等③,包括了砍伐、开垦、疏松土壤、清除杂草、收割、加工等农耕各个环节的工具。特别重要的是出现了一种新的农用工具——石犁。

新石器时代,骆越地区虽有石犁出土,并且已经驯养了水牛,可能那时候已经有了牛耕。但是,骆越先民真正进入犁耕农业阶段大概从汉代开始。汉代铁犁、牛耕的出现,标志着骆越农业摆脱了

---

① 彭书林、蒋廷瑜:《试论广西的有肩石器》,《纪念黄岩洞遗址发现三十周年论文集》,广东旅游出版社1991年版,第45页。

② 蒋廷瑜等:《资源县晓锦遗址发现炭化稻米》,《中国文物报》2000年3月5日第1版要闻。

③ 广西壮族自治区文物队、钦州县文化馆:《广西钦州独料新石器时代遗址》,《考古》1982年第1期。

原始的状态。但是，岭南各地区发展并不平衡。"江南地广，或火耕水耨，民食鱼稻，以渔猎山伐为业。"《汉书》卷28下《地理志》的此一记载清楚地说明了骆越进入农耕生活时代以后，狩猎仍然与稻作、渔业一道，共同构成了壮族先民的主要食物来源。当然，在此三项食物来源中，对绝大多数的社会成员来说，稻作是居于主要地位的，而渔业和狩猎则位于其次，仅仅作为补充性的食物来源。

二　工艺制作

（一）陶瓷业

陶器制作是人类一项伟大的发明创造，在人类文化发展史上占有极为重要的位置。陶器是由泥土制成的，不但改变了自然物的状态，而且改变了自然物的性质。这是人类第一次用自己的劳动改造自然界的材料，创造了自然界所没有的东西。所以，从某种意义上说，这一发明创造与火的利用及以后铜器、铁器的制造和利用一样，具有划时代的意义。

由于岭南地区动植物资源极为丰富，骆越先民在旧石器时代晚期就不像其他古人类群体那样游荡不定。农业出现后，更进一步加强了其定居性。定居的生活迫切需要陶器作为盛食、储水和炊煮的工具，同时，定居的生活也使陶器的制作更成为可能。所以，骆越的陶器制作工艺的起源是非常早的。从目前的考古材料看，广西柳州大龙潭鲤鱼嘴、桂林甑皮岩遗址都发现了陶片。如果这些陶片的断代正确的话，骆越先民开始制陶的历史便有了一万年左右。

骆越先民的陶器制作经历了一个由粗到精、由简而繁的发展过程。在新石器时代初期，即陶器制作开始之初，陶器制造为手制，即用手将黏土调好后，搓成泥条，再卷叠成陶器的粗坯，加工刮光后，放进火里烧制。如此制造出来的陶器，器表粗糙，陶质疏松，器内凸凹不平，纹饰简单，色泽不匀，火候很低。到新石器时代中晚期，骆越先民的制陶技术有所改进。广西大新县歌寿岩①、平南大新石脚山②、灌阳五马山③等遗址的发现表明，当时的陶器制作已采用了轮制，这较之于早期的手制，不仅提高了工效，而且使器型愈加规整，胎壁变薄且均匀。此时，人们还对陶土进行淘洗，使其土质细腻，增强陶土的黏度和可塑性，并发明了陶窑，改变了早期把陶器直接用火焙烧的景况，提高了火候，制成了新的产品几何印纹硬陶。同时，此时的陶器花纹装饰使用模印，使纹饰丰富多样，线条流畅，工整对称，出现了比较复杂的云雷纹、穷曲纹、夔纹、回形纹、方格纹、网纹、带纹等。而且，器型多样化，早期的器型只有罐、釜等类，此时却有所增加，出现了杯、罍、豆等新器物。

战国时期是骆越制陶业迅速发展的时期。由于与中原华夏民族的联系加强，骆越人广泛吸收中原的先进文化，使其制陶业在原来的基础上得到了发展。在1974年发现的广西平乐银山岭战国墓中④，出土有瓿、三足盒、匏壶、罐、单把三足罐等陶器，以硬陶三足器为多，不仅形制独特，装饰也新颖别致。器表多饰有弦纹、锥刺篦纹、水波纹、米字纹和刻画符号等，未见中原地区此时尚流行的绳纹，地方色彩很浓。这些陶器胎质呈青灰色、灰色或灰白色，细腻坚实，叩之有金属声，火候较高，表现出了相当高的制作水平。此外，还出有硬质釉陶，颇具地方特色和民族特点。如陶瓿，小口，广平肩，小底，三乳足，肩上有一对兽形耳，并饰以弦纹和水波纹，施青黄釉。三乳足盒，不仅造型独具匠心，器表饰弦纹、水波纹和

---

① 广西壮族自治区文物工作队：《三十年来广西文物考古工作的主要收获》，《文物考古工作三十年》，文物出版社1979年版，第340—341页。
② 蒋廷瑜：《广西新石器时代考古述略》，《中国考古学会第三次年会论文集》，文物出版社1984年版，第99页。
③ 蒋廷瑜：《广西新石器时代考古述略》，《中国考古学会第三次年会论文集》，文物出版社1984年版，第101页。
④ 广西壮族自治区文物工作队：《平乐银山岭战国墓》，《考古学报》1978年第2期。

锥刺篦纹，且施青黄釉。虽然这些器物釉层厚薄不匀，胎釉结合不够紧密，易于剥落，显然具有原始性，但这些硬质釉陶的出现标志着壮族先民的制陶业已从无釉陶发展到敷釉陶，是制陶技术的重大突破。事实上，这种釉陶就是原始的瓷器，它的出现标志着瓷器制作已在陶器制造中孕育、萌芽。

秦汉时期是骆越制陶业全面发展，瓷器制造逐渐成熟的时期。此时，釉陶广为流行，陶器种类之多，涉及人们日常生活的各个方面，在人们生活中，铜质日用品逐渐为陶器所取代。不仅如此，陶器的用途还扩大到了建筑方面，出现了陶塑模型。广西兴安县大溶江秦城遗址①和洮阳古城遗址②出土的绳纹大板瓦、筒瓦便是建筑材料。从广西平乐、兴安、灌阳、贵县等地墓葬所出遗物来看，秦汉时期壮族陶器制作的特点是明显的，不论是原有的瓿、罐、瓮、三足盒，还是新出现的鼎、壶、联罐、釜、甑、盒等器及井、灶、仓等明器，都具有浓厚的地方特色。

西汉晚期，骆越的陶器制作更进一步改进。1962年在广西梧州市富民坊发现的一处西汉后期至东汉的陶窑群③。出土陶窑由窑门、火膛、窑床、烟道四个部分组成。窑门向南，火膛在窑床前端，烟道在窑床后端。窑床前低后高，呈斜坡状，两壁稍带弧形，窑顶为半圆拱顶。烟道呈方形或圆形，从底部通向窑外。这种构造不仅增加了装容量，而且可以利用自然风把火力集中引入窑床，防止火力分散，提高窑床温度。由于陶窑的改进，自西汉晚期以来，印纹陶的火候更高，胎质坚硬；釉陶更加流行，器型增加，新出现了瓿、

---

① 艾未：《兴安秦城遗址发掘》，《广西日报》1956年10月25日第3版；耕河：《秦城——岭南最古的城堡》，《广西日报》1985年1月7日第3版。

② 广西壮族自治区文物工作队编：《秦汉考古》（华南地区部分参考资料），1975年8月，第12—13页。

③ 梧州市博物馆：《广西梧州富民坊汉代印纹陶窑址发掘》，《中国古代窑址调查发掘报告集》，文物出版社1984年版，第174页。

第一章 骆越之民:左江流域岩画的创作者

钫和提桶等器物。

东汉时期的制陶技术明显较西汉进步。1964 年,在广西苍梧县大坡公社发现了一群东汉早期的陶窑。这些窑均为马蹄形土洞窑,其结构分窑门、火膛、窑床、烟道四部分。以鸡公岭 1 号窑为例,窑门为椭圆洞口。火膛在窑门和窑床之间,为椭圆形深坑,用砖石垫底。窑床长 2.8 米,宽 3 米,底垫细沙。烟道有 3 个,平列于窑床后端,从窑床底部直通窑外。此窑的产品,从采集的废品碎片观察,是以罐、壶为主。罐有两耳的,有四耳的,肩、腹部施方格印纹、水波纹和弦纹,有青灰色和红色两种,青灰色比较硬。除印纹陶罐外,还有一种黄釉陶罐,器胎为细泥质,带灰色,比较坚致。壶侈口,有盖,圈足,腹部施弦纹,色灰黄,火候较高。大坡窑已懂得使用含有氧化矽的灰釉,比富民坊陶窑大有进步,但还原不好,颜色泛黄,又具有一定的原始性。[1] 到东汉晚期,广西藤县古龙窑的窑炉底已由平形改造成斜坡式,使原来火燎入窑缓慢改变成为火燎进入窑室快且猛,不仅提高了窑炉的温度,而且也节约了燃料,降低了成本。古龙窑所烧的陶器,陶土经过反复筛选、淘炼,去掉了沙子及其他可溶性杂质,提高了陶土的纯度和可塑性。另从古龙窑的灰釉还原和支烧法的采用来看,其工艺较之于东汉早期的大坡窑又进了一大步。[2] 东汉时期制陶技术的发展使骆越陶器制作达到了顶峰时期。此时,陶制的敦形盒、簋、樽、杯、壶及井、灶、仓、楼、圈、鸡埘、猪、犬、牛、羊、鸡、鹅等陶塑模型大量出现。陶楼具有南方干栏建筑的特点,家畜模型生动活泼,栩栩如生,具有相当高的艺术水平。

正是东汉时期的陶器制作技术的进步,为瓷器的烧制创造了条

---

[1] 蒋廷瑜:《广西考古通论》(讲义),打印稿,1987 年 5 月,第 87—88 页。
[2] 蒋廷瑜:《广西考古通论》(讲义),打印稿,1987 年 5 月,第 88—89 页。

件。东汉末期,广西贵县、荔浦、兴安等地墓葬出土了青瓷耳杯、碗、罐、钵等瓷器,胎质细密坚硬,呈灰白色,釉薄,呈青黄色,火候较高。这是目前广西发现的最早的瓷器。它们的发现表明,骆越人在陶器制作的基础上,开创了瓷器的烧制工艺。瓷器的烧制较之于陶器的烧制复杂得多,技术要求也高得多。它既需要质地纯洁细腻的高岭土为原料,又需要很高的烧成温度,而且还要具有物理、化学、美术、雕塑等多方面的知识和丰富的经验。由于岭南地区有着非常丰富的制造瓷器的原料和燃料,骆越人在长期的制陶历程中,又积累了丰富的知识和经验,所以,骆越人制瓷业迅速进步和发展。三国两晋南北朝时期,青瓷器在骆越后裔地区普遍出现。目前在梧州、藤县、恭城、平乐、贵县、桂林、永福、融安、合浦等地墓葬中都发现有青瓷器陪葬,而在象州县还发现有青瓷窑址,[1]说明这些青瓷器是本地瓷窑烧制的。当然,因秦汉以来,汉人南迁多,"汉越杂处"日益扩大,岭南,特别是广西瓷器的产生和发展肯定学习和吸取了一些汉人的技术,但壮族先民由改进制陶技术而至制瓷的线索是清晰的。故此,骆越地区的制瓷技术和瓷器特色虽不可避免地有着与中原相仿或一致之处,但地方特色还是有迹可遁。

(二)冶铸业

骆越的冶铸业是在中原文化的影响下产生的。商周时期,由于中原地区已建立了发达的奴隶制度,经济社会得到了迅速的发展。先进的中原文化向南扩展,给骆越社会以强烈的冲击。在中原青铜文化的影响下,骆越人经过艰苦的摸索,到春秋时期便掌握了冶铸技术。从广西恭城出土的青铜器[2]来看,春秋时期,虽然骆越地区的大多数器物,如钟、鼎、罍、尊、剑、戈、车马器等,不论在形制

---

[1] 广西文物工作队档存材料。转引自郑超雄《壮族审美意识探源》,广西人民出版社1991年版,第40页。

[2] 广西壮族自治区博物馆:《广西恭城县出土的青铜器》,《考古》1973年第1期。

上还是在纹饰上，都与内地常见的同期器物基本相同，但此时骆越人对中原青铜文化已不仅仅是"拿来"，在恭城出土的青铜器中，已有一些与中原同类器迥异，或为中原所不见的器物，如Ⅱ式鼎、Ⅲ式鼎、兽首柱形器、扁茎短剑、Ⅱ式斧、靴形钺等。在武鸣县马头乡元龙坡发现的斧、钺、镞、镦等石范及青铜铸品[1]雄辩地证明，这些具有鲜明地方特色的器物是本地铸造的，春秋时期骆越人懂得了青铜的冶铸技术。由于骆越人的青铜冶铸是在中原青铜文化的影响、催化下产生，所以，它不可避免地带有中原的特点；但它又是在骆越人的精心培育下成长的，是植根于骆越人的社会生活之中的，所以又具有浓郁的民族、地方风格。

  骆越的青铜冶铸虽产生较晚，但骆越地区蕴藏着丰富的铜、锡、铅等矿藏。《旧唐书·地理志》曰："藤州镡津（今藤县南）有铅，临贺（今贺县中部）橘山有铜冶，冯乘（今富川东北）有锡冶三。"[2]宋范成大《桂海虞衡志》云："铜，邕州右江峒所出，掘地数尺即有矿。"[3] 由于矿藏丰富，且品位高，埋藏浅，易于开采，骆越的青铜冶铸发展很快。战国秦汉时期，骆越人的青铜业趋于繁荣。首先是生产规模比以前扩大得多。在广西北流铜石岭和容县西山，已发现两处各约5000平方米的汉代冶铜遗址。遗址中的矿渣堆积厚达一米，有风管、炉基、储料池、排水沟、矿石及一些铜锭等，附近还发现了一些大型铜鼓。这表明当时的冶铸规模已相当宏大，工艺技术也相当先进。从铜石岭遗址的基部结构来看，当时是采用内热法进行冶炼，把经过打碎、筛选的矿石与木炭分层交错地放入炉内，插进风管，通过风管向炉内输风，使炉内温度达到1200℃左右，矿石熔化出铜。遗址里发现的铜锭含铜量高达96.64%，而炉渣的含铜

---

[1] 叶浓新：《武鸣马头古骆越墓地的发现与窥实》，《广西民族研究》1989年第4期。
[2] （后晋）刘昫：《旧唐书》卷41《地理四》，中华书局1975年版，第1724页。
[3] （宋）范成大：《桂海虞衡志》，《志金石》，中华书局1991年版，第5页。

量仅为0.365%。① 可见，骆越人已经比较熟练地掌握了冶炼提纯技术。在合金方面，壮族先民已懂得根据器物的用途和性能，配剂不同的铜、锡、铅合金，以便于浇注，增强器物的硬度和韧性。据对壮族先民青铜器的抽样化验，斧的金属成分为：铜55.2%、铅17.5%、锡15.7%、铁4.4%；壶含铜57.2%、锡16.1%、铅19.3%、铁2.4%；镞含铜95.6%、铅3.4%、锌1%；粤式铜鼓含铜66.96%—83.42%、铅9.95%—23%、锌1%。除铁和锌为自然附带成分外，其余均为人工所配剂。② 可见骆越人在长期的实践中，已经懂得了不同比例的合金与硬度及熔点的关系。在铸造技术方面，广西贵县风流岭出土的大铜马系由头、耳、身、四肢及生殖器等各部分相配而成。③ 这种分铸合法工艺，反映了当时骆越地区铸铜技术已有相当高的水平。从所出器物看，当时的青铜器品种多式多样，斧、镞、钺、矛、剑、戈、桶、盆、灯、臼、勺、仓、鼓、棺、马、牛、罍、钟、人首柱形器等，生产工具、生活用品、兵器、乐器等，五花八门，应有尽有。在器物的造型和装饰方面，或庄重或华丽，或精巧或奇特。不仅有实用价值，而且给人以美的享受。如广西合浦汉代木木郭墓出土的凤灯，作凤鸟形，背部有一圆孔，放置灯盘；凤颈伸高后弯转，嘴衔喇叭形灯罩；颈部作两套管衔接，可以拆开和转动，调动灯光；罩通颈部及身腔，可以容纳蜡炬的烟灰；凤尾下垂及地，与站立的双足保持器身平衡。通体细刻羽毛，线条纤细，纹案繁缛，精巧绝伦。魁，器身圆形，带龙首柄，口沿下细刻锯齿纹、回纹、菱形纹，下段细刻羽毛，纹样细腻均匀。三足承盘，盘圆形，三足

---

① 广西壮族自治区文物工作队：《广西北流铜石岭汉代冶铜遗址试掘》，《考古》1985年第5期。
② 覃彩銮：《试论骆越青铜铸造工艺及其艺术特征》，《贵州民族研究》1987年第1期。
③ 广西壮族自治区文物工作队：《广西贵县风流岭三十一号西汉墓清理简报》，《考古》1982年第4期。

作人形，盘内刻柿蒂形四叶间二鹿二凤纹，从盘沿到盘心缀菱形纹、锯齿纹、回纹、锦纹图案。提梁壶，系活链龙首提梁，周身刻锯齿纹、羽纹、锦纹、菱形纹。奁，孔雀钮盖、熊足、通体鎏金。① 贵县罗泊湾西汉墓出土的大铜盆，腹壁内斜，平底，有对称的铺首衔环，盆底内有明显的光芒四射的同心辐射线。② 这种辐射线现代只有用机械冲压才会出现。

铜鼓的制作最能反映骆越冶铜业的成就。骆越人习尚铜鼓，从战国时期便开始铸造，铸造铜鼓的技术，炉火纯青，令人折服。据化验，铜鼓的合金成分是铜、锡、铅三种元素，三者之和平均在95%以上。在铜中加入较多的锡，可以降低铜的熔点，提高合金铸造性能。一定数量的锡还能提高铸件的强度和硬度，改变音响效果，并使鼓面光滑，造型美观，画像清晰。但是，合金的含锡量不能无限度的增加，当锡的含量增加到一定数量时，青铜的脆性便逐渐增大，合金的延伸率急剧下降，铸件的机械性就会变差，使铜鼓经不起敲击。因此，要加入一定数量的铅以增强铜鼓的韧性。从铜鼓的合金含量来看，骆越人对铜、锡、铅三种金属已有了透彻的了解，因而已能按适当的比例配料铸造铜鼓。

铜鼓的造型和装饰表现出骆越人精湛的铸造技艺和高度的审美能力。骆越地区的铜鼓形体庞大凝重，平面曲腰，中空无底，胸腰间有附耳，整个造型对称和谐，起伏有次，富有曲线美和韵律美。据抽样分析，骆越地区的铜鼓有相当一些完全符合黄金律的美学比值，其余不符者，超过或低于美学比值的幅度也比较小。③ 在这极富

---

① 广西壮族自治区文物考古写作小组：《广西合浦西汉木椁墓》，《考古》1972 年第 5 期。
② 广西壮族自治区文物工作队：《广西贵县罗泊湾一号墓发掘简报》，《文物》1978 年第 9 期。
③ 唐元文：《用黄金律试探铜鼓造型的美学原理》，《中国铜鼓研究会第二次学术讨论会论文集》，文物出版社 1986 年版，第 52 页。

曲线和韵律美的铜鼓之上,还装饰有雕塑、画像、刻纹等。这些装饰题材广泛多样,主要有青蛙、乘骑、牛橇、龟、鸟等塑像及太阳纹、翔鹭纹、鹿纹、龙舟竞渡、羽人舞蹈、定胜纹、云雷纹、钱纹、席纹、圆圈纹、几何形纹等,有的还有人物、家畜、家禽及各种题字。纹饰构图严谨,繁缛流畅,工整纤巧。特别是鼓面所饰太阳纹、晕线纹和几何形纹所表现的高度准确的割圆技术及几何运算方法,令人叹为观止。

铜鼓的外形设计,不仅富丽堂皇,瑰丽动人,而且极符科学原理。铜鼓鼓面平整,与鼓胸构成共振腔,也改善了发音条件;鼓心与鼓边的厚度有明显的差异,敲击鼓心与鼓边可得到不同的频率声音。有的铜鼓面有晕圈,晕圈一般分宽晕和内外两区窄晕,宽晕是主晕,在鼓面半径的1/2处。铜鼓的振动方式之一,是鼓面按同心圆节线形成的不同区块此上彼下的往复振动。鼓面晕圈密布,表明人们已经运用了节线原理。有的铜鼓在鼓腰两对鼓耳之间有一对半环小耳,在胸部和足部的内壁相对两边与鼓耳同侧,常设有半环小耳一对或二对。这种半环小耳的设置,与调节音响效果有关。胸部内壁的小耳有悬挂"助音器"的作用,足部内壁小耳有挂"制音板"的功效。[①] 另有的铜鼓在鼓面内壁中心有四个扇形的锤压角,这种锤压角以鼓面中心点为轴心,两相对称,而且中心有两对角,正对着鼓身上的两耳,当铜鼓横挂时,四角适居上下左右四方,锤压角大小依几何学上对顶角相等的原理,两两相等。通常是上下两锤压角和锤压面较小,右右两锤压角和锤压面较大。敲奏时,由于敲击部位不同,相邻的两个锤压角和锤压面不同,声音就不同;相对的两个锤压角,因夹角和锤压面相等,只要打法相同,声音也就相同。鼓面的大小,通常同锤压角内的夹角和锤压面的大小有关,而

---

① 潘世雄:《铜鼓的音乐性能》,《中国音乐》1982年第4期。

且互成反比,最高音在近鼓边处,最低音在近鼓心处。在上下两个锤压角中因夹角和锤压面较小,声音较硬而高,在左右两个锤压角中,因夹角和锤压面较大,声音软而低。在各个锤压角内按所处晕圈位置不同,一个晕一个音,内晕音较低,外晕音较高,最低音在鼓的脐部。一个锤压角内可发三至五个音,相邻的两个锤压角内,因夹角和锤压角面不相等,可发六至十个音。① 因此,铜鼓不仅声音洪大,音色圆润、雄浑,而且高低交错、抑扬变幻,极富节奏感。骆越铜鼓和其他铜器表现了审美与科学的高度和谐和统一,充分显示了骆越人高度发达的青铜铸造水平。

(三) 纺织业

骆越的纺织业历史悠久。在广西的新石器时代遗址中,出土有众多的陶纺轮和各种网坠,表明远古的原始人类经过长期的探索,已经懂得利用植物纤维捻成线,织网捕鱼,从而开创了最初的纺织业。

骆越先民就地取材,其纺织材料是岭南盛产的麻、葛、蕉、木棉、竹子、树皮等纤维植物。苎麻是一种多年生的草本植物,茎直立可达七尺,茎皮纤维长且洁白有泽,拉力和耐力也很强。壮族先民很早就以之为原料织出了高质量的麻布。广西平乐银山岭战国墓出土的个别陶器、铜器上隐约可见麻布纤维,是用很细且均匀的麻织成。② 从表面观察,其质量不下于1957年长沙406号战国墓出土的麻布③。

至迟到汉代,骆越人已开始人工栽培和种植苎麻。《汉书·地理志》云:岭南"男子耕农,种禾稻苎麻,女子桑蚕织绩④"。苎麻成为骆越人纺织的重要材料。

---

① 潘世雄:《铜鼓的音乐性能》,《中国音乐》1982年第4期。
② 广西壮族自治区文物工作队:《平乐银山岭战国墓》,《考古学报》1978年第2期。
③ 中国科学院考古研究所:《长沙发掘报告》,科学出版社1975年版,第63—65页。
④ (汉) 班固:《汉书》卷28下《地理志第八下》,中华书局1962年版,第1670页。

芭蕉是岭南的特产，其"叶大如筵席，其茎如芋，取镬煮之，为丝，可纺织，女功以为绨绤"。① 壮族先民把蕉茎浸泡在拌有草木灰的水池里，用碱性的灰水将其中的胶质分解，而后取其丝织成布。这个过程就是古文献所谓"以灰炼之，织以为彩"。② 用蕉茎纤维织成的布叫蕉布。

葛是一种藤本植物，茎中纤维加工后可以织布。《尚书·禹贡》曾经提到"岛夷卉服"。孔颖达疏引正义云："此岛夷是南海岛上之夷也。……卉服，是草服葛越也。葛越，南方布名，用葛为之。"《史记·货殖列传》云："番禺亦其一都会也。珠玑、犀、瑇瑁、果、布之凑。"③《集解》引韦昭曰："果谓龙眼、离支之属。布，葛布。④"可见，岭南很早以前就有了葛布。《太平寰宇记》卷167 载，古代聚居于郁林、苍梧、合浦、宁浦、高凉五郡的骆越后裔俚人都"缉蕉葛以为布"⑤，当时著名的"郁林布"就是用葛制造的。

木棉亦是岭南盛产的重要纺织材料。"其树高大，其实如酒杯，皮薄，中有如丝棉者，色正白。"⑥ 骆越人很早就懂得利用这种植物，将之"纺以为布"。唐欧阳询《艺文类聚》卷85 布部引裴渊《广州记》称："蛮夷不蚕，采木棉为絮，皮圆当竹，剥古绿藤，绩以为布。"这段记载明确记明"绩以为布"的有木棉、圆当竹（即当）、古绿藤（即葛藤）三种。著名的"广幅布""桂管布"即是木棉制成。

由于纺织材料丰富多样，骆越人独具一格的纺织业发展迅速。

---

① （东汉）杨孚：《异物志》，广东科技出版社2009年版，第25页。
② （唐）欧阳询撰：《艺文类聚》卷87引万震《南州异物志》，汪绍楹校，上海古籍出版社1995年版，第1499—1500页。
③ （汉）司马迁：《史记》卷129《货殖列传第六十九》，中华书局1964年版，第3268页。
④ （汉）司马迁：《史记》卷129《货殖列传第六十九》，中华书局1964年版，第3269页。
⑤ （宋）乐史：《太平寰宇记》卷167《容州》，中华书局2007年版，第3190页。
⑥ （汉）杨孚：《异物志》，广东科技出版社2009年版，第16页。

可能在战国时期，纺车便已出现。到汉代，骆越人已发明了比较原始的斜织机。① 纺织工具的进步，不仅提高了工效，而且确保了织品的质量。葛布很早传到中原，深受赞誉。《韩非子·五蠹》有"冬日麑裘，夏日葛衣"之说。葛布薄爽，很适合夏衣。它在中原地区后来虽然逐渐衰退而为丝、麻、棉织品取代，但在岭南地区，由于天气炎热，一直受到人们的喜爱。张心泰《粤游小记》曰："粤中多产葛，惟郁林州者知名最久。齐武帝佐客乐曲，被管弦，乘龙舟游江中，令榜人皆着郁林布。……即今之郁林葛也。""广幅布"则受到朝廷的垂爱，被指定为贡品。从考古发现来看，广西贵县、梧州、合浦等地汉墓发现了不少残存的麻布片和丝织品。贵县罗泊湾一号墓出土的木片"从器志"上，列有不少纺织品的名称，计有缯、苎、布、细、线絮、丝等麻织品和丝织布。抬棺用的粗麻绳和殉葬者足上的麻布袜、麻鞋等还保存完整。出土的纱衣残片，薄如蝉衣，经广西轻工业局绢纺工业研究所初步鉴定，认为是平纹组织的麻织物，支数"估计是 200S/1 以上，目前国内还无法纺出这样的细度纱支"。② 已发现的丝织品中，还有用于"漆䙲帽"的编织，工艺技术已达到一定的水平。

总而言之，骆越人以自己的聪明才智、审美情趣，就地取材，创造了独放异彩的纺织业，为中华民族文化的繁荣作出了巨大的贡献。

三　生活习俗

（一）服饰

这里所说的服饰包括两大类：一是体饰，二是衣着。

---

① 余天炽等：《古南越国史》，广西人民出版社1988年版，第149—152页。
② 广西轻工业局绢纺工业研究所的初步鉴定意见，现存广西壮族自治区文物工作队。

1. 体饰

（1）断发、椎髻

骆越人的头部装饰较早者是断发。所谓断发就是剪断头发。在古文献中，关于骆越断发文身的记载屡见不鲜。

《左传》哀公七年："越，方外之地，剪发文身之民也。"

《庄子·内篇·逍遥游》载："宋人资章甫而适诸越，越人断发文身，无所用之。"

《列子·汤问》称："南国之人，祝发而裸"[1]，祝发即断发。

《墨子·公孟》载："昔者越王勾践剪发文身，以治其国，其国治。"[2]

《战国策》卷十九《赵二·武灵王平昼间居》载云："被发文身，错臂左衽，瓯越之民也。"

《说苑·奉使篇》载云："彼越……是以剪发文身，烂然成章，以象龙子者，将避水神也。"[3]

《史记·赵世家》载："夫翦发文身，错臂左衽，瓯越之民也。"张守节《史记正义》在《赵世家》中引《舆地志》云："交趾，周时为骆越，秦时曰西瓯，断发文身避龙。"

《汉书·地理志》说："粤地，牵牛、婺女之分野也。今之苍梧、郁林、合浦、交趾、九真、南海、日南，皆粤地也。""其君禹后，帝少康之庶子云封于会稽，文身断发，以避蛟龙之害。"应劭注云："常在水中，故断其发，文其身，以象龙子，故不见伤害也。"[4]

《汉书·严助传》："越，方外之地，断发文身之民也。"[5]

---

[1] （战国）列子：《列子·汤问第五》，张长法注译，中州古籍出版社2010年版，第133页。
[2] （战国）墨翟：《墨子·公孟》，华龄出版社2002年版，第223页。
[3] （汉）刘向：《说苑》卷12《奉使》，中华书局1985年版，第122页。
[4] （汉）班固：《汉书》卷28下《地理志第八下》，中华书局1962年版，第1669—1670页。
[5] （汉）班固：《汉书》卷64上《严助》，中华书局1962年版，第2777页。

第一章 骆越之民：左江流域岩画的创作者

《礼记·王制》即有相关的记载："东方曰夷，被发文身……南方曰蛮，雕题交阯……西方曰戎，被发衣皮……北方曰狄，衣羽毛穴居……"

《山海经·海内南经》亦云："伯虑国、离耳国、雕题国、北朐国，在郁水南。"晋人郭璞注云："离耳即儋耳，雕题即文面。"①

《淮南子·原道训》曰："九嶷之南，陆事寡而水事众，于是人民披发文身，以象鳞虫。"②《淮南子·齐俗训》亦载："九疑之南，陆事寡而水事众，于是人民被发文身，以象鳞虫。"东汉高诱注云："被，剪也。文身，刻画其体，内黶其中，为蛟龙之状，以入水蛟龙不害也，故曰以象鳞虫也。"

根据这些文献记载推断，骆越人在春秋战国时流行"断发"。"断发"是当时骆越人区别于中原华夏及其他族群的标志之一。骆越人之所以"断发"，主要是因其生态环境和生产特点使然。由于岭南河湖密布，渔猎经济在春秋战国以前乃至春秋战国时期都占有相当重要的位置，因而在发型上也要适应这种水中作业较多的特点。这就是骆越人"断发"的原由。关于这一点，《淮南子·原道训》其实已说得很明白。

秦在岭南建郡之后，中原人越来越多地流入岭南，对骆越人的生活方式以巨大的影响，加之骆越农业日益发展，渔猎的地位每况愈下，因而骆越人的发型也随之改变。到汉代，骆越人的"断发"发型已逐渐为椎髻所代替。广西贵县和西林普驮汉墓出土的器物③，

---

① （先秦）佚名：《山海经》卷10《海内南经》，栾保群详注，中华书局2019年版，第439页。
② （汉）刘安：《淮南子》卷1《原道训》，陈一平校注译，广东人民出版社1994年版，第13页。
③ 广西壮族自治区博物馆编：《广西贵县罗泊湾汉墓》，文物出版社1988年版，第36—38、110页；广西壮族自治区文物工作队：《广西西林县普驮铜鼓墓葬》，《文物》1978年第9期。

以及宁明花山崖壁画中①，均有椎髻的图像。《史记·南越列传》曾说到南越王赵佗"结箕踞以见陆生"。王充《论衡·率性》说："南越王尉佗，本汉贤人也，化南夷之俗，背叛王制，椎髻箕坐，好之若性。"②《后汉书·南蛮传》亦云："凡交趾所统，项髻徒跣。"唐李贤注曰："为髻于项上也。"③ 椎髻从汉代开始流行。

(2) 文身刻体

所谓文身就是在人体上刻画各种花纹图案，并涂上颜色，以留下永久的标记。《淮南子》高诱注云："刻画其体内，黥其中。"《史记·索隐》更云："错臂亦文身，谓以丹青错画其臂。"

在古文献中，骆越人文身的记载屡见不鲜。《礼记·王制篇》："南方曰蛮，雕题交趾。"《汉书·地理志》云："粤地……今之苍梧、郁林、合浦、交趾、九真、南海、日南，皆粤分也，其俗文身断发，以避蛟龙之害。"张守节《史记正义》在《赵世家》中引《舆地志》云："交趾，周时为骆越，秦时曰西瓯，断发文身避龙。"说明文身是骆越人流行的一种体饰。这种体饰一直流传后世。

骆越人之所以要在人体上刻画图案，其最初的原因，正如《汉书·地理志》及其他文献所说是为了"避蛟龙之害"。由于岭南地区江河纵横，渔猎在人们的生产活动中占有相当重要的地位，尤其是在农业未产生之前或农业落后的情况下，骆越人"陆事寡而水事众"，"以罟网为业"，而水中鳄鱼、青蛇等经常威胁着人们的生命，为了保护自己，只好忍受"被创流血"的痛苦，刻上一些图案，"以象鳞虫"。因为在自然状态下，同一种类的动物通常是和平共处，相安无事的，只有在群体数目远远超过其生活环境所能容纳的情况下，才

---

① 覃圣敏等：《广西左江流域崖壁画考察与研究》，广西民族出版社1987年版，第159页。
② （汉）王充：《论衡》卷2《率性》，上海人民出版社1974年版，第28页。
③ （南朝）范晔：《后汉书》卷86《南蛮西南夷列传第七十六》，中华书局1965年版，第2836页。

会发生相互残害的现象。这就是动物的"同类不相侵"原理。文身正是骆越人自觉或不自觉地利用此一原理,以适应岭南江河湖泊众多的环境和渔猎生产的结果。天长日久之后,人们逐渐相信自己与所模仿的动物同类,于是产生了图腾观念。至此,文身才有了神秘的意义。

(3) 凿齿、饰齿

凿齿即人为地将牙齿拔除或凿掉。这一体饰曾流行于骆越。文献记载颇多,如:

《淮南子·本经训》载:"尧乃使羿诛凿齿于畴华之野。"[1]

《山海经·海外南经》亦载:"昆仑圩在其东,圩四方,羿持弓矢,凿齿持盾(一曰戈)。"[2]

《管子·内业》载:"昔者,吴、干战,未龀,不得入军门,国子摘其齿。"

《战国策·赵策》:"雕题黑齿,鳀冠林缝,大吴之国。"

从考古学材料看,广东佛山河宕和增城金兰寺[3]、广西扶绥敢造[4]等新石器时代遗址都发现了死者生前凿齿拔牙的证据。这说明凿齿之俗至迟在新石器时代已经产生。

人们之所以凿齿,其最初原因是为了狩猎。正如笔者前面已经说到,在自然状态下,动物"同类不相侵",因而人类可以利用伪装手法,引诱和麻痹动物,以便有效地狩猎。凿齿正是这样一种模拟行为。原始人凿掉或拔除自己的牙齿,是为了使自己身上具有反刍动物或食肉动物的特征。这一点可从赞比西河上游的巴托克部落那

---

[1] (汉)刘安:《淮南子》卷8《本经训》,陈一平校注译,广东人民出版社1994年版,第360页。

[2] (先秦)佚名:《山海经》卷6《海外南经》,栾保群详注,中华书局2019年版,第373页。

[3] 广东省博物馆:《广东考古结硕果,岭南历史开新篇》,《文物考古工作三十年》,文物出版社1979年版,第326—328页。

[4] 覃圣敏:《广西古代风俗杂考》,《岭外壮族汇考》,广西民族出版社1989年版,第757页。

里得到证明,因为巴托克人拔掉自己的上门牙,是竭力想模仿反刍动物①。因此,我们可以说,凿齿是狩猎者的体饰。骆越人之所以凿齿,亦是岭南的生态和生产特点使然。由于壮族地区山高林密,动物资料丰富,狩猎在很长时期内都是人类取食的一种重要手段,尤其是在漫长的石器时代,正如我们前面在讨论原始农业起源时提到,华南地区古人类对动物资源的开发(即狩猎)是非常广泛的,而且在根据动物习性采用不同狩猎方法方面积累了相当丰富的经验,所以,骆越人懂得以凿齿作为一种伪装手法进行狩猎是很自然的事情。由于狩猎多是成年人的事,因而凿齿也就是成年人的专利。久而久之,凿齿也就成了成年人的标志。因此,到后来,少年成长为成年人时,要凿齿来表示自己已获得成年人的资格。

2. 衣服

在广西的一些旧石器时代晚期的遗址中,除出土有石器外,还有兽骨制成的骨针和骨锥②,说明当时居住于广西的古人类已会用兽皮或其他可穿的材料缝制成衣服,从而结束了赤身裸体的时代。

从广西平乐银山岭战国墓发现粘于个别铜器、陶器上的麻布纤维来看,至迟在战国时期,骆越人已懂得用麻布制造衣服。《战国策·越策(二)》说:"披发文身,错臂左衽,瓯骆之民也。"《淮南子·原道训》载:"九疑之南,陆事寡而水事众,于是人民被发文身,以象鳞虫;短绻不裤,以便涉游;短袂攘卷,以便刺舟,因之也。"③说明当时骆越人的服装是式样独特的左衽服。这种衣服流行了很久。

---

① [苏]普列汉诺夫:《论艺术——没有地址的信》,曹葆华译,生活·读书·新知三联书店1973年版,第12页。
② 贾兰坡等:《广西洞穴中打击石器的时代》,《古脊椎动物与古人类》1960年第1期。
③ (汉)刘安:《淮南子》卷1《原道训》,陈一平校注译,广东人民出版社1994年版,第13页。

从古籍记载可以看到，骆越人的服装是很独特的。首先，在服装所用材料方面，我们在论述其纺织业中已说到，其主要是就地取材，以南方盛产的苎麻、葛、蕉、木棉等纤维植物制成。在款式上，骆越人服装的特点就是短而简。这是与南方的炎热气候和的骆越经济生活相适应的。因为骆越人"陆事寡而水事众，于是人民被发文身……短褌不裤，以便涉游，短袂攘卷，以便刺舟"。①

（二）饮食

饮食取决于生产。由于骆越是一个农业民族，很早就栽种了水稻及其他农作物，并驯化和饲养了家畜、家禽，这就决定了骆越以大米为主食，以芋、薯等杂粮为副食，以家畜、家禽和蔬菜为佐食的基本饮食格局。

骆越的稻作农业决定了骆越人饮食的"米"的特点，但由于骆越地区江河纵横，蛇、蛤、鱼等水产极为丰富，这又形成了骆越喜食水产的特点。远在旧石器时代晚期，骆越先民在采集狩猎的同时，就大量地采食水产。反映在考古材料上，广西柳州大龙潭鲤鱼嘴、白莲洞等遗址中有大量水产动物存在。进入新石器时代后，由于壮族原始农业最初是根茎农业，提供的食物非常有限，向江河取食水产的传统进一步发展，因而出现了许多贝丘遗址。在这些遗址中，大量存在螺蛳、蛤、蚌、鱼等水产软体动物。到新石器时代中、晚期，随着农业的发展，水产动物在食谱中的地位每况愈下，因而这时的贝丘遗址明显减少。但是，由于水产动物有着特殊的美味，所以仍然是人们喜爱的佳肴。桓宽《盐铁论·论菑篇》："越人美蠃蚌。"张华《博物志》曰："东南之人食水产，西北之人食陆畜。食水产者，蛤、螺、蚌以为珍味，不觉腥臊也。"

骆越人饮食的另一个特点是喜食水果。前面已经说过，岭南地

---

① （汉）班固：《汉书·严助传》，团结出版社1996年版，第624—625页。

处亚热带地区，水果种类繁多，骆越人很早就培育了水果，因而可供食用的水果是非常丰富的。广西贵县罗泊湾西汉墓中，就出有不少水果。

骆越人饮食在口味方面的特点是喜腌酸。《素问·异法方宜论》中就有南方"其民嗜酸而食胕"的记载。这一饮食特点也与生态环境有关。由于骆越地区天气炎热，鲜菜难存，因而副食多腌藏，久成习惯，便有了喜酸吃腌味之俗。而且，酸东西能生津止渴，清毒解暑，也很适于"炎方"之人骆越食用。

总而言之，由于骆越所处的环境和生产形式的独特性，骆越人在饮食上也表现出浓厚的民族特点和地方特点。

（三）居住

骆越人居住的是"干栏"（或称"麻栏""阁栏"）建筑。这种居住建筑起源很早。1977年，广东高要茅岗发现了新石器时代的干栏建筑遗存[①]。如果说浙江余姚河姆渡遗址的干栏建筑遗存[②]尚不能说明壮族干栏建筑在新石器时代已经出现的话，广东高山茅岗的干栏建筑遗存应是说明这一问题的较好材料。另外，广西合浦、贵县、钟山、贺县、梧州、兴安、全州及广东的广州、佛山、韶关、增城等地的汉墓，都发现有干栏建筑模型，说明干栏建筑当时很流行。

从干栏建筑的历史演变来看，由于新石器时代，渔猎和采集经济还占有一定的比重，因而茅岗的干栏建筑与余姚河姆渡的干栏建筑一样，是建于水滨低洼地带。此后，随着农业的发展，才逐渐移往山坡或丘陵。在结构上，早期干栏建筑比较简陋。如广西合浦、梧州汉墓中出土的铜仓，下部立柱敞空。而后，这种建筑逐渐改进，上部住人，下部立柱，并加围墙。如广西贵县、平乐、广州等地东

---

① 杨耀林：《广东高要茅岗新石器时代干栏建筑遗存》，《史前研究》1985年第1期。
② 浙江省文管会、浙江省博物馆：《河姆渡遗址第一期发掘报告》，《考古学报》1978年第1期。

汉墓出土的陶屋，可以看到狗洞，显然下层是圈畜的。这种上层住人、下层圈畜的干栏日后在山区和丘陵地区广泛推广，并且在长期的改进和发展过程中，因各地环境和经济文化的不同，逐渐形成了全楼居、半楼居和地居等不同形式的多开间多层次的干栏建筑。

骆越居住干栏最初是为了防暑、防潮、防毒蛇猛兽、防瘴及其他自然灾害。这一点史书言之甚明。《博物志》曰："南越巢居、北朔穴居，避寒暑也。"《新唐书·南平僚传》云："多瘴疠，山有毒草、沙虱、蝮蛇，人楼居，梯而上，名为干栏。"① 清谢启昆《广西通志》亦云："深广之民，结栅以居，上设茅屋，下豢牛豕，栅上编竹为栈，不施椅桌、麻榻，惟有一牛皮为褥，寝食于斯。……考其所以然，盖地多虎狼，不如是则人畜皆不得安，无乃上居巢居之意焉。"由于骆越地区江河湖泊星罗棋布，气候闷热多雨，森林繁茂，空气潮湿，瘴雾弥漫，毒蛇猛兽横行，为了人畜的安全，骆越民居建筑就要认真考虑能适应这种自然条件。而干栏建筑通风好，干燥凉爽，既能防暑、防瘴，又能避猛兽毒蛇，而且不受地形限制，管理方便，是非常适应岭南的生态环境的。正因如此，这种富有民族、地方特色的建筑经久不衰，至今仍是一些地区的壮族及各族人民居住的建筑形式。

（四）交通

由于岭南河流纵横，水系发达，因而骆越的水上交通特别发达。《吕氏春秋·慎大览·贵因篇》曰："如秦者立而至，有车也。适越者坐而至，有舟也。"《淮南子·齐俗训》云："胡人便于马，越人便于舟。"②《淮南子·人道训》又云："九疑之南，陆事寡而水事众，于是

---

① （宋）欧阳修等：《新唐书》卷222下《南蛮下·南平僚》，中华书局1975年版，第6325页。
② （汉）刘安：《淮南子》卷11《齐俗训》，陈一平校注译，广东人民出版社1994年版，第518页。

人民……短袂攘卷，以便刺舟。"《汉书·严助传》亦载："越人习于水斗，便于用舟。"可见，船在历史上曾是骆越人的主要交通工具。

在战国秦汉时期的左江流域崖壁画上，就有不少划船的图像，仅在宁明花山的岩画中，发现了划船图像的就有六个画点。画上船形简略，皆两头高翘，似一条粗曲线，船上有三至四人，多的十余人，动作整齐，均作划船状①。在广西贵县、西林等地出土的铜鼓上，也有许多船纹，有二人划一船，有六人划一船，有八人、九人或十一人划一船②。这些船船底平直，首尾上翘，设计很符合科学原理，因为这样的船在航行时可以减少阻力，使速度加快。另外，在贵县大铜鼓的纹饰上画有船六条，船身窄长，首尾高翘，船身中部有十二道横梁，这就是舫船，或称"方舟"。古文献中有越人用这种船航行的记载。《越绝书·吴内传》曰："方舟，航买、代尘者，越人往如江也。"郭璞《尔雅·释水》注云："方舟，并两船。"其构造特点是"此船于水，加板于上"③。即用两条独木舟并列而成，其上再铺设木板。这种船由于重心增大，有很强的抗风浪能力。

广东汉墓中出土了许多木船和陶船模型。西汉木船中有较大的舱房，盖顶为四回式，前有四人划桨，后有一人操舵掌握方向。东汉陶船规模更大，分前、中、后三舱，舱上有篷盖，尾部设望楼，后舱右侧还有一小间，有门相通，两弦设撑篙用的边走道。船尾安有舵，船头设有锚，船首两边安插三根桨架，船舱部分横架梁檐八根，这样便使船只骨干坚强，加深吃水量，经受一定风浪，起到平稳的作用。此外，还发现有木、陶制的农用船、渔船和小艇等模型④。广东化州

---

① 黄汝训：《从花山岩画看骆越民族社会文化特点》，《广西文物》1986年第2期。
② 广西壮族自治区博物馆编：《广西贵县罗泊湾汉墓》，文物出版社1988年版，第29页；广西壮族自治区文物工作队：《广西西林县普驮铜鼓墓葬》，《文物》1978年第9期。
③ （清）郝懿行撰：《尔雅义疏·释水》，上海古籍出版社2017年版，第907—908页。
④ 广东省博物馆：《广东考古结硕果，岭南历史开新篇》，《文物考古工作三十年》，文物出版社1981年版，第332页。

县石宁村还发现了六艘东汉时期的独木舟。这些独木舟体薄、分舱、钻孔、使用木榫、体现了较高的工艺水平①。再从广州市发现的秦汉时期的造船工场遗址来看，这个工场规模巨大，船台结构采用台与滑道下水相结合的原理，可同时建造数艘载重五六十吨的木船②，表明当时的造船业是很发达的。

据文献记载，骆越人在秦汉时期已能铸造铜船。晋刘欣期《交州记》载："越人铸铜为船，在江潮退时可见。"唐虞世南《北堂书钞》卷137亦引《交州记》云："安定县有越王铜船，以潮退则见。"这种铜船的形制如何，今天已不得而知，但秦汉之时，骆越人掌握铸铜技术不久，就很快地将之运用到造船上，说明船在骆越人的生产生活中占有非常重要的位置，同时也说明骆越人造船技术的高超。

从交通路线来看，骆越人的交通已不局限于广西境内，他们还仰仗水道沟通了内外的交通。桂北地区以及广西内地兴安、恭城、平乐、忻城、宾阳、武鸣、横县等地发现有商周时期的、钟、鼎、罍、戈、矛、剑等青铜器，多具有中原或楚的特点，显然是北边南来的器物。这说明商周时期骆越人已经由湘桂走廊沟通了湘桂交通。但在秦始皇开凿灵渠之前，人们经由湘桂走郎必须走一段陆路。秦始皇用兵岭南时，"乃使尉屠睢发卒五十万为五军……三年不解甲驰弩，使监禄无以转饷，又以卒凿渠而通粮道，以与越人战，杀西呕君译吁宋"③。监禄开凿的灵渠，位于今兴安县和大榕江镇之间，全长34公里，巧妙地沟通了湘江和漓江，从而使长江水系和珠江水系连接了起来。灵渠由天平、铧堤、渠道、秦堤、陡门等部分组成，"渠内置斗门三十六，每舟入一斗门，则复闸之。俟水积而舟以渐

---

① 湛江地区博物馆、化州县文化馆：《广东省化州县石宁村发现六艘东汉独木舟》，《文物》1979年第12期。
② 广州市文管会、中山大学：《广州秦汉造船工场遗址试掘》，《文物》1979年第4期。
③ （汉）刘安：《淮南子·人间训》，第18卷，北方文艺出版社2018年版，第428页。

进，故能循崖而上，建瓴而下，以通南北之舟辑。"① 灵渠的开凿，使南北交通进一步发展。

沟通黔桂的红水河道也已开发。《史记·西南夷列传》云：建元六年（公元前 135 年），唐蒙出使南越，"南越食蒙枸酱，蒙问所从来，曰'道西北牂柯。牂柯江广数里，出番禺城下。'蒙归至长安，问蜀贾人，贾人曰：'独蜀出枸酱，多持窃出市夜郎。夜郎者，临牂柯江，江广百余步，足以行船。南越以财物役属夜郎，西至同师，然亦不能臣使也'。"② 可见，骆越人已往返于牂柯江（即红水河）与西南夷做生意了。

1969—1972 年，广西西林县普驮村发现了用铜鼓、铜棺作葬具的西汉前期墓葬，具有浓厚的地方特色。但其中有些铜器为中原汉式器物，如六博棋局、踞坐俑等常见于汉族达官贵人的墓葬中，显然是中原产品。这些器物在西林墓葬中出现，说明秦汉时期右江道已经通航。这条通道由驮娘江顺流而下，可至百色、南宁、贵县、梧州，再由梧州溯桂江北上，通过灵渠进入长江水系，是沟通滇桂的要道。

此外，沟通粤桂的西江水道，沟通广西和越南的左江水道以及沟通广西和东南亚的合浦海道，均已通航③，充分反映了骆越人水上交通之发达。

（五）生育

繁衍子系是人的本能，也是人类社会发展的需要。骆越自古就有包括崇拜生殖器官和生殖神的生殖崇拜，表现了繁盛后代的愿望。崇尚生育，之所以一直是骆越人的观念，乃因为骆越是一个稻作农业民族，劳动力的需求比较大，人口的容量也比较大。

骆越人的生育观念与中原汉人有所不同。新石器时代晚期，骆

---

① （宋）周去非：《岭外代答》卷 1《灵渠》，上海远东出版社 1996 年版，第 16—17 页。
② （汉）司马迁：《史记》卷 116《西南夷列传第五十六》，中华书局 1964 年版，第 2994 页。
③ 琼恩：《壮族地区的古代交通》，《广西民族研究》1988 年第 4 期。

越地区的原始农业已经有了较大的发展，达到了一定的水平。距今四千多年前的广西钦州市那丽镇独料新石器时代晚期文化遗址出土了大量的生产工具。数量相当多的石斧、石锛，适用于砍伐开垦，清除杂草；石犁、石锄、石铲、石刀和石镰，适用于疏松土壤、耕耘播种和收割；石磨盘、磨棒和石杵，则为谷物加工工具。生产工具的改进和创新，个人劳动技能的提高，使男子在农业中的作用大大提高。因而，骆越先民的社会逐渐向父系社会过渡。广西邕宁县坛楼新石器时代文化遗址发现的石祖①以及广西钦州市那丽镇独料新石器时代文化遗址发现的陶祖②，说明当时骆越先民社会中男根崇拜已经出现，这是父系社会的标志。但是，骆越社会的这一发展是在中原文化的影响下促成的。先进的中原青铜文化汹涌南下，给骆越社会文化的发展以巨大的影响。骆越父系社会是中原青铜文化催生的，所以，长期以来，母系社会的特征浓郁，男尊女卑的状况在骆越人的生育观念中并不强烈。

（六）孩童的命名

姓氏是历史发展的产物。汉族姓氏的产生历史较早。公元前3世纪末叶以前，汉族的姓氏是两个不同的概念，有着不同的功能："姓"标示母系血缘关系，同母才能同姓，父同母不同也不能同姓；"氏"标示男子的社会地位，妇女和下层百姓不能参政，自然无氏可说。姓氏合流，表示父系、母系血缘关系为同一概念，是在战国以后。骆越，由于社会发展的滞后性，直到汉族文化植入以后才出现姓氏。

在众多的越人部落中，最早与中原汉人接触并最早建立国家的，

---

① 广西壮族自治区文物考古训练班、广西壮族自治区文物工作队：《广西南部地区的新石器时代晚期文化遗存》，《文物》1978年第9期。

② 广西壮族自治区文物工作队、钦州县文化馆：《广西钦州独料新石器时代遗址》，《考古》1982年第1期。

是位于长江下游今浙江省北部的越国。越国人没有姓氏,历代越王的称名都是以表示"父亲"(po)的近音汉译字"无""夫""元""莽"作为开头音节,如"无余""无壬""无铎""夫镡""元常""莽安"[①] 等,就像今日壮族民间称呼德高望重的长辈为"po^6ke^5"(父老)一样。所以,徐旭生先生说越国越人"尚未有姓氏"[②]。

公元前473年,越国灭掉了相邻而强大的吴国,接着北上中原,征服汉族各个诸侯国,成为春秋(前770—前476年)时中原五个霸主之一,开始攀附汉族传说中的治水英雄夏禹,说越人是夏禹之子少康之后,姓"姒"[③];另一些人又觉得将越人与夏禹搭靠不妥,说越人是黄帝的儿子祝融之后,为"芈"(mi^3)姓[④]。这些都不足为凭。长江下游的越人有姓氏是秦汉以后的事,他们有的是以族称为姓氏,如越姓、欧姓等;有的是以王名为姓,如闽越王繇治下的福建越人迁到淮河流域居住以后以"繇"为姓等(《后汉书》卷17《岑彭传》李贤注:"《风俗通》曰:东越王繇,勾践之后,其后以繇为姓。")[⑤]。这是越人文化受到汉族文化整合的结果。

公元前219年,秦始皇用兵岭南,在今广西地区受到了瓯骆人的顽强抵抗,其首领是"译吁宋"[⑥]。"译",在古代汉语里与"败"通用[⑦],音读近"po",意思是"父亲",是越人对长辈、对首领人

---

① 夫谭的"夫",上古属重唇音鱼部韵,与"无"同部,为近音字。元常的"元",《说文》说"奇字无也,通于元者"。则"元"上古与"无"通,且二字形近,易混淆。又顾炎武《音学五书》说:莽,古音"莫补反"(中华书局1982年版,第338页)。
② 徐旭生:《中国古代的传说时代》(增订本),文物出版社1985年版,第64页。
③ (汉)司马迁:《史记》卷41《越世家》:"越王勾践,其先禹之苗裔。"北京燕山出版社2009年版,第240页。
④ (春秋)左丘明撰:《国语·吴语》韦昭注:"勾践,祝融之后,允常之子,芈姓也。"上海古籍出版社2015年版,第397页。
⑤ (南朝)范晔撰:《后汉书》卷17《岑彭传》中华书局1965年版,第654页。
⑥ (汉)刘安:《淮南子》卷18《人间训》,北方文艺出版社2018年版,第428页。
⑦ 上古译与择通假,如汉修《尧庙碑》的"各相土译居"的"译"实为"择"字。《尚书·吕刑》中的"无有择言在身"及《孝经》中的"口无择言身无择行","择"为"败"字的假借,"译""择"可读同"败"。

物的尊称，不是姓氏。"吁"是越人的自称词的近音译字；"宋"是"ŋɔ²"（越语义为"大"）的近音译字。"译吁宋"其相应音读是"po⁶ɣ jo: i⁴ŋɔ²"，越语意思就是"大越首领"。从这个称谓看，秦时瓯骆越人尚无姓氏。

自秦朝以后，由于汉族文化的强劲植入及大量汉族迁入杂居，骆越模仿、袭用了汉族的姓氏。骆越的姓氏，就历史记载所见，最早是西汉元鼎年间（公元前116—前111年）的南越国丞相吕氏，瓯骆左将黄氏，其次是东汉延康元年（220年）的钱姓、晋义熙十三年（417年）的徐姓。

（七）儿童教育

一个人，既要掌握一些本领，以适应自然环境，又要学会一些知识，遵循一些规则，与他人结成群体，生活于社会之中，所以要接受教育。骆越教育，包括家庭教育、社区教育和学校教育，经历了独特的发展过程，特点鲜明。

骆越家庭教育的内容主要是自然知识、生活技能、礼仪和伦理道德的教育。人来到世间，开眼接触陌生的世界，最初的教育者是父母。孩子咿呀学语，是父母教之导之；孩子撒欢爬行，站起迈步，四处奔走，是父母扶之将之；孩子懂尊老爱幼，知信义结交，也是父母点之训之。父母身正影不歪，常是孩子高山仰止，景行行止的对象；父母的言行，对孩子常是潜移默化、润物无声的。

除此之外，还要学习本族群的历史和文化，以实现认同。"饮食行藏总异人，衣襟刺绣作文身。"[①] 骆越后裔不同于汉族文化的民族传统文化，都是父子相承，世代传袭的。所以南宋范成大《桂海虞衡志·志蛮》说，岭南地区"人物犷悍，风俗荒怪，不可尽以中国教法绳治，姑羁縻之而已"。人创造文化，也因文化而认同，为文化

---

① （明）桑悦：《记壮俗》，《粤西诗载》卷16，广西人民出版社1988年版，第11页。

所约束。孩子在群体之中，只有在父母等前辈的点导之下学习、实践本族群的文化，潜移默化，自然似之，才能够融于群体之中，真正成为群体中的一个成员。

社区教育则是家庭教育的泛化和深化。其中，特别注重于族体历史、合群、歌艺和武技方面的教育。由于没有文字，不论何种内容，都是言传身教。上了年纪的人很乐意将自己懂得的历史知识传授后人，使他们不至于忘了己所从来，忘了自己的先人，特别是先人中的英烈人物，忘了自己所属的群体，这是历史教育。合群教育，就是使人知道群体或群体中各个阶层必须遵守的规则，遵守群体的规则，融于群体之中。其内容，主要是教育孩子谙熟群体的风俗习惯和习惯法规。风俗习惯，是群体祖辈流传下来且为众所认同的爱好并形成的行为规范。习惯法，则含有强制性惩处于其中，既有群体祖辈流传下来的，也有后人为了协调和约束群体成员的行为而在协商并取得众所认同的基础上制定的。

由于骆越没有统一通用的文字，所以骆越地区的学校教育，主要是汉语汉文以及汉族历史文化的教育。而且，建置学校进行教育的是中央王朝统治者。他们在骆越地区设置学校的目的，就是"用夏变夷"（《明实录·神宗实录》语），也就是说，通过设立学校，进行汉语、汉文和汉文化教育，其最终目的即是将其同化于汉族。

中原私学兴起于春秋，鲁国的少正卯即曾开办私学，儒家鼻祖孔老夫子既就学于私学，也讲学于私学。岭南私学的兴起始于汉代。据《后汉书》卷66《陈元传》载，西汉末年，苍梧广信（今广西梧州市）人陈钦，在私学开蒙、知识增长之后，负笈从师北上中原师事黎阳（治今河南浚县东北）贾护，学习《左氏春秋》。他刻苦钻研，融会贯通，匠心独运，对《春秋》的见解自成一家，声靡学界，与同时的大学者刘歆名重于当时。那个时候，王莽权重当朝，也师从于陈钦，"受左氏之学"，并封他为"猒难将军"。陈钦之子陈元，少传父业，比其父更有成就。东汉初年，在今文《尚书》与古文《尚书》的争论中，陈元高举古文《尚书》的旗帜，与桓谭、杜林、郑兴齐名，为学界推崇的学者。建武四年（公元28年），朝廷议论在五经博士中设立《左氏春秋》博士，博士范升反对，陈元与他驳辩，很得汉光武帝的赞赏。太常（官名，九卿之一）遴选四名候选，陈元排在第一。汉光武帝认为陈元刚刚与范升争论，心态可能不平静，以第二名为《左氏春秋》博士。此后，陈元"以才高著名"，任职于司空李通府衙。李通死，又转入司徒欧阳歙府衙。他曾多次向皇帝陈奏当世利弊，皇帝却不采纳。于是，他便以病辞官返回老家，以著述度日。其子陈坚卿也学有所成，有文章见于当时。陈家祖孙父子三人，学术耀于西汉末东汉初，称为"三陈"。陈钦虽受业于中原学术大家，但呀呀学语、启蒙受学自在苍梧，说明当时岭南豪富之家已经兴起了私学。

兴办私学教授子弟，在苍梧豪富家庭似乎成了传统。东汉末三国初年，苍梧士氏家族也涌现了一批人。王莽时，士氏人从鲁国汶阳（治今山东宁阳县东北）逃难来到苍梧。居住六世传到士赐，东汉桓帝时出任日南郡太守。士赐之子士燮，少年游学京师洛阳，师从颍川（治今河南禹县）刘子奇学《左氏春秋》。其父死后，举茂才，任巫县（治今四川巫山县北）县令，后升交趾郡太守。接着，其弟士壹为合浦郡太守，士䵋为九真郡太守，士武为南海郡太守。当时，岭南七郡，士氏兄弟掌有四郡，可说是威尊无上了[①]。而他们学有所长，也完全受惠于那个时候苍梧私人设立的学校。从此，私学在岭南地区许多地方广泛地开办起来了。

私学，一般叫作书馆，也叫私塾，主要是教学童识字、习字。私塾有塾师自设的，有富家大户设立的，也有以庙宇地租收入或私

---

① （晋）陈寿：《三国志》卷49《士燮传》，崇文书局2009年版，第533—534页。

人捐款兴办的。每个私塾,一般只有一个塾师,采用对着汉字教汉音、讲壮义的教授方法。教材与学习年限没有一定,由浅入深,以学生能接受为限度。汉代,一般以《仓颉》《凡将》《急就》《元尚》诸篇为教材。

岭南官学开办较晚。《后汉书》卷106《卫飒传》载东汉建武二年(公元26年)卫飒出任桂阳郡(治今湖南彬县)太守,"下东修庠序之教,设婚姻之礼",光武帝时任延为九真太守,"建立学校,导之礼义"。① 可见,虽然汉武帝灭南越后,只是在岭南设置"初郡",即"以其故俗治,毋赋税"②,但官府已在岭南设立学校。

(八) 婚姻家庭

骆越儿童成年的标志,可能要举行成年礼,其标志可能是刻体纹身和凿齿。成年后即可婚配。根据文献记载、考古发现和民族学资料追溯,骆越人的婚姻形态经过了群婚和一夫一妻婚阶段。其历史既有人类学婚姻史的共性,也有其个性。

在原始人类初期,凡是异性便可发生性行为,不论血缘亲疏,不分辈分,完全是处于本能的状态。后来,由于生产力的发展,人们在取食过程中,逐渐形成了年龄分工,年龄相近的男女经常在一起外出打猎或采集,年龄相差较大的男女逐渐疏远,这就自然减少了不同辈分之间发生性关系的可能,久而久之,便形成了不同辈分之间不发生性关系的习惯,这一习惯在人类自身的生产中消除了最大的弊害,增强了人类的体质,提高了人类生存和繁衍的能力,因而得到了巩固和发展,逐步形成为制度,这就是人类最初的婚姻形态——血缘群婚。

在遥远的古代,骆越先民曾经历过"血缘群婚"。反映在其后裔

---

① (南朝)范晔:《后汉书》卷86《南蛮传》,中华书局2000年版,第1838页。
② (汉)司马迁:《史记》卷30《平准书》,北京燕山出版社2009年版,第164页。

族群的神话传说和民间故事中，有许多兄妹结婚的情节。如壮族的《卜伯的故事》：远古英雄卜伯，为了解除干旱，拯救人民，勇斗雷王并将之擒住，但卜伯的儿女伏依兄妹因受雷王之骗，把雷王放跑了。结果，雷王报复，把天河的水全部倾倒下来，用洪水淹死了天下的人，只剩下救过雷王的伏依兄妹，因躲进一个葫芦而活了下来。兄妹俩为了人类的繁衍，只好结婚①。神话《盘和古》的情节与《卜伯的故事》大同小异：有一年夏天，因雷公不管雨池，天下大旱，人类中有一个有本领的人，名字叫太白，他看不过人们受灾难折磨，就拿把板斧砍开了雨池的闸门，并擒拿了雷公。但太白的儿子盘和女儿古受骗使雷公得以逃遁，并杀了太白。雷公恨死了跟太白一条心的人类，于是他把救了自己一命的盘和古安置在一个大葫芦之后，立即下起了倾盆大雨，把所有的人全部淹死。盘和古兄妹从葫芦出来后，为了繁衍人类，便结为夫妻②。民间歌谣《郎正射太阳》也讲到郎正与其妹在滔天洪水过后，结为夫妻的内容："郎正与囊娘，日夜葫芦睡。洪灾九年整，二人安无恙。生下磨石孩，拿去截成块。"③ 远古血缘群婚的现实正是在这些神话的幻想中得到了反映。

血缘群婚作为一个婚姻阶段，其在旧石器时代晚期便被超越了。但是，作为残余形态，它却长期地存在于骆越后裔壮族的婚姻关系中。《宾州图经》说宋代（960—1278年）在今广西宾阳、上林一带的壮族未婚男女对歌之后相互喜爱而结合在一起的，称为"相搏"。此时，男的要送给女方一把扇子。④ 据传说就是因为当年兄妹结合不

---

① 陶立璠、李耀宗编：《中国少数民族神话传说选》，四川人民出版社1985年版，第144—155页。
② 陶立璠、李耀宗编：《中国少数民族神话传说选》，四川人民出版社1985年版，第156—159页。
③ 广西壮族自治区科学工作委员会壮族文学史编辑室编：《壮族民间歌谣资料》第1集，1959年，第1—3页。
④ （宋）祝穆：《方舆胜览》卷41引，上海古籍出版社2012年版，第379页。

好意思，以扇遮羞而形成风俗的。明代以后，壮族男女结婚，成亲日新娘走到夫家，手撑纸伞遮面，据说这个规矩也是昔日兄妹结合时以物障面遮羞遗留下来的。

迄今在壮语中，这个方言称"妻子"为"ja^6"，那个方言谓"祖母"为"ja^6"；这个土语称"妻子"为"me^6"，那个土语又以"me^6"来称呼"母亲"；而"母亲""祖母""曾祖母"三个词，在壮语的许多方言里都以"me^6"为主音词，只是在"me^6"的后面缀上"ke^5"（老年的）这个形容词，将"祖母"、"曾祖母"（me^6 ke^5）与"母亲"（me^5）一词区别开来。这种亲属称谓的混乱现象，反映了骆越先民原始血缘群婚的存在。

1959年，有人对广西龙胜县的壮族婚姻状况进行统计时，发现该县马海屯堂兄弟姐妹婚率占该村婚姻总数的50%①。而与此同时，在壮族社会中，"养女还舅"，姑舅表优先婚的现象还是相当普遍的②。这些习俗的遗存，在某种程度上映显了远古骆越先民确实经过了一个"血缘群婚"的历史时期。

在血缘群婚阶段，一个原始群就是一个完整的独立的单位。经过若干世代的发展，它的人口增加了，但自然界的赐给是有限的，"食物是限制原始人口增长的首要因素。群体的人数经常在50人以下，因为人口的大量集中将迅速耗尽立即可得的资源，群体不得不分散成较小的觅食单位"③。这些分出去的群体，各自内部通婚，各群体之间几乎没有什么往来，所以，血缘群婚是族内群婚。后来，随着人口的增加，人口密度增大，不同群体之间的接触越来越频繁。

---

① 广西壮族自治区编辑组：《广西壮族社会历史调查》第1册，广西民族出版社1984年版，第134页。

② （明）王士性：《桂海志续》，《粤西丛载》卷18引，广西民族出版社2007年版，第750页。

③ 吴汝康：《人类的起源和发展》，科学出版社1980年版，第80页。

人们逐渐认识到，由同一群体分裂出去的原始群说着同一种语言，也是兄弟姐妹，因而可以互相通婚。这就产生了族外群婚。这种婚姻可以避免群体内部因性关系引起的冲突，而且具有优生效果，所以，族外群婚（即普那路亚群婚）逐渐取代了族内群婚（即血缘群婚）。

族外群婚是此一氏族的男子同是另一氏族女子的丈夫，或此一氏族的女子同是另一氏族男子的妻子的婚制，与之相对应的是母系氏族社会。由于当时生产力极为低下，妇女负责采集，食物来源虽少却较为稳定，可以维持氏族成员低态的生活水平；同时，由于当时是此一群男子是另一群女子的共同丈夫，所生子女无从知道其生身父亲，唯知他（或她）的生身母亲，所以群体内当家的是女性而不是男性。氏族以女子为中心，夫从妻居，男子从外氏族而来。他们虽然是此一氏族女子的共同丈夫，可是他们却不是此一氏族的成员。他们还是归属于他们母亲所在的那一个氏族。距今8000年前的桂林甑皮岩文化遗址中，既发现有大量的屈肢葬，也有母子合葬和少量的二次葬。母子合葬体现了母子密不可分的亲情，二次葬则是男子死后来不及抬回其母亲所在的氏族而草葬于妻方氏族，过后几年再检其骨殖拿回母亲所在氏族的公墓安葬。

普那路亚群婚阶段大概到新石器时代已经跨越。但这种婚姻的残余也在骆越社会的婚姻关系中长期存在。《后汉书》卷86载："取妻美，则让其兄。今乌浒人是也。"[1]《说苑·建本篇》亦载："苍梧之弟，娶妻而美好，请与兄易，盖谓苍梧以南之俗。"[2]《赤雅》曰："乌蛮……妻美则让其兄，兄乐之而宜其弟。[3]"《峤南琐记》亦云：

---

[1]（南朝）范晔：《后汉书》卷86《南蛮西南夷列传第七十六》，中华书局1965年版，第2834页。
[2]（汉）刘向：《说苑》卷3《建本》，中华书局1985年版，第28页。
[3]（明）邝露著，蓝鸿恩考释：《赤雅考释》卷上《乌蛮国》，广西民族出版社1995年版，第48页。

乌浒蛮"君喜之而尝其妇。娶妻美则让其兄"。这种兄弟共妻和姐妹共夫的婚姻现象所反映的就是普那路亚群婚。因为在普那路亚群婚制下，这个氏族的男子同是另一氏族女子的丈夫，这个氏族的女子同是另一氏族男子的妻子。所以，兄弟共妻和姐妹共夫是正常的。

大约是在春秋时期，骆越的婚姻已确立了一夫一妻制。一夫一妻婚是私有制的产物，不是以自然条件为基础，而是以经济条件为基础，即以私有制对原始的自然长成的公有制的胜利为基础的婚姻形态。"一夫一妻婚的产生，是由于大量财富集中于一人之手，并且是男子之手，而且这种财富必须传给这一男子的子女，而不是传给其他任何人的子女。"① 而壮族在春秋时期，已出现了私有财产和贫富分化。大量的财产集中于男子之手，男子为了确认自己的子女，保证亲生子女继承自己财产的权利，要求更加固定婚姻关系，因而长期固定配偶的一夫一妻婚逐渐取代了临时或短期同居的对偶婚。但是，由于骆越的私有制度——奴隶制，一直处于萌芽状态，未能彻底摧垮原始公有制，社会长期停滞在原始社会末期的家长奴隶制阶段上，农村公社的残余仍大量存在②，所以，骆越的一夫一妻婚并没有发展成熟，甚至在其后裔壮族的婚姻中，"不落夫家"和"玩表"等前一夫一妻婚的内容或特征一直是其重要组成部分③。是故在汉族文人看来，"骆越之民，无嫁娶礼法，各因淫好，无适对匹，不识父子之姓，夫妇之道"④。

（九）医药保健

骆越人在漫长的历史过程中，为了生存和发展，在调适自然与人文环境、与疾病的斗争中，形成和发展了自己的医药保健文化。

---

① 恩格斯：《家庭、私有制和国家的起源》，人民出版社 1972 年版，第 73 页。
② 谈琪：《壮族封建农奴制度的形成及其特点》，《广西民族研究》1988 年第 4 期。
③ 李富强：《壮族传统婚姻制度》，《广西大学学报》（哲学社会科学版）1992 年第 4 期。
④ （南朝）范晔：《后汉书·任延传》，中华书局 2000 年版，第 1598 页。

骆越信仰万物有灵。在他们的观念里，世间万物体内都具有一种非物质的东西，使之具有生命。当此种东西离开物体或不复返时，物体便失去活动能力和生长能力，生命也随之停止。但是，即使生命停止，其体内非物质的东西仍然不灭。它会逸出显见的形体，游离于世间，这就是该物体的灵魂。因此，凡物皆有灵魂，灵魂是长存不灭的。人，作为万物之首，身上照样附着灵魂。灵魂的强壮与衰弱，决定着人生命的旺盛与委顿；如果人死了，灵魂就逸出人的形体之外，成了无所依傍的鬼魂。鬼魂，是人们最为惧怕的。《史记》卷28《封禅书》载，西汉"既灭两越（闽越、南越——引者），越人勇之乃言：'越人俗鬼，而其祠皆见鬼，数有效。昔东瓯王敬鬼寿百六十岁，后世怠慢，故衰耗。'乃令越巫立越祝祠，安台无坛，而祠天神、上帝、百鬼，而为鸡卜"[①]。此显示了越人俗尚鬼魂的心态与习俗。越人将对鬼祭祷的冷热与人寿命的长短挂起钩来，突出了越人观念中鬼对人健康的作用：敬鬼可以健康长寿；慢鬼则必体衰多病和短寿。而其中能通达鬼世界、为人驱鬼祈福的则是具有"超自然力"的"越巫"。越巫以鸡骨占卜，为人祈福禳灾。

除了鬼怪作祟之外，骆越人还相信物患亦可使人致病。由于骆越聚居的岭南属于亚热带地区，气候炎热多雨，植物茂盛，加之又濒临海洋，故湿热尤重，为常见病因。其中瘴疠疟疾是此地人类健康和生命的最大危害。《后汉书·马援传》："出征交趾，土多瘴气，军吏经瘴疫死者十四五。"[②]

由于骆越地区多发性疾病或地方性疾病不同于其他地区，骆越的致病理论有异于中原汉民族或其他民族，因而其治疗技术也是自

[①] （汉）司马迁：《史记》卷28《封禅书第六》，中华书局1964年版，第1399—1400页。
[②] （南朝）范晔：《后汉书》卷24《马援列传第十四》，中华书局1965年版，第839、846页。

成一格的。

　　在危急时刻，巫师的祭祷和咒语往往是染病民众化解危机的药方，因为人们深信，人之发病，乃鬼所祟，因此，要延巫跳鬼以解除病患。西汉，《史记》卷28《封禅书》记载了越人尚巫祀鬼以治病延寿的习俗。

　　除此之外，还有医药治疗。据现有资料推测，骆越人疗病主要有两类方法：一是浅刺疗法，二是药物疗法。骆越浅刺疗法的起源，大抵是在石器时代。由于骆越先民多居于崇山峻岭、江河网络之中，草木丛生，毒蛇猛兽出没无常，且时冷时热，多雨潮湿，不仅饱受瘴气之苦，而且跌仆损伤时有发生，为了减少疾病的痛苦，骆越先民最初采用动物刺、植物刺放血、排脓、消肿，以后发展到用砭石、砭针、陶针、骨针、骨锥、骨笄、甲刀等。在几乎遍及广西全境的新石器文化遗址中，发现了为数不少的制作精巧的适于浅刺浅割的治疗工具[1]。随着中原铜器的传来，骆越铸铜业的产生，浅刺开始使用铜针。在1985年发掘的武鸣县马头乡元龙坡西周墓中，出土了两枚铜针，铜针形制细小，质地较好，通体光滑，制作精巧，其功能可能便是作针灸工具[2]。到秦汉时期，浅刺工具中出现了银针。1976年，广西贵县罗泊湾西汉墓出土了三枚银针，经研究也是作针灸之用[3]。疗具的变化反映了骆越浅刺疗法的发展和进步。贵县汉墓出土的银针针柄很长，且呈绞萦状，便于扩大触及范围，利于在人体隐深部位如咽喉等部位浅刺，绞萦状针柄便于捻转，控制放血量。据此推测，当时骆越浅刺可能不仅浅刺皮肤表面，而且摸索出了一些隐深

---

[1] 钟以林：《壮医浅刺疗法初探》，《广西民族研究》1989年第1期。
[2] 叶浓新：《马头古墓出土铜针为医具论试证——兼论壮族先民的针灸疗法》，《广西民族研究》1986年第3期。
[3] 叶浓新：《马头古墓出土铜针为医具论试证——兼论壮族先民的针灸疗法》，《广西民族研究》1986年第3期。

部位浅刺的经验。

浅刺疗法是骆越人针对岭南地方病种而发明的一项治疗技术。岭南自古号称"瘴乡",由于岭南炎热多雨,利于动植物大量繁殖生长,山多林密,落叶死兽腐烂后,利于病菌生长繁殖,若经雨水冲入溪间,污染水源,极易瘴疫流行。而浅刺则是治疗瘴疫的有效方法。《岭南卫生方》曰:"若夫热瘴……其热昼夜不止,稍迟一二日不治,则血凝不可救矣。南方谓之中箭,亦谓之中草子,然挑草子之法,乃以针刺头额及上下唇,乃以楮叶擦舌,皆令出血,徐以草药,解其内热,应手而愈,安得谓之久而死耶?"因此,我们可以说,骆越人浅刺疗法的产生是由南方的地理环境、气候特点和发病情况决定的。正如《素问·异法方宜论》所云:"南方者,无地所长养,阳之所盛处也,其地下水弱,雾露之所聚也,其民嗜酸而食胕,故其民皆致理而赤色,其病挛痹,其治宜微针。故九针者,亦从南方来。"由于浅刺疗法简单易行,疗效速捷,故一直流传下来。经过长期的发展,其治疗范围越来越广,方法越来越多,技术也越来越精。

骆越人疗病的另一种重要方法药物治疗方式多种多样,大致有内服药物、以药物煎水熏洗、佩药、槌药敷贴、煮药水冲洗伤口祛秽、煎煮草药液吸入洗鼻或蒸化气雾令患者吸入、以药物刮治等。其使用的大多是天然药物,主要是药用植物,还包括有药用动物和矿物。因为骆越地区山岭绵延,丘陵起伏,石山林立,有着极其丰富的药物资源,目前已知可利用的药用植物、动物和矿物达4000余种,其中药用植物就有3600余种,是我国最大的"天然药库"之一。骆越人在长期的与疾病痛苦作斗争的实践中,经过艰苦探索,逐步认识了某些动植物和矿物的药用功能。在秦汉时期,骆越人使用的药物种类已十分丰富,包括了植物药、动物药和矿物药三大类。其中,植物药最多,有橙皮、柑皮、柚皮、桂皮、桂枝、桂园、葛根、薏苡仁、菖蒲、梅实、金银花、铁冬青、生姜、干姜、柏叶、麻贲、麻子等；动物药次之，有珍珠、犀角、玳瑁、蜂子、蜂蜜、蜂蜡、牛角、羊肉、羊角、猪胆等；矿物药又次之，有钟乳石、辰砂、滑石等，大约30种以上①。

总而言之，为适应岭南的独特环境，骆越人创造了具有浓厚民族特点的医药技术。这些医药技术是世代骆越人智慧的结晶，是对中华民族文化乃至整个人类文化的重大贡献。

（十）丧葬

死亡，是一个人人生旅途的终结。对于死者的态度、处理的方式方法、因此形成的习俗，是其文化的一部分。

1. 葬法

葬法，是人们化掉死人遗体筋肉的类别。骆越的葬法从总体上看，主要有土葬、悬棺葬、岩洞葬、天葬等6类。

在骆越历史上，土葬是普遍的葬法。土葬有竖穴葬和浅穴土堆葬两种。

竖穴葬是从地表垂直下挖形成穴坑以安放尸体，葬入后用土填实。广西桂林甑皮岩、柳州大龙潭、扶绥敢造、横县西津、邕宁长塘邕宁顶蛳山等新石器时代的屈肢葬和蹲肢葬都属于竖穴土葬。穴坑挖好后，尸体和衣而下，无棺椁等殓尸。葬后不封不树，不作任何标识。

浅穴土堆葬，是指人死瘗时仅仅挖开表土成个浅坑，然后放入舂堂殓或草席卷尸或棺殓，上覆以土的葬法。广西贵县（今贵港市）罗泊湾汉墓殓葬奴婢的材料是以全木剖开挖空而成，类舂米用的舂堂，也就是以舂堂殓尸。在汉朝以前，骆越都是和衣而葬，并无棺具殓尸。在广西来宾市良江乡白面村南山坡上发现的战国墓中，当时人是用多副牛骨架垒成棺床置尸其中，并在牛骨棺床四周撒着很多稻谷，即说明当时没有棺椁殓尸。在尸体四周撒上稻谷，这也是

---

① 梁旭达：《秦汉时期广西壮族地区药物种类初探》，《广西民族研究》1988年第4期。

充其行粮的意思。以舂堂殓尸，满足了人们关于死者粮源无断的愿望。因此，自汉历三国、南北朝、隋、唐、宋、元至明末清初，壮族的以舂堂殓尸方才逐渐为汉族的棺殓取代。

砖室葬，就是先挖好土坑，然后在土坑内以砖砌成墓室安置棺材的葬法。此种墓葬在中原起于旧战国晚期，流行于以后各个朝代。据考古发现，骆越地区砖室葬始于东汉。此种类型墓葬，源于中原，墓内也有多少数量不同的随葬物品，所以其墓主或是中原南下的官员或是当地首领，平民百姓则少见有之。

石室葬，就是其墓室由石头砌成。构筑时，选择石料的自然平面向墓内，使墓壁平整，墓顶则盖上青石板。此类石室葬，墓内都有殉葬物品。据考古发掘，此类石室墓葬，在广西桂林、梧州交界的荔浦、平乐、昭平、钟山、蒙山、富川此一区域内都有发现。大约从东汉后期开始流行，基本上与当地同一时期的砖室墓共存，只是在用材方面另具特色而已。比如，昭平县的东汉墓，就是土坑墓、砖室墓和石室墓三类葬法同时并存①。

悬棺葬，是以棺殓尸后放置于悬崖绝壁的木桩上，或半悬于天然洞穴之上，或利用岩壁间的裂隙中的殡葬方法。悬棺葬起源于4000年前前后的福建崇安县武夷山越人，时间早，历时长。骆越与山越同为越人，行悬棺葬乃非怪事。其目的，就是便于死者的灵魂上天进入仙境。

岩洞葬，是以天然石山洞穴为葬地。骆越地区，天然岩洞众多，远古是居民的住所，也是人死存尸之地。比如，20世纪后半叶发现的武鸣县陆斡镇覃塘村的岜马岩洞葬以及武鸣县两江乡三联村独山岩洞葬，都说明春秋战国之际，骆越曾实施岩洞葬。

---

① 广西壮族自治区博物馆、昭平县文管所：《广西昭平东汉墓》，《考古学报》1989年第2期。

天葬。公元前4世纪,《墨子》卷6《节葬下》说,岭南之民父母死了就暴尸野外,等待尸骸上的软组织完全腐化之后,收拾骨骸装入木制或陶罐中掩埋起来。这就是曝尸野外,就是天葬。

2. 葬式

葬式,指埋葬时尸体放置的姿势。历史上壮族的葬式有屈肢葬、仰身直肢葬、割肢葬、俯身葬、侧身葬和椅坐葬等。其中,以仰身直肢葬最为普遍。

(1) 屈肢葬

屈肢葬,又称为屈肢土蹲葬或蹲踞土葬,属于一次葬式。广西地区的桂林甑皮岩、柳州大龙潭、扶绥的敢造、横县的西津、邕宁长塘邕宁顶蛳山等新石器时代遗址中都发现有这种葬式。

屈肢葬的特点是在人死后未僵硬之时将尸体用绳索捆扎起来,双手蜷缩,股、胫骨紧靠,臀部不着地,像活体蹲坐的姿势。其葬式,以邕宁蛳顶山遗址为例,有仰身屈肢、俯身屈肢、侧身屈肢、蹲踞等①。

为什么实行这种安葬方式,有的学者从广西的自然地理环境着眼进行解释,认为广西土多瘴疠,山有毒草及沙风、蝮蛇。在尚未有桌椅的远古时代,人们皆行蹲踞,以避免地面的潮气对人体的侵害和各种虫蛇的叮咬,天长日久,蹲踞成俗,以致把此种养身安息的方式来处理死者。但是,这种解释不能说明屈肢葬在世界范围内存在的普遍性。而在中国历史上,不仅在"瘴疠之地"的广西有这种葬式,西周时期也曾一度在中原地区、关中地区流行。而且据《北史》卷98《高车传》记载,居于中国北部风沙干燥地区的突厥人中也存在这种葬式。因此,这类以地理环境来解释屈肢葬成因的

---

① 傅宪国等:《广西邕宁县顶蛳山遗址的发掘》,《邕州考古》,广西人民出版社2001年版,第55页。

论点就显得乏力,不足以说明问题的实质。屈肢葬所以遍及世界各地处于不同生态环境的不同人类群体中,其原因就是原始人类思维方式的同一性,即都害怕死者的鬼魂。死者是自己的亲人戚属,不能避开,怎样才能逃脱他的鬼魂的纠缠为祸呢?人们以想当然的思维方式是在死者尸体尚未僵硬之时,也就是死者的灵魂还未完全逸出体外之前把他的四肢紧缚起来,然后入土埋葬,堆起土丘,层层锁住,使他的灵魂无法逃脱出来。

骆越人行屈肢葬只盛行于新石器时代,此后便很少承传下来。

(2) 仰身直肢葬

仰身直肢的殓尸方法,自新石器时代开始是骆越人最为普遍的处理尸体的葬式。在西周,骆越人曾有过一种船形墓坑,广西武鸣县马头乡元龙坡西周墓地中即有发现。这种墓坑呈狭长形,中部修成方井式,墓坑两端各有三角形的生土二层台,整个墓坑的长轴剖面恰如一个两端翘起的船体。到春秋战国时期,骆越人的墓葬又流行腰坑,即于长方形墓坑底部的中间挖一小坑(大致位于尸体的腰部,故称"腰坑")。腰坑形状或长或方或圆,以长方形居多。坑内通常放置陶器一件,常见者有盒、杯、罐、瓮、瓿等。腰坑大小视所置陶器的大小而定,大腰坑放瓮、罐、瓿,小腰坑放盒、杯等。

仰身直身葬一般都有陪葬品,其品各随历史发展而不同。历史上曾有一些比较独特的陪葬品,例如在广西扶绥县敢造、横县西津、邕宁县顶蛳山等地的新石器时代墓葬中,均发现有红色的赤铁矿粉,或撒在人骨架的四周,或撒在头骨和骨盆上,或在人头骨附近置放两块赤铁矿。以红色的赤铁矿陪葬,在世界许多地方都有发现,可能与原始人的某种观念有关。不仅如此,在放置随葬品的方法上也有一些特殊之处,如武鸣县马头乡元龙坡的西周墓地中,特意将完整器物打碎以陪葬的现象很普遍,有的将本来完好的石范打碎成数小块,分别葬在墓底和填土中;有的将玉镯打碎成三五节,分别葬在墓底的不同位置。这种有意打碎器物以陪葬的习俗，在现代壮族中仍很流行。如武鸣县某些地区，人死后，其后人将玉手镯打碎成三节，两节置于棺内陪葬，一节丢弃他处。人们认为：人死即是"身坏"，以碎物陪葬可使尸肉早日离开尸骨，以便灵魂"洁身"，早日与祖宗团聚。

（3）割肢葬

割肢葬，是将尸体分解后埋葬。分解时，有的将头、四肢、躯体分开，有的仅将上身和下身分开。埋葬时，有的几截共穴，有的异穴。这种葬式，最早发现于邕宁县顶蛳山新石器时代遗址。

邕宁顶蛳山遗址出土的割肢葬，有自颈部、腰部及膝部将人体分为四截的；有将头与肢体割为两截的；有割下头颅了，置于胸腔之内，又割下两臂、骨盆和股骨的；有自腰部斩下，将人体分为两截的[①]。

（十一）宗教信仰

骆越与所有族群一样，存在宗教信仰，而且，由于历史、地理和社会等特殊原因，其宗教信仰既有着全人类宗教信仰的共性，又有着其个性。

1. 自然崇拜

骆越人与所有人类一样，既受大自然的赏赐，也受大自然的压迫，而且由于骆越很早成为一个农耕民族，"人养人，皮包骨；天养人，肥咕噜""天做有天当，何必打水去淋秧"[②]，对大自然的依赖心理特别强烈。所以，自然崇拜的存在是很自然的。

骆越的自然崇拜的对象是非常多样的。新石器时代和秦汉时期

---

① 傅宪国等：《广西邕宁县顶蛳山遗址的发掘》，《邕州考古》，广西人民出版社2001年版，第56—58页。

② 《南丹县壮族社会历史调查》，见广西壮族自治区编辑组《广西壮族社会历史调查》第2册，广西民族出版社1985年版，第140页。

乃至后世的陶器、铜器和漆器等许多器皿上，饰有各种各样的精美图案，如水波纹、纹、方格纹、网纹、卷云纹、叶脉纹、波浪纹、锯齿纹、三角纹、云雷纹、蝉纹、圆涡纹、勾连圆圈纹、栉纹、弦纹、鹭翔纹、太阳纹，等等，都是自然的描绘。也许在后世看来这些图案只有审美的意义，但在原始人眼中却远非如此。正如李泽厚先生指出：这些"在后世看来似乎只是'美观'、'装饰'而并无具体含义和内容的抽象几何纹样，其实在当年却是有非常重要的内容和含义，即具有严重的原始巫术礼仪的图腾含义的"[①]。在众多的自然崇拜的对象中，那些与骆越人的生产生活关系最密切的自然物，如对太阳、月亮、雷、水、土地、山林等的崇拜，占有重要的位置。

（1）太阳、月亮和星辰等天体崇拜

骆越与许多民族一样，曾流行过太阳、月亮和星辰崇拜。在他们所铸造的象征财富和权力的宝贵重器铜鼓上，无一不铸有光芒四射的太阳纹[②]。广西左江流域崖画则有礼拜太阳的图像，如在宁明花山一幅岩画中，上部绘着一轮光芒四射的太阳，侧下方是斜列成排顶礼祈祷歌舞的人像；崇左驮柏山岩画中，画面上方为一轮高踞苍穹的太阳，其下有一群举手歌舞的膜拜者，内中一人身材比较高大，头饰双羽，双手动作与众人相反，作曲肘向下状，似模仿太阳普照的光芒。这些画面应该是壮族先民祭日礼仪场面的真实写照[③]。在左江流域崖壁画中，与日、月、星辰等天体相似的图像是很多的[④]，反映了骆越人对太阳、月亮和星辰等天体的敬畏与崇拜。

---

① 李泽厚：《美的历程》，中国社会科学出版社1984年版，第122页。
② 蒋廷瑜：《铜鼓艺术研究》，广西人民出版社1988年版，第115—119页。
③ 王克荣、邱中仑、陈远璋：《巫术文化的遗迹——广西左江岩画剖析》，《学术论坛》1984年第3期。
④ 覃圣敏等：《广西左江流域崖壁画考察与研究》，广西民族出版社1987年版，第164—168页。

（2）雷崇拜

岭南是多雷地区，人们有更多的机会目睹雷电造成的自然灾害，因而对之产生强烈的畏惧心理是势在必然。壮族神话故事中的雷王便是神化了的形象：雷王住在天上，有一副青蓝色的脸，灯笼般的眼睛，鸟类的嘴，并长着一对翅膀；他左手可以招风，右手可以招雨，凶恶威严；他主宰着人间风雨，生死祸福，既可使人间风调雨顺，又可使天旱地裂或洪水滔天[1]。在骆越人的铜鼓上，多饰有云雷纹，按照"雷取其奋豫，云取其濡泽"的记载，云雷纹与风云雷雨有关，而这些铜鼓亦具祭祀雷神之功能。《广东新语》说得很清楚："雷人辄击之（指铜鼓——引者），以享雷神，亦号之为雷鼓云。雷，天鼓也……以鼓象其声，以金发其气，故以铜鼓为雷纹。"说明雷神崇拜在骆越文化中占有一席之地。

（3）水崇拜

骆越人生活于河流纵横的岭南地区，他们"仰潮水上下"而垦食"骆田"[2]，或"射翠取毛，割蚌求珠"[3]，因而"陆事寡而水事众"[4]。广西及广东某些地区发现的大量贝丘遗址表明，骆越先民大多背山靠水而居，渔猎一直占有比较重要的地位，所以他们与水结下了不解之缘。水中有他们赖以生存的资源，而水又可以给他们带来灾难，因此对水的崇拜在骆越中占有比较重要的位置。见纹于铜鼓之上，至今仍流传于我国南方各地的龙舟竞渡虽系托"救屈原以为俗"，其实早在屈原之前的春秋时期便已存在于骆越人之中，其原始的性质就是祭水神的礼仪节目。正如闻一多在《端午

---

[1] 蓝鸿恩搜集整理：《布伯的故事》，附录于蓝鸿恩《人的觉醒——论布伯的故事》，《广西民间文学丛刊》1980年第2期。
[2] （晋）裴渊：《广州记》，北京燕山出版社2009年版，第587—589页。
[3] （汉）杨孚：《异物志》，广东科技出版社2009年版，第4页。
[4] （汉）刘安：《淮南子·原道训》，北方文艺出版社2018年版，第6页。

的历史教育》中指出,端午节是断发文身的越人,为祈求生命得到安全保障而举行的祭节,所进行的龙舟竞渡,便是这种祭祀中的娱乐节目。可见生产、生活都紧密依赖水的骆越,为了祈求水神的保佑,很早就有了祭水神的习俗。这一习俗在广西左江流域崖壁画中也有反映。虽然认为这些崖壁画纯粹是为了祭水神而作的观点①,是值得商榷的,但许多崖壁画是临江而作,且有相当一些是在河湾深潭的峭壁上,这些崖壁画确与水患有密切关系。由于左江流域自古水患严重,因而人们把对祖先的崇拜以及对山河的崇拜结合在一起,期望通过祖先的神灵去影响、沟通山河之神,以减少水患②。

(4) 青蛙崇拜

骆越的青蛙崇拜首先反映在铜鼓的纹饰上。骆越铸造和使用的铜鼓的鼓面大多饰有立体青蛙,有的是单蛙,有的是迭蛙,数量从1只、4只至6只不等③。在左江崖壁画中,也有骆越崇拜青蛙的证据。崖壁画里每个人的形象都是叉开双脚,两手拱起,手指和脚趾叉开④,分明是在模仿青蛙的造型。据研究,左江崖壁画的人物是壮族祖先的画像,他们之所以将自己的祖先画在陡峭的崖壁上,是要增加他们的神秘威力⑤。而将自己的祖先绘成青蛙状绝不是绘画的技术问题,它表达了壮族人民对青蛙的崇拜。

骆越人之所以崇拜青蛙是因为他们是一个稻作农业民族,而青蛙与雨水密切相关,崇拜青蛙是为了祈求风调雨顺、农业丰收。

---

① 周宗贤:《花山崖壁画是古越人"祭水神"之作——兼论花山崖壁画研究的种种说法》,《南方民族论丛》1985年第1期。
② 覃圣敏等:《广西左江流域崖壁画考察与研究》,广西民族出版社1987年版,第178页。
③ 蒋廷瑜:《铜鼓艺术研究》,广西人民出版社1988年版,第81页。
④ 覃圣敏等:《广西左江流域崖壁画考察与研究》,广西民族出版社1987年版,第158—162页。
⑤ 覃圣敏等:《广西左江流域崖壁画考察与研究》,广西民族出版社1987年版,第174—180页。

(5) 鸡崇拜

在广西的石寨山形铜鼓及广西左江崖壁画上，有模拟鸡的形象。而据史籍记载，骆越人将鸡视为具有超自然力量的禽畜。如《史记·封禅书》云："是时，既灭两越……乃令越巫立越祝词，安台立坛，亦祠天神上帝百鬼，而以鸡卜。上信之，越祠鸡卜始用。"① 《史记》正义云："鸡卜法，用鸡一狗一，生祝愿讫，即杀鸡狗煮熟，又祭，独取鸡两眼，骨上自有孔裂，似人形则吉，不足则凶。今岭南犹此法也。"② 之所以如此，可能是因为鸡作为骆越人较早驯养的家禽，人们觉得它们是上天的赐予，而把它们在天亮前打鸣视为迎接太阳到来的超自然力量的结果。

(6) 狗崇拜

广西左江流域崖壁画的兽类图像中，有许多是狗。狗的图像多处于画面的中心位置，四周为众多的人物围绕③。这是骆越人崇拜狗的心理的反映。之所以如此，可能与狗较早被驯养、忠诚于主人，且具有灵敏的嗅觉等某些强于人类的特性或能力有关。

2. 生殖崇拜

反映骆越生殖崇拜的材料很多。主要体现在以下三个方面。

(1) 生殖器崇拜

在广西宁明花山岩画第四画区第一〇组（总第五三组），有一个人像的胯间连一个小扁圆。类似的图像在世界一些岩画中也有发现，如鲍里沙亚·卡迭岩画中女子身躯下，十分细致地刻上了一个深深的椭圆形。据Л·Л·叶费明科的研究，这类圈状图是："性特征的完全清晰的反映。"④

---

① （汉）司马迁：《史记》卷28《封禅书第六》，中华书局1964年版，第1399—1400页。
② （汉）司马迁：《史记》卷12《孝武本纪第十二》，中华书局1964年版，第478页。
③ 覃圣敏等：《广西左江流域崖壁画考察与研究》，广西民族出版社1987年版。
④ 王克荣、邱钟仑、陈远璋：《广西左江岩画》，文物出版社1988年版，第68、226页。

继女阴崇拜之后，男性生殖器的崇拜出现了。这是随着男性社会地位的提高，男性在生育中的作用被人们认识而发生的。据息革拉斯说："敬拜男性性器的，并不只埃及，许多别的民族，都认定它是繁殖的主要器具。"① 霭理士亦指出："阳具的崇拜可以说是一个普遍的现象，即在文明很高的种族里也可以找到，例如帝国时代的罗马和今日的日本。"② 骆越的阳具崇拜现象首先见于考古学材料中：

——在广西邕宁县坛楼遗址出土一件石祖，这件石祖以砂岩凿磨而成，根部残而不平，器身略圆，一面有小平面，残长6.6厘米，径5.1厘米，与真的男性生殖器勃起时差不多一样大小③。

——在广西钦州那丽乡独料遗址发现一件陶祖，长4厘米，径3厘米，捏塑而成，中空如尿道，形象逼真④。

——在广西桂南地区共有63处发现有大石铲。这些大石铲锋部圆滑，弧线角度大，微呈龟状，腰部明显收束。整体看来，极似男性生殖器。而用石铲排列组合成"门"字形，又似女性生殖器⑤。

——在左江流域崖壁画中，有相当一部分人像的性征非常明显。有的人像小腹下有一上翘的短线，无疑是表示男性生殖器⑥。

由此可见，在骆越的社会生活中，阳具崇拜确实存在，而且反映出一种非常强烈的宗教意识。

（2）性行为崇拜

随着人类认识水平的提高，人们逐渐觉察到性交在生育中的重

---

① [英]卡纳：《人类的性崇拜》，方智弘译，海南人民出版社1988年版，第34页。
② [英]霭理士：《性心理学》，潘光旦译，生活·读书·新知三联书店1986年版，第67页。
③ 广西壮族自治区文物考古训练班、广西壮族自治区文物工作队：《广西南部地区的新石器时代晚期文化遗存》，《文物》1978年第9期。
④ 广西壮族自治区文物工作队、钦州县文化馆：《广西钦州独料新石器时代遗址》，《考古》1982年第1期。
⑤ 郑超雄、李光军：《广西桂南"石铲遗址"试论》，《考古与文物》1991年第3期。
⑥ 覃圣敏等：《广西左江流域崖壁画考察与研究》，广西民族出版社1987年版，第158—162页。

要作用，然而，他们的认识不可能是现代科学的认识。在童年人类的观念中，灵魂入体才是生殖的主要原因，交配仅是生殖的一种辅助性的媒介作用，是使灵魂进入妇女体内的手段。所以在原始人类看来，性交在生育中的作用亦是超自然的。

骆越人将性行为作为一种超自然手段而崇拜的材料并不罕见。在左江流域崖壁画中，有直接表现性交的交媾图。如宁明花山第一处第13组[①]和龙州沉香角第5组[②]，前者有男女两人对站拥抱而交图，后者有男上女下而交图。

（3）对孕妇的崇拜

怀孕是一个妇女能生育的标志。在左江流域崖壁画中，有一些人像腹部隆突，这当是孕妇的形象无疑。当时的骆越人为祈求人口的繁衍，保证氏族或部落的兴盛，曾对这些孕妇像顶礼膜拜。

从上面的论述可以看到，在长期的历史过程中，生殖崇拜是骆越人的重要信仰。因为骆越是一个农业民族。农业经济内部需要简单的分工，如要人从事农耕，要人管理牲畜，要人管理家务，要人从事手工业等，要投入较多的劳动力，因而它对人口的需求量是比较大的。而农业又能为人口的不断增长提供必要的食物资料和稳定的环境，因而其对人口的容纳量也较大。但是，由于骆越地区山林密布，蛇豸横行，高温熏蒸，又忽寒忽热，变幻无常，瘴疫时生，加上医药水平低以及生产技术一直比较落后，繁重的劳动、低下的物质生活水平，使得人口的增长长期缓慢。这就更刺激了骆越对人丁的渴望。因此，在科学文化落后，人们无法理解生育与人的生理功能的关系的情况下，骆越人便自然和必然地力行生育崇拜

---

① 覃圣敏等：《广西左江流域崖壁画考察与研究》，广西民族出版社1987年版，第47—48页，图版六〇。

② 覃圣敏等：《广西左江流域崖壁画考察与研究》，广西民族出版社1987年版，第55—56页，图版八〇。

之事。

3. 图腾崇拜

"图腾"（totem）乃是从印第安语转化而来，其意为"亲属"。图腾崇拜即把某种神化了的自然物（一般是植物或动物），直接与本群体联系起来，相信这种神化了的动植物是自己群体的祖先，或与本群体有血缘关系，自己所属的群体可受之庇护。因而，人们按照日常生活的礼节编制了一套禁忌和仪式来表达对这种动植物的崇敬。壮族的图腾崇拜不是单一的。据初步研究，壮族先民的图腾主要有如下几种。

（1）蛇图腾

骆越的蛇图腾崇拜首先反映在古代的神话里，《山海经·海内经》载："南方……有神焉，人首蛇身。"[①]《山海经·海内南经》曰："窫窳，龙首，居弱水中，在狌狌知人名之西，其状如龙首，食人。"郭璞注："窫窳本蛇身人面，为贰负臣所杀，复化而成此物也。"[②] 这种"人首蛇身"或"蛇身人面"的形象，其实就是骆越人本身，因为骆越人有断发文身的习俗。之所以"断发文身"，我们在论述骆越体饰时说到，是因为南方蛇虫繁多，为了生产和生活的需要，骆越人自觉或不自觉地利用了动物"同类不相侵"的原理，于身上刻一些动物的形象。从文献记载来看，骆越人所刻画的图案主要是"蛟龙"或"龙"。颜师古注《汉书·地理志下》引应劭曰："（越人）常在水中，故断其发，文其身，以象龙子。故不见伤害也。"而我国传说中的"龙"，往往是指现实中的蛇。正如闻一多先生指出，龙是蛇类，龙的基调是蛇[③]。可见，骆越文身主要是刻蛇以

---

① （先秦）佚名：《山海经》卷18《海内经》，栾保群详注，中华书局2019年版，第622页。
② （先秦）佚名：《山海经》卷10《海内南经》，栾保群详注，中华书局2019年版，第445—446页。
③ 闻一多：《神话与诗》，天津古籍出版社2008年版，第160—163页。

避蛇害。由于骆越人从中得到了许多利益，于是，他们便自行与蛇认亲，即自认与蛇同类。这就产生了蛇图腾观念。"人首蛇身"或"蛇身人面"形象的塑造，便是骆越人与蛇同类的信念（即蛇图腾观念）的反映。

另外，骆越的蛇图腾崇拜还可从考古材料中得到证明。在广西地区存在许多几何印纹陶遗存，而据我国学者研究，几何印纹陶的某些纹样，实是蛇的形状和蛇的斑纹的模拟、简化和演变[①]。除此之外，广西恭城出土的春秋铜尊上的蛇蛙相斗纹饰[②]，也是蛇图腾（和蛙图腾）崇拜的例证。民族志的材料告诉我们，这种纹饰可能是骆越蛇蛙两氏族或部落某次战争的记录。

（2）鳄鱼图腾

骆越鳄鱼图腾崇拜反映在其文身的习俗上。《淮南子·原道训》云："九嶷之南，陆事寡而水事众，于是人民断发纹身，以象鳞虫。"[③]所谓鳞虫，便是两栖爬行动物鳄鱼。直至明清时期，骆越后裔壮族同胞仍然将鳄鱼用"以祷鬼克敌"[④]。清陆祚蕃《粤西偶记》载："鬼鱼似鳄，壮人仇杀取此鱼祀鬼，舆人食之辄死，觉之请蛮人咒之立苏。"

（3）鸟图腾

骆越的鸟图腾崇拜首先表现在其神话传说上。《越绝书》卷8载："大越海滨之民，独以鸟田，大小有差，进退有行，莫将自使。其何故也？禹始也忧民救水到大越，上茅山……因病亡死，葬会稽……无以报民功，教民鸟田，一盛一衰。"《吴越春秋》《水经注》

[①] 陈文华：《几何印纹陶与古越族的蛇图腾崇拜——试论几何印纹陶纹饰的起源》，《考古与文物》1981年第2期。

[②] 广西壮族自治区博物馆：《广西恭城县出土的青铜器》，《考古》1973年第1期。

[③] （汉）刘安：《淮南子》卷1《原道训》，陈一平校注译，广东人民出版社1994年版，第13页。

[④] （明）邝露著，蓝鸿恩考释：《赤雅考释》卷下《鬼鱼》，广西民族出版社1995年版，第143页。

《博物志》等书,也录有这则东南越人"鸟田"的神话故事。而中南的骆越同有"骆田"的记载:"交趾昔未有郡县之时,土地有骆田,其田从潮水上下,民垦食其田,因名为骆民。"① 按照《说文解字》的解释,"骆田"即"雒田","雒"为"鵅其鸟",意为"小雁",因而"雒田"这个词本身已包含着一个"鸟田"的传说②。正因如此,骆越因鸟得名"骆人",即"鸟人"之意。

骆越铜鼓上的纹饰以实物的形式直观地反映了鸟图腾崇拜。广西出土的石寨山形铜鼓上,身饰羽毛、头著羽冠的羽人图像比比皆是。如贵县罗泊湾铜鼓③和西林普驮铜鼓④的腰部都有羽人图案。这与古代文献中称我国南方有"羽民国"的记载是一致的。《山海经·海外南经》曰:"海外自西南陬又至东南者……羽民国在其东南,其为人长头身生。"同书《大荒南经》又云:"南海之外,赤水之西,流沙之东……有羽民之国,其民皆生毛羽。"《淮南子》卷4亦言南方有"羽民"国。其实,"羽人"与前述"人首蛇身"的形象一样,是所谓"人的拟兽化"。它显然是源于与鸟认同的心理,即鸟的图腾崇拜。因为在广西出土的铜鼓上,鸟的形象十分常见。贵县罗泊湾铜鼓羽人图案的上空有鸟口中叼鱼、展翅飞翔,船头还立有衔鱼的鸟⑤。这种鸟是一种生活在海边的水鸟或候鸟。《淮南子·本经训》云:南方人"龙舟鹢首"⑥。高诱释曰:"鹢,水鸟也。画

---

① (北魏)郦道元原注,陈桥驿注释,《水经注》卷37引《交州外域记》,浙江古籍出版社2001年版,第570页。
② 石钟健:《试论越与骆越出自同源》,《百越民族史论集》,中国社会科学出版社1982年版,第183—204页。
③ 广西壮族自治区文物工作队:《广西贵县罗泊湾一号墓发掘简报》,《文物》1978年第9期。
④ 广西壮族自治区文物工作队:《广西西林县普驮铜鼓墓葬》,《文物》1978年第9期。
⑤ 广西壮族自治区文物工作队:《广西贵县罗泊湾一号墓发掘简报》,《文物》1978年第9期。
⑥ (汉)刘安:《淮南子》卷8《本经训》,陈一平校注译,广东人民出版社1994年版,第366页。

其像著船首，以御水患。"这种水鸟就是传说中的雒鸟，正是铜鼓主人骆越的图腾鸟①。

骆越的图腾一方面反映了其所处自然生态环境的特点，蛇、鳄鱼等都是岭南常见动物，但另一方面骆越的图腾还反映了其生产形式的特点。由于农业和渔猎是骆越的主要经济部门，不仅人们在生产时常与蛇、鳄鱼等动物打交道，而且聚集于此的鸟类，亦可以帮助他们"鸟田"和捕鱼。可见，骆越的图腾崇拜多样是有原因的。而共同的图腾崇拜可以起到凝聚族群的作用。

4. 祖先崇拜

骆越祖先崇拜的观念至迟在新石器时代已经出现。从广西敢造、长塘、西津、秋江、鲤鱼嘴、甑皮岩等新石器时代遗址的墓葬可以看到②，虽然墓坑不明显，但人骨架排列密集，各墓葬分布有一定的规律，与人类初期把伙伴的尸骨随意弃之荒野的作法不同，这时已有了统一的墓地。墓葬中，还有了蚌刀、石斧、骨笄、骨镞等随葬品。在甑皮岩 BT2M2 的头骨和 BT2M3 的骨盆上，还撒有赤铁矿粉③。而且，还形成了仰身葬和屈肢葬两种葬式，其中以屈肢葬最为普遍。这种葬式的姿势说明他们已有了"灵魂不死"的观念。这应该是骆越先民已出现祖先崇拜的证据。

祖先崇拜是随着社会的发展而变化的。祖先崇拜起源之初，人类社会的基本单位是氏族、部落，因而，人们当时崇拜的是本民族的共同始祖。后来，随着骆越地区社会生产力的发展，原始氏族、部落逐渐解体，一夫一妻制小家庭取而代之成为社会的基本细胞，

---

① [越] 陶维英：《越南古代史》（上册），科学出版社 1959 年版，第 131 页。
② 覃彩銮：《壮族地区新石器时代墓葬及其有关问题的探讨》，《广西民族学院学报》1984 年第 3 期。
③ 广西壮族自治区文物工作队、桂林市革命委员会文物管理委员会：《广西桂林甑皮岩洞穴遗址的试掘》，《考古》1976 年第 3 期。

骆越的始祖崇拜便逐渐淡薄，而家庭祖先崇拜慢慢兴起。

综上所述，骆越的宗教信仰具有原始性。巫术与原始信仰是原始宗教的两种形式。原始信仰是崇拜、敬畏心理的具体表现，往往以献祭的形式祈求神灵的保护。而巫术则是依靠念咒作法等形式，与鬼神对话，并影响和控制它们。骆越盛行巫术。《风俗通义·怪神篇》云：越人"俗多淫祀，好卜筮"。秦汉时从事巫术活动的"越巫"颇负盛名，汉武帝平定现今两广时，曾采用越祠鸡卜来祭鬼[1]，可见其影响之大。巫术和原始信仰构成了骆越宗教的内涵和特点。

---

[1]（西汉）司马迁：《史记·封禅书》卷28，北京燕山出版社2009年版，第143—155页。

第二章 生生不息：左江流域岩画的文化意涵

骆越人为什么要在左江沿岸的悬崖峭壁上作画？这些画作所表达的内涵是什么？千百年来，人们对这些问题充满了好奇。为了解开这些笼罩在人们心中的谜团，一代又一代的学者进行了不懈的探索。随着调查研究的不断深入，笔者以为，左江流域岩画的文化意涵愈来愈清晰地展现在人们面前，那就是对"两种生产"即物质资料生产丰收和种群繁衍、人丁兴旺的祈盼，对骆越族群生生不息的祈愿。

第一节 左江流域岩画的文化内容

综观左江流域岩画所有图像画作，其内容非常丰富庞杂，其中，比较突出的文化特质（或文化因子）主要有：

一 太阳崇拜

左江流域岩画中，体现太阳崇拜的遗迹主要有3处。

一处是宁明花山第二区第二组岩画：画面高、宽约5米，有人像3个。画面左侧有一个实心圆形物，周围有光芒，应是太阳图像。

3个正面人像成一斜排。上方一人最大,色亦最淡,仅见影迹,高约1米余。中间一人佩刀,右臂斜举,右掌可见三指;左臂曲肘上举,躯粗直。下方一人最小,高约80厘米,头上有羽饰,腰间佩刀。两腿间有一面铜鼓,径约20厘米,鼓面太阳纹六芒。三人皆为长方形头,半蹲,可见足掌。中间人像的左侧,有一动物图像,头不见,颈细长,躯干肥圆,脊微微向上隆起,长尾向上竖起,可见三条腿,站于一粗线上,像一只鹿,高约50厘米。它的身后有一面铜鼓,径约20厘米,鼓面无纹饰[①]。整体来看,是一个光芒四射的太阳及其下方3个顶礼膜拜虔诚歌舞的图像。

一处是崇左银山第二处第二组岩画:画面高、宽约7米。画面中部是一个实心的小圆,周围有向四周辐射的线条,似悬于空中的太阳。它的一侧及下方都有人像,可辨认者16人,作4横排。上排存3人,其一为正面者,头部饰双羽,长躯如倒三角,两大臂上提过肩,小臂下垂,右腿残,左脚见足掌。另二人在其右,为侧身。一人面向之,长头饰双羽,躯长,胸宽,曲臂举手,腿短半蹲。另一个与之反向,躯体瘦长,一臂向前直伸,一臂屈肘上举,短腿分开站立。第二排6人。左起第一人正面,小头,大腹腰细,两臂屈肘上举,腿残。第二人正面,粗壮,胸部宽,腰细,手臂较细,屈肘上举,右掌开五指,右腿残失,左腿半蹲。第三人正面,头较大,四肢及躯体粗壮,右臂有残损,左臂屈肘向上,腿作蹲式。第四人侧身,圆头上仰,面朝太阳,挺胸收腹,举手蹲腿。第五人存躯干。第六人正面,右臂及双腿皆残,长头,左臂屈肘上举,外勾掌。第三排见3人。左起第一人正面,头小,左臂及腿残失,右臂展开接近水平,躯粗短,右腿蹲。第二人躯如长方形,举手蹲腿。另一人侧身,圆头单髻,躯圆短,前俯身,举手蹲腿,面向正面者。第四

[①] 王克荣、邱中仑、陈远璋:《广西左江岩画》,文物出版社1988年版,第39页。

排为3个残缺不全的正面人像,一人存上半身,另二人存躯干及半蹲下肢①。整体来看,画面上方是一个太阳图像,下方为一群举手歌舞的膜拜者图像。

一处是扶绥县吞平山第一组岩画:画面高、宽约4米,上有2个正面人像,其中一人身躯高大,约2米。头部近似长方形,双臂弯曲上举,手腕内收;躯干粗长,上宽下窄,腰间横佩剑;两腿弯曲作半蹲姿势,小腿外撇,跨度较大。胯下两腿间有一面铜鼓,鼓沿似有耳,鼓面太阳纹残存五芒。另一人较矮小,高约60厘米,头长,曲肘举手,小臂外摆似外勾掌,躯近腰鼓形,腿半蹲。其左上方有一太阳图像,可见七道光芒线条。②

二 铜鼓崇拜

左江流域岩画中铜鼓图像甚为常见。据王克荣等人统计,见于35个岩画地点,计有铜鼓图像254面之多。

从画面看,很多处岩画都有击鼓图像,表现的是"鸣鼓以集众"之意。如宁明高山岩画第三处第5组,画面中心是一个高大魁梧的正面人像,该人像头顶上方,有一个矮小的侧身人正在敲击铜鼓,鼓手身后有2横排共10个人像,9人侧身,面向铜鼓③。

花山岩画第三区第17组,有人像26人,略成二横排,上排为侧身人,共22人,尾端四人上方,有3个大小相同的铜鼓,下方3人作击鼓状;下排有4个正面人,其左两人间置一面铜鼓④。

花山岩画第八区第7组,画面有人像25个,铜鼓4面,犬1只,排头一人长方形头,直身,屈膝半蹲,手臂弯曲上举,伸向一面铜

---

① 王克荣、邱中仑、陈远璋:《广西左江岩画》,文物出版社1988年版,第144—145页。
② 王克荣、邱中仑、陈远璋:《广西左江岩画》,文物出版社1988年版,第183页。
③ 王克荣、邱中仑、陈远璋:《广西左江岩画》,文物出版社1988年版,第31—32页。
④ 王克荣、邱中仑、陈远璋:《广西左江岩画》,文物出版社1988年版,第50—51页。

鼓，作敲击状；第一排2人，直身，手朝前伸，腿略向前，似站立。第二排5人，居中一人头顶上方有一面铜鼓；第三排5人，第四人位置稍下，前上方有一面铜鼓，伸手敲击；第四排见有7人，第四人面前有一面大铜鼓①。

龙州岩怀山岩画三洲尾第1组，画面中部有一个正面人像，头部较长，顶上羽饰较粗，手臂弯曲上举，小臂向两侧略摆开，腰间佩长剑。该人像左臂上挂侧身人像一个，直躯，腿稍下垂。正面人像的两侧共有26个侧身人像。其右侧有14人，分作四横排，多数背对正面者。上排1人，双臂向前斜伸，两腿朝前叉开，略带弯曲。第二排三人，第三排7人，第四排3人。正面人像左侧，有人像5排，共12个侧身人像。第一排有一面铜鼓，鼓侧有一个鼓手，侧身，弓背朝前，以手扶鼓，半蹲，作击鼓状。第二排2人。第三排2人，第一人仰头，身长，手臂朝前直伸，腿向前斜伸。第二人仰头，身躯较直，手臂前伸，腿亦前伸。两人之间有一面铜鼓。第四排5人，第五排2人，均侧身，略前俯身，手脚前伸，屈膝蹲腿②。

扶绥县万人洞山岩画第4组，画面中部有一个正面人像，比较高大，圆头高髻，髻上有羽饰，两臂曲肘上举，腰间佩剑，两腿长，屈膝半蹲。其左上方有一横杠，杠上并列2个正面人像。一人身体倾斜，抬右脚，似晃动状。横杠下悬挂4面铜鼓。佩剑者左侧有一正面人像，头已残，两臂大开上举，左臂上挂一个侧身人像，身躯长，左腿残缺，右腿长，作半蹲状。佩剑者右侧排列2个正面人像，居上者较大，居下者矮小，造型与佩剑者相似。下方有正面人像6个，其中佩剑者左腿下方一人最大。该人头部很长，身躯上宽下窄，屈肘举手，蹲腿。其右臂上挂一个侧身人像，脚下躺一个仰身伸手

---

① 王克荣、邱中仑、陈远璋：《广西左江岩画》，文物出版社1988年版，第92—93页。
② 王克荣、邱中仑、陈远璋：《广西左江岩画》，文物出版社1988年版，第110—111页。

的矮小人像。其左侧有一正面人像，较矮小。其余人像大小相近，造型如佩刀者，但身躯均有不同程度倾斜，作晃动状①。

还有一些岩画虽无击鼓图像，但"祭鼓"主题极为明显。如宁明花山第一区第1、6组，第二区第3、5组，第三区第2、3、4、6、8组，第四区第1、3、6、9组，第五区第5组，第六区第5、7、15组，第七区第8组②，驮目红山③，白龟红山第二处第2组④，灵芝山第1组⑤，龙峡第12组⑥，珠山第5组⑦，龙州花山岩画第4、12、14组⑧，沉香角第1、5组⑨，长滩山第2、3组⑩，仙岩岩画⑪，等等，画的或是一群膜拜者在鼓下或围绕铜鼓举手歌舞，有的还有巫觋或领舞者的图像，祭鼓仪式的主题非常清晰和突出。

三 雷神崇拜

左江流域岩画众多的铜鼓图像充分说明《蛮司合志》所说的"是鼓有神"，因为它是通神之器。此神即为雷神。《广东新语》称铜鼓"雷人辄击之，以享雷神，亦号之为雷鼓之。雷，天鼓也。……以鼓象其声，以金发其气，故以铜鼓为雷鼓"。在出土的众多铜鼓上，多饰有云雷纹，按照"雷取其奋豫，云取其濡泽"的记载，云雷纹与风云雷雨有关。由于岭南是多雷地区，人们有更多的机会目睹雷电造成的自然灾害，因而对之产生强烈的畏惧心理是势在必然。铜鼓

---

① 王克荣、邱中仑、陈远璋：《广西左江岩画》，文物出版社1988年版，第162页。
② 王克荣、邱中仑、陈远璋：《广西左江岩画》，文物出版社1988年版，第36—95页。
③ 王克荣、邱中仑、陈远璋：《广西左江岩画》，文物出版社1988年版，第159—160页。
④ 王克荣、邱中仑、陈远璋：《广西左江岩画》，文物出版社1988年版，第166—167页。
⑤ 王克荣、邱中仑、陈远璋：《广西左江岩画》，文物出版社1988年版，第151页。
⑥ 王克荣、邱中仑、陈远璋：《广西左江岩画》，文物出版社1988年版，第23页。
⑦ 王克荣、邱中仑、陈远璋：《广西左江岩画》，文物出版社1988年版，第14页。
⑧ 王克荣、邱中仑、陈远璋：《广西左江岩画》，文物出版社1988年版，第125—132页。
⑨ 王克荣、邱中仑、陈远璋：《广西左江岩画》，文物出版社1988年版，第100—103页。
⑩ 王克荣、邱中仑、陈远璋：《广西左江岩画》，文物出版社1988年版，第151—152页。
⑪ 王克荣、邱中仑、陈远璋：《广西左江岩画》，文物出版社1988年版，第172—173页。

的出现和使用是雷神崇拜的反映。

四 水神崇拜

有人认为，左江流域岩画与水神祭祀有密切关系，整个岩画就是祭祀水神的生动画卷。"当时祭祀水神是极其隆重的，规模也很大，但是这种祭祀终究是短暂的、转瞬即逝的活动。人们为了使祭祀活动永久化，祈求水神保佑使江水不再泛滥，巫师就把当时祭祀水神的某一最生动的场面绘在祭礼场所的峭壁上，而且一律在洪水线之上。在二百公里范围内所分布的这些崖壁画内容都大同小异，然而各处又有所不同，或者繁简有差，或者水平高低不一。其中的大同，正是巫师们按着一个共同的信仰模式去绘制互相雷同的崖壁画；其中各地绘画的差别，则是各地巫师水平、手法不同的必然反映。"[1]

尽管学界对此有不同看法，但左江岩画有祭祀水神的内容，则是共识。在龙峡第五处第2组[2]、高山第二处右端第2组[3]、第三处左边第1组[4]、宁明花山第三区第9组[5]、第八区第9组[6]、岩拱山第2组[7]、岩怀山（三洲尾）第2组[8]、渡船山第4组[9]、岜赖山第2组[10]、白龟红山第1组[11]……岩画中，都发现有小船的图像，船上一般数人，侧身，曲肘举手，半蹲腿，动作一致，作奋棹击水状。特

---

[1] 宋兆麟：《水神祭祀与左江崖壁画》，《中国历史博物馆馆刊》1987年第10期。
[2] 王克荣、邱中仑、陈远璋：《广西左江岩画》，文物出版社1988年版，第23页。
[3] 王克荣、邱中仑、陈远璋：《广西左江岩画》，文物出版社1988年版，第27—28页。
[4] 王克荣、邱中仑、陈远璋：《广西左江岩画》，文物出版社1988年版，第28—29页。
[5] 王克荣、邱中仑、陈远璋：《广西左江岩画》，文物出版社1988年版，第46—47页。
[6] 王克荣、邱中仑、陈远璋：《广西左江岩画》，文物出版社1988年版，第95页。
[7] 王克荣、邱中仑、陈远璋：《广西左江岩画》，文物出版社1988年版，第99—100页。
[8] 王克荣、邱中仑、陈远璋：《广西左江岩画》，文物出版社1988年版，第111—112页。
[9] 王克荣、邱中仑、陈远璋：《广西左江岩画》，文物出版社1988年版，第117页。
[10] 王克荣、邱中仑、陈远璋：《广西左江岩画》，文物出版社1988年版，第149—150页。
[11] 王克荣、邱中仑、陈远璋：《广西左江岩画》，文物出版社1988年版，第166页。

崖壁遗梦

别是宁明花山第八区第 9 组的图像最为逼真：船两端上翘，船头似鸟形，船尾有竖立的棒状物，船上 5 人，皆侧身，身后一人头饰双羽，曲臂上举。排尾一人较高大，圆头项髻，直躯，曲肘举臂，蹲腿，似划船状，又似歌舞状。这些画面与广西贵县罗泊湾汉墓①和西林普驮山铜鼓墓②出土的石寨山形铜鼓上的龙舟竞渡纹饰非常相似。我们认为这是祭祀水神的仪式或习俗的反映。

五 蛙神崇拜

在左江崖壁画中，每个人的形象都是叉开双脚，两手拱起，手指和脚趾叉开③，分明是在模仿青蛙的造型。这是骆越人崇拜青蛙的反映。

图 2-1 左江岩画中蛙型人像

---

① 广西壮族自治区文物工作队：《广西贵县罗泊湾一号墓发掘简报》，《文物》1978 年第 9 期。
② 广西壮族自治区文物工作队：《广西西林县普驮铜鼓墓葬》，《文物》1978 年第 9 期。
③ 覃圣敏等：《广西左江流域崖壁画考察与研究》，广西民族出版社 1987 年版，第 158—162 页。

— 188 —

六　犬崇拜

左江流域岩画中犬的图像甚多。据覃圣敏等人的调查，在79个岩画地点中，发现有犬类图像的地点以下24个：宁明县珠山、龙峡山、高山、达佞山、花山；龙州县弄镜山、洪山、三洲头山、三洲尾山、沉香角、渡船山、大洲头山、棉江花山；崇左县驮柏山、隐士山、关刀山、陇狗山、白龟红山；扶绥县驮坛山、大山、小银瓮山、七星山、蜡烛山、岜来山等。这些地点多分布在左江上游及其支流河段。一般有犬类图像的岩画，都是画面较大、图像种类和数量较多的。在这些地点中，宁明花山共有59个犬图像，高山有17个，龙州棉江花山15个，宁明县珠山13个，其余地点1—3个不等。绝大多数的犬类图像处于一个形体高大魁梧、腰间佩戴刀剑的正面人像脚下，左右两侧或四周整齐有序地排列着许多形体稍矮小的正面或侧身人像及铜鼓、钟铃之类的图像。这种现象是骆越人犬祭的体现。

七　鸟崇拜

广西左江崖壁画的扶绥岜赖山第一处、后底山第二处和龙州沉香角第一组，共有4只鸟类图案。其中除龙州沉香角一只位于正身人像的旁侧外，其余3只均处于正身人像的头顶上[①]。这是鸟崇拜的体现。

八　生殖崇拜

左江流域岩画中，有很多夸张和突出性特征的男女人像以及由其组成的舞蹈场面。例如，宁明高山第4组岩画中，在正面人像两侧，有成排人像，勾勒有高翘的男性生殖器和凸起的腹部和乳房[②]。

[①] 覃圣敏等：《广西左江流域崖壁画考察与研究》，广西民族出版社1987年版，第164页。
[②] 王克荣、邱中仑、陈远璋：《广西左江岩画》，文物出版社1988年版，第28页。

崖壁遗梦

图 2-2　左江岩画鸟图像

高山第 9 组岩画中有一个头饰羽毛，身佩长剑的人像，胯下画有一个椭圆形，象征女性生殖器①。宁明花山第一区第 6 组岩画中有一对男女在性交，其下排列着谷粒状的点，还有 5 面铜鼓和杀人的图像②。宁明花山第二区第 3 组岩画中有一个人像，上身侧转，手臂向前斜举，面向上方高大人像，身躯直，两腿半蹲，胯下有一长物，似男性生殖器③。宁明花山第四区第 10 组岩画中有一个头饰羽毛，腰佩长剑的正面人像，其胯下明显地画出一个大圆圈，表示女性生殖器④。第七区第 11 组岩画中有一排侧身舞者，胯下男性生殖器突出，另一排没有，可能是女性⑤。第七区第 12 组岩画中一个高大的正面像的膝下立一侧身人像，胯下绘有粗大的男性生殖器⑥。第八区第 6 组岩画中，其中两人面面相对，作拥抱状，下身交股，近坐于

---

① 王克荣、邱中仑、陈远璋：《广西左江岩画》，文物出版社 1988 年版，第 32 页。
② 王克荣、邱中仑、陈远璋：《广西左江岩画》，文物出版社 1988 年版，第 38 页。
③ 王克荣、邱中仑、陈远璋：《广西左江岩画》，文物出版社 1988 年版，第 40 页。
④ 王克荣、邱中仑、陈远璋：《广西左江岩画》，文物出版社 1988 年版，第 68 页。
⑤ 王克荣、邱中仑、陈远璋：《广西左江岩画》，文物出版社 1988 年版，第 88—89 页。
⑥ 王克荣、邱中仑、陈远璋：《广西左江岩画》，文物出版社 1988 年版，第 88—89 页。

第二章 生生不息:左江流域岩画的文化意涵

地:一人圆头单髻,横插曲竿,略抬头,直身,朝前分开两腿下蹲,胯间的男性生殖器与另一人腹部相连;另一人圆头拖发辫,是个女性,仰头,直躯,硕腹似空心半圆,似坐于地,表现了一对男女性交的场面①。与上述几种情况相似的图像,在龙峡第9组、宁明花山第三区第19组、第五区第3、10组,以及楼梯岩第2组、上白雪第2组、大洲头第3组等岩画也有存在。这是骆越人生殖崇拜的反映。

图2-3 宁明花山第八区第6组岩画中男女在性交图像

(胡鹏程摄)

① 王克荣、邱中仑、陈远璋:《广西左江岩画》,文物出版社1988年版,第91—92页。

九　田（地）神崇拜

宁明花山第一区第6组岩画中有一对男女在性交，其下排列着谷粒状的点，旁边还有铜鼓和人祭图像。这是骆越人通过巫术将人的生产与农业生产联系起来，祈求农业丰收的一个仪式场面。这个仪式场面祭祀的神是田（地）神。

十　鬼神崇拜

在宁明花山第六区第15组岩画中，有一个处于岩画中心最高位置的正面人像，身躯高大魁梧，腰间佩带环首刀，头戴兽形装饰。其下方有一位腰佩双剑者，胯下跪着一个侧身女性。其余人像皆举手蹲腿而舞，形如祈祷。其间置有面具、铜鼓、羊角钮钟，场面隆重庄严。为首者头上的兽形装饰，头长，顶上有双耳，垂尾，四肢细长。人戴之于头上，是要装扮成某种动物的形象[①]。岜来山第一组岩画中也有类似的动物图像，圆头无耳，形象怪异，处于受恭敬的地位，显然是受崇拜的鬼神[②]。此外，合头山第四组[③]、吞平山第二组[④]等岩画也有类似性质的图像。这是骆越人祭祀鬼神的场面。

第二节　左江流域岩画的文化主题

左江流域岩画的文化主题是什么？或者说，左江流域岩画是什么？我们只能根据其内容来判断。

回顾左江流域岩画研究的历史，关于左江流域岩画是什么的争

[①] 王克荣、邱中仑、陈远璋：《广西左江岩画》，文物出版社1988年版，第78—81页。
[②] 王克荣、邱中仑、陈远璋：《广西左江岩画》，文物出版社1988年版，第185页。
[③] 王克荣、邱中仑、陈远璋：《广西左江岩画》，文物出版社1988年版，第175—176页。
[④] 王克荣、邱中仑、陈远璋：《广西左江岩画》，文物出版社1988年版，第183—184页。

论，主要有以下几种观点。

第一，是队伍集合图、点将图、操练誓师图、战争图、胜利庆功图①。

第二，是西原族举行大规模庆功纪念图②。

第三，是从绘画向象形文字发展过渡时期的一种语言符号，表示西原族首领黄少卿攻克邕、钦、横、浔、贵五州的地图③。

第四，是祭祀水神的图像。周宗贤、李干芬认为是古代巫师用以赛江神的一种符法，与祷告水神有关，是拜水神的祭祀图④；宋兆麟认为是祭祀水神的生动画卷⑤。

第五，是一幅乐神图⑥。

第六，是巫术文化的遗迹⑦。

第七，是宗教祭祀的图景，而非战争或欢庆胜利的写实记录⑧。

第八，是祭祀蛙神的圣地⑨。

第九，是祖先崇拜遗迹⑩。

自20世纪80年代末期以来，随着研究的深入，岩画年代的明确，以上观点中的一些观点自然淘汰，几乎无人再提，焦点集中在

---

① 杨成志：《广西壮族的古代崖壁画》，《中央民族学院学报》1988年第4期；梁任葆：《花山壁画的初步研究》，《广西日报》1957年2月10日第3版。
② 刘介：《西原族的发展与宁明、崇左、龙津等处的壁画》，《广西日报》1957年7月26日第3版。
③ 陈汉流：《略谈花山崖壁画的语言符号》，《广西日报》1961年8月21日第3版；陈汉流：《花山岩壁画语言符号的意义》，《广西日报》1957年9月8日。
④ 周宗贤、李干芬：《壮族的古代画——花山壁画》，《红旗日报》1962年2月25日第3版；李干芬、周宗贤：《广西壮族古代崖壁画研究》，《中央民族学院学报》1978年第4期。
⑤ 宋兆麟：《水神祭祀与左江崖壁画》，《中国历史博物馆刊》1987年第10期。
⑥ 覃国生、梁庭望、韦星朗合著：《壮族》，民族出版社1984年版，第92页。
⑦ 王克荣、邱钟仑、陈远璋：《巫术文化的遗迹—广西左江岩画剖析》，《学术论坛》1984年第3期。
⑧ 陈芳明：《广西花山崖壁画与四川珙县僰人崖画》，《民放艺术》试刊号，第132—139页。
⑨ 梁庭望：《花山崖壁画——祭祀蛙神的圣地》，《中南民族学院学报》1986年第4期。
⑩ 姜永兴：《壮族先民的祭祖圣地——花山壁画主题探索》，《广西民族研究》1985年第2期；覃圣敏等：《广西左江流域崖壁画考察与研究》，广西民族出版社1987年版，第174—179页。

"巫术文化说""祭祀水神说""祭祀蛙神说""祖先崇拜说"这几种观点上。

笔者认为，说左江流域岩画是巫术文化没错，但过于笼统，这种巫术文化的内涵是什么？左江流域岩画中也确有祭祀水神、祭祀蛙神和祖先崇拜的内容，但其内容远不止这些。

综观左江流域岩画的文化内容，我们可以发现，左江流域岩画是为了以下两个目的而创作的。

一是为了祈求稻作生产的丰收。岩画图像所体现的太阳崇拜、铜鼓崇拜、雷神崇拜、蛙神崇拜、田（地）神崇拜非常明显地指向此一目的，因为万物生长靠太阳，太阳对于稻作的生长无疑非常重要；铜鼓崇拜、雷神崇拜、青蛙崇拜反映了稻作民族对于风调雨顺的祈盼；田（地）神崇拜的实质是祈求田地之神保佑丰收。至于说鸟崇拜的目的是祈求稻作生产丰收，乃见证于"骆田"的神话传说。《越绝书》卷8载："大越海滨之民，独以鸟田，大小有差，进退有行，莫将自使。其何故也？禹始也忧民救水到大越，上茅山……因病亡死，葬会稽……无以报民功，教民鸟田，一盛一衰。"《吴越春秋》《水经注》《博物志》等书，也录有这则东南越人"鸟田"的神话故事。而中南的骆越同有"骆田"的记载："交趾昔未有郡县之时，土地有骆田，其田从潮水上下，民垦食其田，因名为骆民。"[1] 按照《说文解字》的解释，"骆田"即"雒田"，"雒"为"鸴其鸟"，意为"小雁"，因而"雒田"这个词本身已包含着一个"鸟田"的传说[2]。正因如此，骆越因鸟得名"骆人"，即"鸟人"之意。犬崇拜也是祈求稻作丰收的表现，因为骆越先民很早就驯养了

---

[1] （北魏）郦道元原著，陈桥驿注释：《水经注》卷37引《交州外域记》，浙江古籍出版社2001年版，第570页。

[2] 石钟健：《试论越与骆越出自同源》，《百越民族史论集》，中国社会科学出版社1982年版，第183—204页。

狗。今操壮侗语族的壮傣、侗水以及黎三个语支的各个民族（或群体）都谓狗为 ma¹ 或 ηwa¹，语同一源，说明壮、布依、临高、傣、侗、水、仫佬、毛南以及黎族尚未分化之前，已经认知并驯化、饲养了狗。壮侗语民族民间普遍流传着这样的神话故事：稻种是由犬从天上带回人间的。他们的祖先带着一只黄狗到天上的仙田里去打了一滚，沾上了一身稻种带回凡间，但沿途被草木刮掉了，只剩下尾巴上的稻种，所以现在的稻穗形如狗尾一般。

二是为了祈求种群的繁衍、人丁兴旺。左江流域岩画中不少表现生殖崇拜的图像，就是骆越人祈求种群繁衍和人丁兴旺的直接反映。

因而，我们可以将左江流域岩画的文化主题归纳为围绕两种生产——稻作生产和人的生产而举行的宗教祭祀仪式场面的图画。应该指出的是，这两种生产其实是紧密联系在一起的。按照巫术文化的逻辑，两者是相通的，可以相互模仿、感应，相互促进。这在岩画中也有体现，如岩画中祭田（地）神的场面，便是将人的生产与稻作生产联系起来。因此，我们也可以说，左江流域岩画是一种稻作文明的宗教信仰表达，所表达的是骆越人祈求稻作农业丰收和种群旺盛，以保骆越族群生生不息的愿望。

左江流域岩画的此一文化主题再一次印证了马克思主义两种生产理论。马克思主义两种生产理论把人类社会的发展归结为直接物质资料的生产和人的生命的生产，指出："根据唯物主义观点，历史中的决定性因素，归根结蒂是直接生活的生产和再生产。但是，生产本身又有两种。一方面是生活资料即食物、衣服、住房以及为此所必需的工具的生产；另一方面是人类自身的生产，即种的繁衍。一定历史时代和一定地区内的人们生活于其下的社会制度，受着两种生产的制约。"[①] 这说明左江流域岩画文化在骆越文化中的根基性和关键性地位。

[①]《马克思恩格斯选集》第4卷，人民出版社1972年版，第2页。

第三章　凤凰涅槃：左江流域岩画的消亡与新生

左江流域岩画虽然在东汉之后逐渐消亡，但左江流域岩画所表达的文化内涵在其后裔文化中得到了传承。也就是说，岩画作为骆越文化的一种表达方式是消亡了，但岩画所表达的文化内容在其后裔中薪火相传。

第一节　左江流域岩画的消亡

关于左江流域岩画的年代，自 20 世纪 50 年代以来，学术史上主要有以下几种观点。

一　上古或中古时期

如梁任葆:"这些壁画还是属于中古甚至上古的，而不是近古的。"[①]

二　春秋至西汉

如石钟键根据左江流域岩画中的"铜鼓"来推断岩画年代的上

---

① 梁任葆:《花山壁画的初步研究》,《广西日报》1957 年 2 月 10 日第 3 版。

限，而以"环首刀"来推断其年代的下限，因而主张岩画的年代早不到春秋，晚不过西汉①。

三 战国至东汉

如宋兆麟根据左江流域岩画中的"骑马人像""铜鼓图像""铜钟图像""环首刀图像"，断定左江流域岩画的年代上限在战国，下限为东汉②。

四 两汉时期

论者的论据是岩画上的"环首刀"，在广西地区主要见于两汉墓中③。

五 东汉至南朝末年甚至隋末

论者认为，岩画上的"环首长铁刀"常见于南方东汉至六朝墓葬中，因而岩画年代的上限"早不过东汉"，又根据崖壁画中的裸体人图形，将裸体习俗作为年代下限，因为裸体习俗可能一直保持到隋末④。

六 唐代

如杨成志认为："唐代的'西原蛮'和所谓'黄洞'的黄少卿、黄乾耀、黄昌河等著名军事领袖的策源地是在中越交界、左江流域和附近宁明一带地区。当'西原蛮'崛起兴兵与唐王朝抗争之前，其中有些部族可能利用象明江下游那样居可守、出可攻的险要地

---

① 石钟键：《论广西崖壁画和福建岩石刻的关系》，《学术论坛》1978年第1期。
② 宋兆麟：《左江崖壁画考察记》，《文物天地》1986年第2期。
③ 王克荣等：《巫术文化的遗迹——广西左江岩画剖析》，《学术论坛》1984年第3期。
④ 覃圣敏等：《论左江崖壁画的年代》，《三月三》1986年第2期。

盘，作为屯营练兵的堡垒；后来被镇压后，或许尚有小部分的残留队伍避居花山地区，以图再起。因此，把'西原蛮'的兴起、发展和灭亡的史迹联系到花山崖壁画所反映的重点内容是可以说得上的。……还有一点，即民间中相传花山崖壁画是黄巢起义的兵马反映。黄巢是唐代著名人物，把'黄洞'变换做'黄巢'在传说中的出现，不是不可能的。"① 而黄增庆则认为是黄乾暇时期②，陈汉流认为是黄少卿时期③。

七　宋代侬智高起义时期

如杨成志认为："若果说这不是唐代'西原蛮'即古代壮族军事活动纪念图，也可能是属于约 1000 年前的宋代作品。因为我们知道，'西原蛮'的遗裔侬智高起家的'广源州'，也是在中越交界左江流域和宁明一带地区。……再者，民间传说认为，花山人物画像是侬智高一部分兵马形象的反映。因为侬智高于．宋皇祐四年（1052 年）举兵反宋，由广源州打出来，先下横山寨，随即取下邕州（今南宁），建'南天国'，自称'仁惠皇帝'。继因围攻广州未能下，最后被宋将狄青击败，奔走云南大理国。左江流域各县，特别是宁明县现尚留存有关侬智高的一些遗迹和传说。宋代范成大《桂海虞衡志》记述侬智高时代有关壮族人民使用兵器和战术的情况说'洞丁往往劲捷，能辛苦，穿皮履上下山不顿。其械器有桶子甲、长枪、手镖、偏刀、锌牌、山弩、竹箭、桃榔箭之属，其相仇杀，彼此布阵，各张两翼，以相包裹，人多翼长者胜，无他奇。'从花山崖壁画中所描绘的战具我们可以辨别出来的计有：长枪、手镖、偏

---

① 杨成志：《广西壮族的古代崖壁画》，《中央民族学院学报》1988 年第 4 期。
② 黄增庆：《谈桂西壮族自治区古代崖壁画及其年代问题》，《广西日报》1957 年 3 月 9 日第 3 版。
③ 陈汉流：《花山崖壁画语言符号的意义》，《广西日报》1961 年 9 月 8 日。

刀、弩、盾牌、箭等形状，以及人物排列成行的阵容布置，与《桂海虞衡志》所说'彼此布阵，各张两翼'的情况有些相似。因此，若说这幅画是描写宋代壮族人民的军事图象也似有根据的。"①

八 太平天国时期

如陈汉流曾认为"明江沿岸壁画，也许是太平天国运动的时候，宁明、龙津地区天地会所绘制的"②。

九 中法战争时期

此说主要是根据民间传说而提出③。

之所以有如此不同的看法，主要是由于早期研究者断代的方法比较单一，起初只是根据作画手法做主观的判断，后来采用了考古学的器物类型学、文献学和民族学方法，即通过将岩画上的人物、器物图像与考古发掘出来的实物或文献记载等做对比，来判定年代，而后，才有了自然科学方法（如 C14 年代测定法等）的加入，综合研究方法运用使得年代的判定越来越精准，因而，至 20 世纪 80 年代，人们的观点越来越趋于一致。目前学术界对左江流域岩画的断代基本形成共识，即战国至东汉时期。

东汉之后，左江流域岩画逐渐消亡了。

关于岩画习俗消亡的原因，主要有 3 种观点。

覃圣敏等人认为，左江流域岩画主要是祖先崇拜的表现。其分布地域甚为广阔，说明当时的祖先崇拜已超出了氏族的界限，成为部落或部族所共同崇拜的对象了。从总的来看，左江流域岩画所表现的祖先崇拜是处于氏族和部落期间的祖先崇拜。随着个体家庭的

---

① 杨成志：《广西壮族的古代崖壁画》，《中央民族学院学报》1988 年第 4 期。
② 陈汉流：《广西宁明花山岩壁上的壮族史迹》，《文物参考资料》1956 年第 12 期。
③ 陈汉流：《广西宁明花山岩壁上的壮族史迹》，《文物参考资料》1956 年第 12 期。

出现,并越来越成为稳定的社会细胞,氏族、部落等社会纽带越来越松弛,因而氏族、部落等共同的祖先崇拜也逐渐淡薄下去,家庭的祖先崇拜日益浓厚起来,最终取代氏族、部落等共同的祖先崇拜。左江流域崖壁画作为氏族或者部落共同的祖先崇拜的表现,其所以逐渐消亡和最后消失,正是被家庭祖先崇拜逐渐取而代之的结果。因为攀登悬崖峭壁绘制巨大的岩画,需要花费大量的人力和物力,而这种大量的人力和物力,是细小的家庭所无法承担的[①]。

盖山林认为,当时在左江地区,人与自然的矛盾是社会的主要矛盾,水患是这种矛盾的最突出表现。在这一矛盾的面前,由于生产力低下,人们无力去改造自然,与大自然的破坏力去进行斗争,人们为要在实际生活中,达到自己的目的,于是便向水的力量的化身——水神去讨好,企图通过献媚、乞求的手段,得到水神的保佑,达到江水平静、风调雨顺的目的。左江地区古代居民为解决这一突出矛盾,便定期向水神举行祭典仪式。崖画是社会生活在艺术上的反映,于是反映这一突出矛盾的画面便成为这里崖画的唯一题材。这类画面,大约是从骆越人定居到这里,或者是从他们深切体会到江水对自身安全有巨大威胁开始的。然而,人们的良好愿望,并不能改变严酷的生活现实。无数实践证明,祭祀和绘画,并没有使人们获得实惠,左江并没有停止泛滥,一次次的生活告诉向水神祈求的居民,水神是无情的,祭拜是无效的。以后,随着生产力的发展,人们科学知识的增长,人们对水神的基本态度逐渐产生了变化,由献媚代之以镇压。崇左城附近江心孤山上的"归龙斜塔"和左江沿岸地名中的"镇龙山",都是镇压水妖的见证。即便后世对水神仍有讨好者,也不再以崖画形式出现,代之以在江边拿祭品供祭或修

---

① 覃圣敏等:《广西左江流域崖壁画考察与研究》,广西民族出版社1987年版,第179—180页。

建庙宇等形式。到这时，崖画作为反映这一矛盾的艺术形式也便消失了。"壁画的终止，可能与秦汉时代中原汉文化大量涌入这一地区有关。"①

肖波则认为，左江岩画作画习俗的消亡应该是人们宗教观念变化的结果，即宗教取代了巫术。因为在他看来，左江岩画的内容反映的是萨满教的思想，而萨满教作为一种原始宗教信仰形式，本身具有巫术和宗教两方面的特点，但它更侧重于使用巫术手段，只不过披上了一层宗教外衣，从而具有了宗教的部分特点，如宗教的万物有灵观、原始的宗教仪式等，但是宗教最明显的特征即对超自然力的顶礼膜拜在这里还不明显，其更强调的是对鬼神的利用与降伏。尽管巫术也确实经常和神灵打交道，它们正是宗教所假定的具有人格的神灵，但只要它们按其正常的形式进行。它对待神灵的方式实际上是强迫或压制这些神灵，而不是像宗教那样去取悦或讨好它们。因此，巫术断定，一切具有人格的对象，无论是人或神，最终总是从属于那些控制着一切的非人力量。任何人或只要懂得用适当的仪式和咒语来巧妙地操纵这种力量，他就能够继续利用它。巫术思想认为，人们可以通过适当的仪式和咒语来控制外在的力量来达到自己的目的。从左江岩画的内容来看，反映的正是巫术内容，巫师通过迷狂来降神使其为己服务，希望借助天神、祖先神的力量来镇压肆虐的水神，但是无数实践证明，这样做的效果并不好，左江并没有停止泛滥。以后，随着生产力的发展，人们科学知识的增长，人们对水神的基本态度逐渐产生了变化，由镇压代之以献媚。由于岩画失去了它本身的功能，逐渐被人们摒弃了，作画习俗作为特殊时代艺术形式的反映也便消失了②。

---

① 盖山林：《广西左江流域崖壁画学术价值试论》，《广西民族研究》1986 年第 3 期。
② 肖波：《左江岩画几个问题的思考》，《三峡论坛》2013 年第 3 期。

在笔者看来，左江流域岩画消亡的原因是多方面的，综合性的。总的来说，是由于秦始皇统一岭南，给萌芽状态的骆越政权以沉重打击，大批汉人进入岭南，对骆越经济社会文化带来了巨大而深远的影响。

首先，秦始皇统一岭南前，骆越人处于自主发展时期，左江流域岩画可说代表了特点浓郁的骆越文化发展的一个高峰。随着考古发现的日益丰富，越来越多的学者认识到，大约在春秋战国时期，骆越社会贫富分化已较明显，国家政权的雏形已经出现，而到秦始皇时，国家政权已有相当实力，因而，秦军南下岭南时，遭到了瓯骆越人的坚强抵抗。然而，秦始皇在付出了代价之后，毕竟打败了瓯骆越人，将岭南纳入了中央王朝的版图，按照郡县制实行统治。如果说，秦始皇用兵岭南是对骆越政权的一个重大打击，但因秦朝短命，秦灭后，赵佗为巩固自己势力，实行"和辑百越"政策，骆越政权尚有喘息之机，骆越尚有一息凝聚力的话，汉武帝平南越国，对于骆越政权则是一个致命打击，骆越的凝聚力几已消失殆尽。"国之大事，在祀与戎"[①]，骆越政权的被消灭，左江岩画逐渐消亡是顺理成章的事。

其次，中原汉人进入骆越地区，带来的汉族先进的生产技术和精神文化，促进了骆越经济社会的发展变化。随着经济和技术的发展，骆越社会结构、社会形态也发生了变化。骆越萌芽中的政权崩溃，原生的社会组织式微，家户直接面对中央和地方政权统治，社会单位细小化、碎片化，绘制大型岩画以举行大规模宗教活动所需的本民族政权及社会纽带也逐渐式微。

最后，随着移民的大规模增加，南来的文人学士和中央王朝在

[①] （春秋）左丘明：《左传·成公十三年》，李维琦等注，岳麓书社2001年版，第316—319页。

骆越地区建立学校传播中原汉文化，越汉文化互动和涵化越来越主要地表现为"汉化"。文化的重组与改造也消弭了骆越人对岩画的心理需求。

因此，左江流域岩画在东汉之后逐渐消亡是势之必然。

第二节　左江流域岩画文化的新生

左江岩画虽然在东汉以后逐渐消亡了，但作画的骆越人并没有灭亡，也没有完全迁离，岩画所表达的文化内容通过其后裔传承下来，并在一定时空产生了影响。

一　左江岩画文化主题在左右江现代民俗中的整体呈现

左江岩画文化围绕稻作生产和人的生产而举行的宗教祭祀仪式的主题，在左右江现代民俗文化中传承，典型的例子主要有龙州县金龙壮族布傣族群侬峒节及东兰、天峨、南丹交界处的蚂拐节。

龙州县金龙壮族布傣人的侬峒节每年农历正月初八开始于金龙镇武联村百里屯举行，初九到民建村布豪屯，初十到武联村王朝屯、贵平村板烟屯，十一到双蒙村板池屯、民建村板送屯，十二到立丑村逐立屯，十三到双蒙村板蒙屯，十四到横罗村横屯、侵笔村板球屯，十五到越南下琅县，轮流举行。侬峒节的主要内容是举行"求务"仪式[1]。这个仪式如同左江岩画一样，是围绕两种基本生产——稻作生产和人的生产而举行的宗教祭祀仪式。

"务"［mo:33］是布傣人对其氏族高祖以上辈分之神的总称。布傣人认为，世间之神无处不在，无时不有，无所不灵。神有家神

---

[1]　本文对于"求务"仪式的介绍主要参考农瑞群、何明智《壮族布傣求务仪式文化符号解读》，《玉林师范学院学报》（哲学社会科学版）2012年第4期。

崖壁遗梦

图 3－1　广西龙州县金龙壮族布傣族群侬峒节（潘新民摄）

图 3－2　广西龙州县金龙壮族布傣族群侬峒节（潘新民摄）

与外神之别。家神按辈分不同分层次居住，各有不同的管理职责。父辈之神居堂上，负责家中老少平安；祖辈之神居灶旁，负责家中饮食起居；曾祖之神居屋（干栏式）底，负责看管家禽家畜；高祖

— 204 —

之神居屋檐，负责看门守户，不让脏鬼妖魔入门；高祖以上之神则升上天空，飘浮在天与地之间，人们称之为"务"，承担人与天的沟通。布傣侬峒节的求务，就是由布傣民间宗教信仰法事活动操持者布祥通过对天琴、弹唱经书及法事仪式要素的操作，请求务向天转达人的祈求，实现祈福消灾的意志与愿望的一种民间法事活动。

求务仪式一般选在"众板"（公众举行仪式的地方）、土地庙或村前田间举行。仪式举行的当天早上五点钟，全村每家每户自带供品及小桌子汇集到"众板"来，按指定的地方放置桌了，摆上供品。

法事操持者神桌的供品有：白布一块，白米三碗，每碗点三炷香，中间那碗白米前面摆上五个匙羹，每只匙羹旁放一双筷了。白米前摆上糖果、饼干、香烟、蜡烛、甘蔗若干；土制白布、黑布、花布各一匹；扫秽水一碗；猪肉一斤、鸡一只、鱼一条、香酒一瓶；五色花（即柚子花、李花、桃花、乳头花、地捻果花）一束；稻谷、玉米、黄豆、芝麻、绿豆、棉花籽等种子各一把。桌右侧放"叩昆"（全村各户每个人之魂）米一碗，碗中放生鸡蛋一只，插上没燃之香一支；红纸折成之伞一把，伞下插上纸剪的如郎一个。

各家供桌上的供品有：盛米碗一只，插上燃香三炷；桌前置匙羹三只、筷子若干双；熟鸡一只、猪肉一块（一斤左右）、鱼一条；粽子一个、沙糕若干封、爆米花团、糯米团、糖果、饼干、香酒；五色花一束；各种农作物种子若干等。

求务仪式法事操持者是布傣族群特有的专门为人祈福消灾的民间宗教信仰法事活动操持者，称为"布祥"，是给人吉祥平安的意思。布傣人认为，"布祥"在所有宗教信仰法事活动操持者中地位最高、权力最大。相传古时候，有一天玉皇大帝给人间下了一道旨意，叫阳间凡入戒做法事的宗教信仰活动操持者必须上天宫向玉皇登记备案。有老大、老二、老三同时见到了这道旨意，便决定第三天一同上天觐见玉皇。可老大回家后即马上独自上天觐见玉皇。玉皇把最好的一套法衣、官帽、法器及经书赐给了他。老二第二天得知老大昨日先上天的消息后，也急忙上天觐见玉皇。玉皇把剩下的另一套法衣、法帽、法器及经书送给了他。可正当老二穿法衣之时，老三赶到了，见什么都没了，就与老二抢起法衣来，结果只抢到老二的一个衣袖。玉皇见他可怜，就叫老大分给他一副铜链。这老大就是如今布傣民间的法事活动操持者布祥，老二就是道公，老三就是巫公。

布祥的服饰包括官帽、法衣两部分。官帽由前后两块多层黏合的"山"字形硬布组成。山头下正中横对有两条龙；正中下方接近印堂处竖写"玉皇印"三个字；帽了两侧顺耳分别垂下一条长约15cm、宽约3cm的红布条；帽顶两侧各垂下两条长约15cm的彩线；帽后外层垂下15条长13cm、宽2cm的红布条；里层垂下5条长100cm、宽4cm的红布条，每条红布条上均匀排列6个护身符。做法事时，先用一条长约160cm、宽约30cm的黑色白织白染土布头巾叠成三叠绕头，再顺左右方向披上一条红布，然后戴上官帽。法衣又称为"豪光衣"，用白染的红色土布制成，无领，右衽，长袖，及膝；裤子为布傣人传统的青布白染土布长裤；鞋袜为平时所穿。

布祥的法器主要有法印、天琴、天剑、铃叮、高几、令牌、提铃、布扇、竹梆子等。法印是布祥的身份证明与权力的象征。纯布祥或兼做巫的，用的是玉皇印；如布祥兼做道的，用的是玉皇印和三宝印。天琴民间称"鼎"，以琴声为琴名。原始的"鼎"以桃木为琴杆，以葫芦为琴筒，以神须为琴弦。近代的"鼎"以桑木或银木为琴杆，以铜树或葫芦为琴筒，以蚕丝为琴弦。现代的天琴以红木或蜕木为琴杆，以葫芦为琴筒，以尼龙线为琴弦。天剑为铁制，驱鬼邪、妖魔和密符书空之用。叮串系铜制，由一个直径为4cm的大铜环套上6串小铜环，每串小铜环有6个小铜环和3—6个铜制小铃铛。高几由一截长约8cm、直径为3cm的小圆木一分为二而成，为询问神到否或是否同意之用。令牌为木质，长约15cm、宽约4cm，厚约2cm，背面用毛笔写上"勒令、哑、咪"等字，为密写法符所用。提铃为铜质，下口直径约6cm，接柄处直径为2cm，木柄长8cm，为请神、通知神之用。布扇乃表示敲门的工具。

求务经书有《密符法》《吹香》《塘佛》《求务经》等，全用傣音古壮字记载。《密符法》是封桌、请法师、下禁符时所用。《吹香》唱明香与稻的来历及做法事原因等。《塘佛》为布傣做天的经书总汇，学界称为天书。《求务经》则是到天堂后所唱的经书，大意是祈求上天赐花送种，保佑家家户户人畜平安，来年风调雨顺，五谷丰登。

求务之神及其管理权限如下：

"雅诸"，家神的总称，担负着家中老少平安、六畜兴旺、生活幸福的管理之责。

"官板"，玉帝派来管理村庄之神，主要管理村庄内部事务及村里的人畜安全。

"土地公"，玉帝派来管理村庄之神，负责村里村外人畜安全。

"布信"，即山神，负责管理人畜在山上活动的安全保卫工作。

"坟"，指各家的祖坟主管，负责接纳、严格把关本家人进入祖坟之事。

"江"，玉皇大帝属下的官府名，负责上天庭路票签发、各类法事操持者的兵马及挑夫的管理、接待上天庭者以及人间有重要事情向天庭报告等重要工作。

"行遣府"，玉皇大帝属下轮流执政的王府，每年换一王。其轮值顺序为：子年周王，丑年赵王，寅年魏王，卯年郑王，辰年楚王，巳年吴王，午年秦王，未年宋王，申年齐王，酉年鲁王，戌年刘王，亥年越王。当政者要负责当年的一切重大事务的处理。

"官仓府"，管理粮仓的官府，负责对人间缺粮断粮者请求的调查、核实及发放补粮工作。

"花母府","乜积歌、阿积帝"的办事机构,管理人类的繁衍。

"官桥府",负责看守阳间人通往阴间祖宗之桥的官府,担负着严格把关的重责。

"道百斉百汤"村里各姓氏所有宗教信仰活动法事操持者的宗师、法师等,负责带着门徒门孙(求务法事操持者)上天庭求务。

"南曹府",阎王属下的官阴府,掌控着人生与死的决定权。

"务官府",全村各户高祖以上祖宗居住的地方,负责人与天的沟通与联系。

"乜积歌、阿积帝",管理人类生存及繁衍所必需的五谷种子与人类种子及为人类消灾祛难的最高天庭。

求务程序及方法如下:

1. 安桌、封桌。安桌即安放供桌,摆放供品。封桌是把桌子封起来的意思。安桌后,法事操持者手执法印念密语,之后将法印往碗上点燃的香绕三圈,放于中间盛米的碗上。意为把神桌封成钢铁,禁止妖邪脏鬼入侵。

2. 开声、吹香。开声是清嗓开唱的意思。先唱明今天是"天开大赦""绿马长生""渐填开祥"的好日子;接着唱明下界的什么地方及谁在开声做什么法事等。吹香就是把香和稻米的来历及作用等告诉阴间所有的神。

3. 请师、请法。要请的"师"有李白、乜积歌、阿积帝、舜、伏羲、神农、汉氏、人皇帝、李逵等人类的祖先及村里各家各户的"雅诸"(祖宗);请的"法"是村里各种宗教信仰法事活动者的师傅及各种天仙天神等。目的是让他们到神桌上吃饭,然后带领徒子徒孙上天去求务。

4. 上江五下府领路票、点兵马、选挑夫。江五下府主管配兵马和挑夫,并往天庭传递路票,把人间上天求务之事通报天庭,叫各官阴府开门迎接。

5. 上天求务。法事操持者领路票、点兵马和选挑夫后从原路退回地面。接着穿法衣、戴法冠,再进行扫秽,意为清除身上所有邪气,扫除附在供品上的各种妖魔。然后盘腿而坐,弹起天琴上路求务。求务仪式历经十三个官阴府,求助于十三种有着不同管理职责的神。每到一处官阴府,法事操持者先用布扇了叩门求见,进贡礼品,再根据各个官阴府的不同管理职责提出下界人的请求。其中"乜积歌、阿积帝"是求务仪式要求的最后一个官阴府,法事操持者在这里虔诚叩拜,进贡礼品,祈求给下界赐予人类花种和稻种,为人类赐福消灾,放回人间有灾有难者的灵魂,让他们平安度日。

6. 赶虫、下禁符。从"乜积歌、阿积帝"领取谷种、人类花种后,法事操持者从原路返回。返回时,法事操持者有的弹着天琴,有的敲着竹梆进行赶虫,意示来年庄稼无虫灾,获得好收成。退回土地庙后,法事操持者领着全村人从土地庙出发,围着村了小跑转圈,边跑边弹边唱,身后的村民边跑边撒火灰,并按东南西北的顺序给四方下禁符,意示村了已经设立保护网,妖魔鬼怪不能进,来年全村人吉祥平安。

7. 退师退法、赐种子。下禁符后,法事操持者退到神桌,先请全村家神、师、法进食,感谢他们引领上天求务,然后退兵马、退师法、退家神,叫他们退回原地。退神之后,法事操持者把各户带来的种子放到竹筐中搅拌均匀,再把种子及鲜花分给各户,意示天赐予各家五谷种子及后代花种,有上天保佑,来年定会风调雨顺、五谷丰登、氏族繁衍、人丁兴旺、瓜葛绵长。

求务内容很多,反映在《求务经》中,其内容包括了生产生活方方面面的祈愿。

求务仪式反映了布傣人祖先对稻作生产的理解及祈求稻作丰收的心理。《求务经》中"吹香"部分记载:原生稻生长在山野林边,其状如袖，白生白落，无人问津。是上天"包积歌、阿积帝"告诉人稻可吃，并教人食用。此后，成熟之稻白滚回人"家"中，让人享用。后因家中姑嫂为争一夫而枢气，"汉氏"用木棍把滚到家门之稻打碎。被打碎之稻滚回山中，变成了山薯和恍榔树。"人皇"命令人进山把稻找回，"吏李连"进山把稻找回，把它栽种田里，使稻不断繁殖增多，养活天下人。经诗同时载明，是舜皇开造水田、池塘，并驯服大象拉犁耕地。同时，体现了布僳对"两种生产"的执着追求和对幸福生活的憧憬向往。布僳人认为，天下的每一个人，都是"乜积歌、阿积帝"赐予的一朵花；每一粒粮食，都是"乜积歌、阿积帝"赐予的养命丸。没有"乜积歌、阿积帝"送的花，人类就无法繁衍；没有"乜积歌、阿积帝"赐予的养命丸，人类就无法生存发展。求务仪式历时十多个小时，历经十三个官阴府，横渡两道天仙河，途中不断遭到妖魔的"围追堵截"，可谓历尽千难万险。但求务者带领千军万马，以百折不挠的大无畏精神战胜数不尽的艰难险阻，直上天庭，为的是领取人类繁衍、生存所需的花种和稻种，让氏族繁衍，永不断后；让百姓丰衣足食、幸福美满。

可见，龙州金龙布僳人侬峒节中的求务仪式与左江岩画一样，都是围绕稻作生产与人的生产而展开的仪式。尽管两者形式不同，但文化内涵是一致的。求务是左江岩画文化传承至今的体现。

蚂蜴节是整体体现左江岩画文化主题的另一项典型的现代民俗。东兰、凤山和南丹一带壮族至今流行的蚂蜴节，又称"蛙婆节"或"埋蚂蜴"。关于这个节日的由来，壮族民间流传着一个传说：古时候，人是吃人的，人老了，就会被后人杀来吃掉。有一个名叫东林郎的人，因不忍心让自己的母亲被别人吃掉，就用空心树将母亲藏起来。在他为母亲守灵的时候，青蛙老在旁边叫，东林郎很不高兴，一气之下，就用一盆开水向青蛙泼去。这一下可惹来了大祸，人间遭了大旱。东林郎不知道这是怎么回事，就去向布洛陀讨教。布洛陀告诉他,青蛙是天女,她妈是雷王,你伤害了青蛙,雷王恼怒,所以不降雨了。东林郎知道自己做错了事,就和全村的人一起,敲着铜鼓去找青蛙,并用花轿把青蛙抬回村子来过年。全村的人都来陪伴青蛙,抬青蛙游村,欢乐30天,最后为青蛙送葬。此后,年年风调雨顺,人畜安宁,五谷丰登。蚂蚜节也就沿袭了下来①。

蚂蚜节每年举行一次,时间从旧历正月初一开始,经历时间长短则因地因年而异,有的3—5天,有的7—9天,有的整整一个月。蚂蚜节的活动大致要经过如下程序②。

(一)找蚂蚜

每年正月初一,天刚蒙蒙亮时,全村男女老少,相邀出动,敲锣打鼓地到田峒寻找蚂蚜。谁先找到,立即高呼,众人便蜂拥而至,先睹为快。然后,鸣炮禀报神灵。人们认为最先找到蚂蚜的人,该年将交好运,因而此人是很受人们敬慕的。

(二)孝蚂蚜

由蚂蚜的寻得者将蚂蚜献给由群众推举出来的主祭人——歌主,歌主将青蛙放入一个精致的小棺材中,外罩一幢一尺见方的纸扎花楼,然后由4名英俊的青年抬着,在众人的前呼后拥下,敲锣打鼓载歌载舞地游村串寨。每到一户,唱一遍《蚂蚜歌》,向主人表示祝福。歌毕,主人必送大米、粽子、糍粑、肉、彩蛋等作为奉献给蚂蚜的祭品。这些祭品叫"福寿品",据说孩子们吃了聪明、健壮,青年人吃了健康无恙,老年人吃了延年益寿,故大家争相索取。到了晚上,人们把蚂蚜的灵柩置于村外的社皇庙或亭子里,全村男女老少都去为蚂蚜"守灵"。老年人敲响锣鼓,青年人翩翩起步,跳起"青蛙舞""铜鼓舞"等优雅独特的舞蹈,并通宵达旦地对唱山歌,

---

① 覃剑萍:《壮族蛙婆节初探》,《广西民族研究》1988年第1期。
② 周作秋:《壮族的蚂蚜节和〈蚂蚜歌〉》,《民间文学》1986年第6期;卢孟生:《蚂蚜葬》,广西民族研究会秘书组编印:《广西民族研究通讯》第7期。

尽情欢乐。这种娱乐活动一直延续到葬蚂𧊒之日为止。

（三）葬蚂𧊒

葬蚂𧊒必须择定吉日良辰。是日清晨，人们在停放青蛙的地方竖起一根根竹竿，上挂各色纸幡，下立支架，悬吊铜鼓。当选定的吉时到时，人们便敲响铜鼓，鸣地炮，葬蚂𧊒的仪式正式开始，青年们戴着各种形象粗犷的面具，在铜鼓、皮鼓、唢呐的伴奏下，模仿青蛙的形象跳舞。然后，全村男女老少手执三角彩旗，在歌主的带领下，抬着蚂𧊒的灵柩在村外的田地绕行一圈，大家边走边唱《蚂𧊒歌》，然后停柩于一草坪上，掘坑安葬，垒土为坟。下葬前，先把上一年的蚂𧊒挖出，开棺验骨，以卜来岁吉凶。如果蚂𧊒的骨头是黑色的，预兆今年雨水不调，收成不好，流年不利；若骨头呈白色，表示棉花将获丰收；倘呈黄色，则预示当年将风调雨顺，五谷丰登。

图 3-3　壮族蚂𧊒节之找蚂𧊒（潘新民摄）

蚂𧊒节除了祈求稻作丰收之外，也祈求人丁兴旺。在跳蚂𧊒舞的时候，有不少表现男女两情相悦、模拟两性交媾的场面和内容，其目的就是祈求人的繁衍。

蚂蚋节不仅继承了左江岩画中的蚂蚋形象，其主题内容也是左江岩画的传承。

图 3-4　壮族蚂蚋节之抬蚂蚋游村（潘新民摄）

图 3-5　壮族蚂蚋节之跳蚂蚋舞（1）（潘新民摄）

图3-6　壮族蚂蚓节之跳蚂蚓舞（2）（潘新民摄）

图3-7　壮族蚂蚓节之跳蚂蚓舞（3）（潘新民摄）

图3-8　壮族蚂蚜节之跳蚂蚜舞（4）（潘新民摄）

图3-9　壮族蚂蚜节之跳蚂蚜舞（5）（潘新民摄）

图3-10　壮族蚂蜗节之开棺验骨（潘新民摄）

二　左江岩画文化一些特质在左、右江流域现代民俗中的流传

（一）太阳崇拜

太阳崇拜一直在壮族先民及壮族中传承。北齐魏收《五日》诗云："因想苍梧郡，兹日祀东君。"苍梧乃广西东北部，东君便是太阳神。屈大均《广东新语》亦曰："盖南人最事日，以日为天神之主，炎州所司命，故凡处出山者，登罗浮（山）以宾日；处海者，临扶胥以浴日，所谓戴日之人也。又日之所中，在其首上，故日戴。"在壮族先民和壮族所铸造的象征财富和权力的宝贵重器铜鼓上，无一不铸有光芒四射的太阳纹①。直至现代，太阳崇拜的现象仍可见于左右江地区。如在南部方言的壮族普遍认为太阳是天的眼睛，日蚀时，人们要打锣，把扫帚往天上捅，以防狗把太阳吃掉。云南西畴革机屯的壮族，每年春节期间都要由族长带领族人到一固定的小山头上祭拜太阳。大年初一清早，族长带领族人到山头上，在一

---

① 蒋廷瑜：《铜鼓艺术研究》，广西人民出版社1988年版，第115—119页。

块大石摆上供品，朝太阳升起的地方朝拜。太阳升起的时候，族长带领族人，绕着大石头转圈，祈求一年的平安、丰收。

(二) 铜鼓崇拜

东汉之后，铜鼓崇拜在骆越后裔中一直存在。《隋书·地理志》："欲相攻则鸣此鼓，到者如云。"《明史·刘显传》："鼓山巅，群蛮毕齐。"清人檀萃在《滇海虞衡志》中说：铜鼓"会集击之，声闻百里以传信"。由于铜鼓能集众，成为了权力的象征，拥有铜鼓也就拥有了统治权。

铜鼓作为权力的象征在史书中多有记载。《隋书·地理志》载："自岭以南二十余郡……其俚人则质直尚信，诸蛮则勇敢自立，皆重贿轻死，唯富为雄。……诸僚皆然，并铸铜为大鼓。初成，悬于庭中，置酒以招同类。来者有富豪子女，则以金银为大钗，执以扣鼓，竟，乃留遗主人，名为铜鼓钗。俗好相杀，多构仇怨，欲相攻则鸣此鼓，到者如云。有鼓者号为都老，群情推服。"

《太平御览》："有鼓者，极为豪强。"

《续资治通鉴长编》："家有铜鼓，子孙秘传，号为右族。"右族即望族，就是有声望的世家大族。

《宋史·蛮夷列传》三载：抚水州蛮"其族铸铜为大鼓，初成，悬于庭中，置酒以招同类，争以金银为大钗叩鼓，去则以钗遗主人。相攻击，鸣鼓以集众，号有鼓者为都老，众推服之"。

曹学佺《蜀中广记》引《上南志》："铜鼓，有剥蚀，声响者为上，易牛千头，次者七八百头，递有差等。夷人藏至二三百面者，即得雄视一方。"

谈迁《国榷》卷六九："藏鼓二三，即雄长诸蛮。"朱国桢《涌幢小品》卷四："藏（铜鼓）二三面者，即得僭号为寨主矣。"

《明史·刘显传》也说："得鼓二三，便可僭号称王。"[1]

---

[1] （清）张廷玉等：《明史》卷212《刘显》，中华书局1974年版，第5620页。

铜鼓还被当作权力的信物传给继承人。《宾阳县志》附朱昌奎《铜鼓考》载："铜鼓系苗族酋长宝物，大而重者为最贵。其四周所铸之青蛙，以表爵位尊卑，青蛙越多，则爵位越尊，平时用为乐器，有事则用为集合信号。酋长死，则传子若孙，不啻传国宝也。如无子孙，则埋于土中，部众分头寻觅，如发现铜鼓，则击之，群苗毕集环跪，共奉其人为酋长。如竟无人寻获，则另铸新鼓，公推年长有德者掌之，以为酋长。"从记载中可以看出，谁掌握了铜鼓谁就可以成为"都老"，可以用铜鼓集众，发号施令。

由于铜鼓是权力的重器和权力的象征，因此，铜鼓都由酋长掌握，他们将铜鼓视为部族的生命，铜鼓一经丧失，整个部族就意味着灭亡。《陈书·欧阳颁传》："（兰）钦南征夷僚，擒陈文彻，所获不可胜计。献大铜鼓。累代所无。"[1]

铜鼓是个人身份地位的象征。裴渊《广州记》中记录了东晋时期广州境内（辖南海、郁林、苍梧、宁浦、高凉、晋兴等郡，包括今广东、广西的绝大部分地区）俚僚族铸造铜鼓的仪式："俚僚铸铜为鼓，鼓唯高大为贵，面阔丈余。初成，悬于庭，克晨置酒，招致同类，来者盈门，豪富子女，以金银为大钗，执以叩鼓，叩竟，遗留主人也。"唐杜佑《通典》："铜鼓，铸铜为之，虚其一面，覆而击其上。南夷、扶南、天竺类皆如此。岭南豪家则有之，大者广丈余。"[2] 唐昭宗时曾任广州司马的刘恂在其所著的《岭表录异》中载："贞元中，骠国（今缅甸）进乐，有玉螺铜鼓，即知南蛮酋首之家皆有此鼓也。"[3]

铜鼓还是财富的象征。《晋书·食货志》："广州夷人，宝贵铜鼓，而州境素不出铜。闻官私贾人，皆于此下贪比输钱，斤两差重，

---

[1] （唐）姚思廉：《陈书》卷9《欧阳颁》，中华书局1972年版，第157—159页。
[2] （唐）杜佑：《通典》卷144《乐四》，浙江古籍出版社1988年版，第752页。
[3] （唐）刘恂：《岭表录异》卷上，中华书局1985年版，第4页。

以入广州，货与夷人，铸败作鼓。其重为禁制，得者科罪。"① 说明，当时广州的夷人将铜鼓看得比钱币贵重。曹学铨《蜀中广记》引《上南志》："铜鼓，有剥蚀，声响者为上，易牛千头，次者七八百头，递有差等。②"明弘治《贵州图经新志》卷一二："仲家，范铜为鼓，其制类鼓，无底。遇死丧，待宾客，击以为乐。相传诸葛武侯之所铸者，价值牛马或以百计，富者倾产市之，不惜也。"田汝成《行边纪闻·蛮夷》中载：仲家"俗尚铜鼓，击以为娱，土人或掘地得鼓，即夸张言诸葛武侯所载者，富家争购，即百牛不惜也"。明邝露《赤雅》："铜鼓，……重赀求购，多至千牛。"③

铜鼓还作为贵重的财物向中央王朝进贡表示臣服，以争取朝廷对他们统治权的承认。《宋史·蛮夷南丹州蛮传》：宋太宗淳化元年（公元990年），酋帅莫洪燕卒，其弟莫洪皓袭称刺史，"遣其子淮通来贡，银碗二十，铜鼓三面，铜印一钮，旗一帖，绣真珠红罗襦一。"④

在左、右江流域现代民俗中，铜鼓文化得到了很好的传承。尽管铜鼓如今已不再是权力重器，不再是显示等级、权力、地位和财富的象征物，但作为一个文化符号，早已深入人心，不仅壮、侗、仫佬、毛南、水等骆越后裔依然使用铜鼓，保持着对铜鼓的崇拜，汉、瑶、苗、彝等非骆越后裔民族因长期受骆越文化的浸染，也在一些重大节日庆典中使用铜鼓。据不完全统计，河池市现藏传世铜鼓1400余面，若将20世纪"大炼钢铁"运动及"文化大革命"十

---

① （唐）房玄龄：《晋书》卷26《食货》，中华书局1974年版，第795页。
② （明）曹学佺：《蜀中广记》卷70《方物记第十二·乐器》，上海古籍出版社1993年版，第158—167页。
③ （明）邝露：《赤雅考释》卷下《伏波铜鼓》，蓝鸿恩考释，广西民族出版社1995年版，第154页。
④ （元）脱脱等：《宋史》卷494《蛮夷二·南丹州》，中华书局1977年版，第14199—14200页。

年中所损失的一并计算，河池民间铜鼓在新中国成立之初，数量当有数千面之多①。崇左市和百色市民间有多少铜鼓，没有人做过统计，但据笔者田野调查的经验，几乎每个壮族村落都有，逢有重大节日庆典，可拿出来使用。更重要的是，在左、右江地区很多有关铜鼓来源的神话传说依然流传，铜鼓的平时管理有制度，铜鼓的启用及收藏有一定的仪式和风俗，铜鼓依然发挥着娱乐、神器、重器和集众的功能②。

（三）雷神崇拜

由于岭南是多雷地区，人们有更多的机会目睹雷电造成的自然灾害，因而对之产生强烈的畏惧心理是势在必然。在神话中，雷神被尊为壮人早期四大神（雷公、布洛陀、蛟龙、虎）之首。雷王的生动形象：雷王住在天上，有一副青蓝色的脸，灯笼般的眼睛，鸟类的嘴，并长着一对翅膀；他左手可以招风，右手可以招雨，凶恶威严；他主宰着人间风雨，生死祸福，既可使人间风调雨顺，又可使天旱地裂或洪水滔天③。在古代文献中，有关骆越后裔祭祀雷神的记载很多。如《太平广记》云："唐罗州之南二百里至雷州为海康郡，……其事雷畏最甚谨，每具酒肴奠焉。"《铁围山丛书》曰："独五岭之南，俚俗犹存也。今南人喜祀雷神者，谓之天神。"《岭外代答》卷10亦曰："广右敬事雷神，谓之天神，其祭曰祭天。盖州有雷庙，威灵甚盛。一路之民敬畏之，钦人尤畏。圃中一木枯死，野处片地，草木萎死，悉曰天神降也，许祭天以禳之。苟雷震其地，则又甚也。其祭之也，六畜必具，多至百牲，祭必三年。初年薄祭，中年稍丰，末年盛祭。每祭，则养牲三年而后克盛祭。其祭也极谨，

---

① 吴伟峰等主编：《河池铜鼓》，广西民族出版社2009年版，第11页。
② 吴伟峰等主编：《河池铜鼓》，广西民族出版社2009年版，第12—22、206—220页。
③ 蓝鸿恩搜集整理：《布伯的故事》，附录于蓝鸿恩《人的觉醒—论布伯的故事》，《广西民间文学丛刊》1980年第2期。

虽同里巷，亦有惧心。一或不祭，而家中偶有疾病官事，则邻里亲戚众忧之，以为天神实之灾。"宋代南丹土官所铸的几十尊几米高的神像里，第一尊就是人身鸟形的雷王像，惜已熔毁。旧时做道场，师公在唱雷公经诗时，必有一人戴鸟喙雷公面具，脚缠绘成禽足的布。

对雷神的顶礼膜拜，在唐宋朝的时候，似是广南西路人们的地区性行为。宋朝广南西路，包括今广西、广东高州县以南的粤西南及海南省。在这些地区内，骆越人后裔广建雷庙或雷王庙。比如，《古今图书集成·方舆汇编·职方典》卷1433《梧州府祠庙考》载："雷神祠，本邑各乡俱有，每三年用特牲祭。"唐朝柳宗元到柳州任刺史，雷塘庙开祭之日，也到庙中读祷雨文，祈求雷神叨念民艰，降下雨水急民之急。①

此后，雷神崇拜不断，在人们的观念里，雷神不仅支配着人世间雨水的多寡，操纵着人们的祸福，而且主持着社会善恶的分界，起到奖善惩恶的作用。比如，明朝魏浚《西事珥》卷7《雷诛不孝》载：

鲁蛮，宜山人，事母不孝。每食，母惟少与之，母常不得饱；岁时祭享，肉虽多，皆不与母。日与其妻骂詈，甚至笞之数十，母溺爱忍受之。

一日，风雨聚至，雷火焚蛮居。左右邻俱无恙；母髻挂一笆壁，笆尽灰，髻独无恙；蛮夫妇悬半空，髻直上。所居地裂一缝，雷似猪形钻入裂中者不胜数，须臾雨止，蛮夫妇陨坠昏倒。本府以其事闻禁，数日方死。

---

① 《古今图书集成·方舆汇编·职方典》卷1410《柳州府祠庙考》，中华书局影印。

骆越后裔祭雷的时间，是他们认为的雷王诞辰日，或为农历六月二十四日，或为农历六月初二日。比如，广东雷州，"六月二十四日，雷州人必供雷鼓以酬雷"；① 而广西来宾县，"乡间多以夏历六月初二日椎牛祀雷，称之曰'雷王'，其祠谓之'庙'。祭拜醵饮，一如春、秋祀社时。牲大肉多，亦有分胙。若岁旱无雨，乡众亦于是就祷焉"。②

雷神崇拜在现代左、右江民俗文化中得到了传承。近人刘介亦指出："神权时代，乡民对雷神特别敬畏……近代左江巫师，还把一种名叫'雷公铜'的斧楔，作为重要的法具。"③ 武鸣县清江乡的壮族到解放前还祭"雷神"。他们所谓的"雷神"是一个像人形的石头，据说是由于建立清江圩从清江挖石时发现的，1949年以前每逢年节都要去祭拜，以求平安、发财④。直至现代，雷公在壮族人心目中，仍具有至高的神威。左江流域壮人，过去过节或天旱必祭雷公。民间俗语常说："天上最大的是雷公，地上最大的是舅公。"某人做坏事或与某人有仇时，就诅咒他："雷公劈死你！"还有的说："你有本事去告雷公！"若有人被雷击死，则认为此人是罪有应得。这与《岭表纪蛮》："凡被雷殁者，蛮人以为天诛，必罪大恶极，相戒不往吊，虽至戚亦远之"的记载是一致的。在百色县两琶乡大琶屯附近有个叫顶香的地方，长期以来当地壮族无人敢走近那里，据说二十多年前有个老人想从那里走过去，一直走了三天还走不出七步远，因而人们说此地有雷公⑤。

---

① （清）屈大均撰：《广东新语》卷6《雷神》，中华书局出版社1997年版，第201页。
② （民国）翟富文：《来宾县志》，成文出版社1975年版，第280页。
③ 刘介：《西原族的发展与宁明、崇左、龙津等处的壁画》，《花山崖壁画资料集》，广西民族出版社1963年版，第29—31页。
④ 《武鸣县清江乡壮族社会历史调查》，广西壮族自治区编辑组《广西壮族社会历史调查》第6册，广西民族出版社1985年版，第74页。
⑤ 《百色县两琶乡壮族社会历史调查》，广西壮族自治区编辑组《广西壮族社会历史调查》第2册，广西民族出版社1985年版，第265页。

（四）水神崇拜

骆越祭水神的习俗薪火相传。唐柳宗元《柳州峒氓》咏道："鹅毛御腊缝山，鸡骨占年拜水神。"温庭筠《河渎神词》曰："铜鼓赛神来，满庭幡盖徘徊，水村江浦过风雷，楚山如画烟开。"孙光宪《菩萨蛮》云："木棉花映丛祠小，越禽声里春光晓，铜鼓与蛮歌，南人祈赛多。"许浑《送客南归》诗亦云："瓦样留海客，铜鼓赛江神。"这些材料都描绘了当时骆越后裔祭水神的盛举。

直至近现代，壮族人还认为有一种叫"图额"的神，住在水深的河湾或深潭中，因而他们在屙水捉鱼时，要对"图额"烧香、礼拜和上供①。所谓"图额"，就是鳄鱼，是壮族先民及壮族心目中水神的具体形象。《淮南子·原道训》云："九嶷之南，陆事寡而水事众，于是人民断发纹身，以象鳞虫。"② 所谓鳞虫，便是两栖爬行动物鳄鱼。直至明清时期，壮族同胞仍然将鳄鱼用"以祷鬼克敌"③。清陆祚蕃《粤西偶记》载："鬼鱼似鳄，壮人仇杀取此鱼祀鬼，舆人食之辄死，觉之请蛮人咒之立苏。"此外，壮乡也流传着一些人与鳄鱼婚媾的故事。如百色一带的《配鳄郎》说，独眼鳄人帮助一老农耕作，保其旱涝丰收，老农便将三女儿许配给他。鳄人与三妹在一个湖底生儿育女，过着美满幸福的生活，使贪婪的大姐非常妒嫉。狠毒的大姐谋害了三妹，但历经磨难之后，鳄人与三妹仍得到团聚。在大旱之年，他们祈求天神降雨，使壮族乡亲获得丰收。天神便命鳄人夫妻掌管人间风雨。于是，他们常常变成一对仔砚鸟飞到人间巡视。哪一年见到它们，哪一年就必定会有好收成④。云南西畴壮族

---

① 蓝鸿恩：《人的觉醒——论布伯的故事》，《广西民间文学丛刊》1980年第2期。
② （汉）刘安：《淮南子》卷1《原道训》，陈一平校注译，广东人民出版社1994年版，第13页。
③ （明）邝露：《赤雅考释》卷下《鬼鱼》，蓝鸿恩考释，广西民族出版社1995年版，第143页。
④ 广西百色民间文学三套集成编辑委员会编：《百色故事集》（资料本），第249—253页。

的丧葬古歌也有叙述其女祖先与"迪厄"(鳄鱼)结婚,"迪厄"将她的灵魂压在水底的故事①。

在广西大新县,有一个叫"瞽龙"的盆地,中心处有个地洞通往地下河,排泄地面水。然而,每当暴风骤雨、山洪暴发时,因地洞排泄不及而泛滥成灾,人畜也往往不慎而坠落其间。这使壮族同胞误认为是洞中水神作祟,于是就请来巫师,在洞口设坛祭祀水神祈求人畜平安②。在靖西县鹅泉村念安屯,有一眼泉名叫鹅泉,泉旁有一座"龙王庙"。从庙中碑文可知,此庙已有相当久远的历史,历史上曾有多任县官亲临此地祭拜水神。1991年,笔者在念安屯进行壮族民间文化调查时发现,当地壮族流传着关于这口泉形成的神话故事,一些老人还津津有味地跟我们讲这口泉的水神如何跟另一条河流的水神"斗法",他们的先辈和他们又如何地帮助鹅泉的水神取胜。我们了解到,现在某些节日,当地一些群众还到庙里祭拜水神。而且每隔几年,要集体大祭一次。祭祀一般在三月三举行,由当地杨姓中辈分最高者主持(因为传说鹅泉的形成与杨姓祖先有关),摆上各种祭品后,要朗诵祭文,最后将一些米饭撒入水中。这表明崇拜水神的观念至今仍根深蒂固地存在于某些壮族人的心目中。

(五)青蛙崇拜

左江流域岩画中所体现的青蛙崇拜继续体现在其后裔铸造和使用的粤式铜鼓的鼓面大多饰有立体青蛙,有的是单蛙,有的是迭蛙,数量从1只、4只至6只不等③。南宋方信孺《南海百咏》曾为此叹曰:"周遭多铸虾蟆,两两相对,不知其何意。"其实,这不仅仅是为了美观,而且包含有深刻的信念的内容。在壮族群众中流传有这

---

① 何正廷:《云南壮族的原始社会》,《广西民族研究》1992年第1期。
② 周宗贤:《花山崖壁画是古越人"祭水神"之作——兼论花山崖壁画研究的种种说法》,《南方民族论丛》1985年第1期。
③ 蒋廷瑜:《铜鼓艺术研究》,广西人民出版社1988年版,第81页。

样一则故事：古时，老人死后，要分给青年人吃掉，这是雷王立下的规矩。但有一户人家的孩子对母亲很孝敬，不忍心把自己母亲分割给大家吃，便杀了一头牛去顶替。由于这家人破了雷王规矩，雷王要惩罚他们。为了弄清情况，雷王就派自己的儿子青蛙去调查。这家人发现了雷王的企图，将青蛙抓住，并审问青蛙，雷王为什么有那么大的本事？青蛙说，她有铜鼓。这家人接着问雷王的铜鼓有什么特点，青蛙回答说：雷王铜鼓周边有4个青蛙。这家人放了青蛙后，赶紧造了一个大铜鼓，并于鼓面造出6个青蛙。当雷王擂着铜鼓前来劈杀这家人时，这家人也擂起铜鼓迎战。由于这家人的铜鼓比雷王的还多两个青蛙，擂起来便把雷王的铜鼓震败了。从此以后，雷王再也不敢劈人了。[①] 可见，青蛙是正义和力量的化身。人们之所以在铜鼓上铸造青蛙是因为他们相信青蛙具有超自然的力量，能给他们以帮助和庇护。从文献记载来看，唐朝时期人们已将青蛙视为"铜鼓精"。刘恂《岭表录异》云："僖宗朝，郑绹镇番禺日，有林蔼者，为高州太守。有乡野小儿，因牧牛，闻田中有蛤鸣，牧童遂捕之。蛤跃入一穴，遂掘之，深大，即蛮酋冢也。蛤乃无踪。穴中得一铜鼓，其色翠绿，土蚀数处损阙，其上隐起，多铸蛙黾之状，疑其鸣蛤，即鼓精也。"正由于青蛙是壮族的图腾，蛙饰与铜鼓结合，才使铜鼓成为有图腾附着的"神灵器"[②]。

青蛙崇拜流传至今。特别是在左、右江流域壮族文化中，得到了较好的传承。壮族的民间文学以听觉的形式表现了壮族对青蛙的崇拜之情。壮族关于青蛙的神话很多，如《蚂𧌡歌》[③]《祭青蛙》[④]等，都把青蛙说成是上天下来的神物，具有非凡的本领。一些地区

---

① 蓝鸿恩：《壮族青蛙神话剖析》，《广西民间文学丛刊》1985年第12期。
② 梁庭望：《壮族图腾初探》，《学术论坛》1982年第3期。
③ 周作秋：《壮族的蚂𧌡节和〈蚂𧌡歌〉》，《民间文学》1986年第6期。
④ 蓝鸿恩：《壮族神话简论》，《三月三》1983年创刊号。

的壮族还相信日蚀、月蚀的发生是由于蛤蟆吞食日月所致。① 另外,《蚂蚓仔成亲》②《青蛙姑娘》③ 和《蟾蜍的故事》④ 等神话故事还描述了蛙蝇变成人与人类结亲的情节和内容。

此外,东兰、凤山和南丹一带的壮族至今流行一个规模盛大的祭蛙节日——蚂蚓节。壮族的一些民间禁忌也反映了人们对青蛙的崇拜。许多地方的壮人都不准杀青蛙,甚至不准小孩乱捉,否则要受到严厉的斥责。老人在田间遇到青蛙,都要小心地绕道而行。1949 年前后,广西东兰、凤山、田东、来宾等地仍禁捉禁杀青蛙⑤。

(六) 犬崇拜

犬崇拜的传承首先体现在骆越后裔僚人对狗非常尊宠上。《太平御览》卷 780《叙东夷》引《临海水土志》说,"安家之民""悉依深山,架立屋舍于栈格上,似楼状。……父母死亡,杀犬祭之"。《临海水土志》是三国时代沈莹所撰,安家之民就是当时居住于今闽、浙之界的越人。他们杀狗祭祀死去的父母,逝去的父母可以得到慰藉,灵魂可以因狗而逸升天际。南北朝《魏书》卷 101《僚传》载:儿子若错杀了父亲,"走避,求得一狗以谢其母。母得狗谢,不复嫌恨"。可知狗在当时越僚人心目中的位置。因此,狗在人们贸易中成为等价的比物:"大狗一头,买一生口。"⑥ "生口",就是奴婢或奴隶。

自古而至于近、现代,各处壮族莫不"以犬为珍味"。所以,范

---

① 《天峨县白定乡壮族政治及生活习俗的调查》,《广西壮族社会历史调查》第 1 册,广西民族出版社 1984 年版,第 24 页。
② 南宁师范学院广西民族民间文学研究室编印:《广西少数民族民歌民间故事》第 1 集,1982 年,第 122—126 页。
③ 门言其雄等搜集整理:《青蛙姑娘》,《三月三》1983 年创刊号。
④ 广西壮族自治区科学工作委员会壮族文学史编辑室编:《壮族民间故事资料》第 2 集,1959 年,第 194—195 页。
⑤ 梁庭望:《壮族图腾初探》,《学术论坛》1982 年第 3 期。
⑥ (齐) 魏收:《魏书》卷 101《僚传》,吉林人民出版社 1995 年版,第 1379 页。

承勋康熙《云南通志》卷 27、鄂尔泰雍正《云南通志》卷 24、李熙龄道光《普洱府志》卷 18 都说侬人"甘犬嗜鼠"。嘉庆年间（1796—1820 年）著名学者赵翼官镇安府（治今广西德保县）太守时所写的《镇安风土诗》有句说那里的"犬肉多于豕"，并注谓镇安"墟场卖犬以千百计"。民国年间，刘锡蕃也说：壮族无论男女，"皆喜食狗肉，故婚事以狗行聘。如镇结（在今广西天等县东北——引者）之亭侬墟，每值端午，家家屠狗过节。先期一日，市上摆卖狗肉，不可数计。又镇边（今广西那坡县——引者）、西隆（今广西隆林——引者），亦有此俗，惟节日则非端午，而为废历（农历）二月二十二日"[1]。

而行犬祭的风俗，在壮族中一直延续至今。元朝陈孚《思明州》诗五首，其三即为："鹿酒香浓犬羱肥，黄茅冈上纸钱飞。一声鼓绝长蠱（蠱）立，又是蛮巫祭鬼归。"[2]"犬羱肥"，就是狗大猪肥。这是广西壮人以狗为祀鬼的祭品。又景泰《云南图经志书》卷 3 载：云南师宗州（今师宗县）"土僚"，"以犬为珍味，不得犬不敢祭"。王崧道光《云南志钞》卷 154 也说：侬人"种植糯谷，好割犬祭祀"。及至现代，每当壮族等民族在久旱无雨之际，为了顺利耕种而举行求雨仪式之时，都要杀犬和猫以为祭品，仪式行将结束时丢至深潭。这是求雨仪式的重要环节。

时至现代，由于汉族文化的迁入并逐渐为壮族接受以后，一些地方的壮族逐渐革除"得犬方祭"的习俗，视狗肉为污秽之品，排出神台之外。据 20 世纪 50 年代调查，西林县那劳区维新乡的壮族和百色县两琶乡的壮族，都不准在祖先神台上摆放狗肉，认为这样使祖先受惊而惩罚自己，是对祖先的不敬。[3] 广西大新县、凌乐县的

---

[1] 刘锡蕃：《岭表纪蛮》，商务印书馆 1934 年版，第 259 页。
[2] （清）汪森：《粤西诗载》卷 22，广西人民出版社 1988 年版，第 155 页。
[3] 广西壮族自治区编辑组：《西林县那劳区维新乡壮族社会历史调查》《百色县两琶乡壮族社会历史调查》，《广西壮族社会历史调查》第 2 册，广西民族出版社 1985 年版，第 213、266 页。

壮族都有狗肉禁忌①。

但对犬的崇拜依然存在。直至近现代，广西崇左一带的壮族，春节时仍结草为狗像，并在其身上披挂彩带而立于村口供奉；有的地方则凿石为狗，立于村口供奉，以期驱鬼禳灾，保佑村寨平安。

（七）鸟崇拜

左江流域岩画所表达的鸟崇拜在其后裔壮侗语民族中得到了传承。在壮族、侗族、仫佬族、毛南族、水族的神话中，他们共同的始祖母被称为"姆六甲"，始祖公被称为"布洛陀"，这两个名字分别是"六甲鸟之母"和"鸟首领"之意。此外，他们崇拜的布洛陀的兄弟雷王，也按鸟的形象来塑造：人身、鸟喙、鸟翼、禽爪②。

壮族民间还流传着许多人死后变成鸟的传说。如民间故事《秧姑鸟》说，立夏前后，殷勤叫唤"勒谷勒啊"，提醒农民耙田插秧的秧姑鸟，是由美丽的壮族少女变成的③。《救哇鸟》④《杜鹃鸟的故事》⑤等也是此类故事。这些故事的内容与图腾崇拜中人与图腾同类的观念是有关的。

（八）生殖崇拜

左江流域岩画所表达的骆越的生殖崇拜在左、右江民族民俗文化中得到了继承，主要体现在以下几个方面。

1. 生育神崇拜

所谓生育神是指主宰人类生育繁衍的神灵。壮、侗、仫佬、毛

---

① 广西壮族自治区编辑组：《安平土司》《下雷土司》《凌乐县壮族社会历史调查》，《广西壮族社会历史调查》第4册，广西民族出版社1987年版，第6、187、429页。
② 梁庭望：《壮族铜鼓与东南亚铜鼓造型及纹饰之比较研究》，《中央民族学院学报》1989年第5期。
③ 韦纪科搜集整理：《秧姑鸟》，《三月三》1984年第2期。
④ 广西壮族自治区科学工作委员会壮族文学史编辑室编：《壮族民间故事资料》第2集，1959年，第164页。
⑤ 广西壮族自治区科学工作委员会壮族文学史编辑室编：《壮族民间故事资料》第1集，1959年，第258—259页。

南、水族都有共同的生育神：始祖女神姆六甲（或写作"姆洛甲"）。他们共同流传着这样一个神话：相传姆六甲是一个造天地、造人类和万物的女神。她吹一口气，升到上面便成了天空；天空破漏了，抓一把棉花去补就成为白云。天空造成了，她发现天小地大，盖不住，便用针线去把地边缝缀起来，最后把线一扯，地缩小了，天能盖得住了，然而地又不平了，在地边沿都起了皱纹，高凸起来的就是山，低洼下去的就成了江河湖海。她没有丈夫，只要赤身露体地爬到高山上，让风一吹，就可以怀孕，但孩子是从腋下生出来的。她见地上太寂寞，便又造了各种生物。她的生殖器很大，像个大岩洞，当风雨一来，各种动物就躲进里面去[①]。

壮侗语民族的创世史诗《布洛陀》讲道，姆六甲是由99朵鲜花聚拢变成，因而，姆六甲女神逐渐衍变下来，成了壮侗语各族普遍崇拜的生育女神"花婆"。直至近现代，壮乡人家无一没有"花婆"的神位，或立于母亲的床头，或置于神宗神台，或安于母亲的房门框上。有的地方还将"花婆"神位置于一个专门的庙中，设立公共的"婆王庙"。人们普遍相信，"赐男赐女，作人间之主宰，以嗣舆绩，为百世上之花王，能消灾克害，能度凶关，化短为长，移凶作吉道经《圣母号》中的唱词[②]"，不论男孩、女孩都是花婆庭院里所种的神花的花朵。所以，当婚后多年不育时，人们要举行"安花""架桥"仪式，即给花朵架一座"桥"，好让她平安渡河，来到求嗣之家；孩子生下后，要向花婆致谢，并求其保佑平安；小孩有病痛时，做母亲的要给花婆上供，并请巫婆神游花婆的庭院，看孩子是什么花，花上有没有虫，或是不是缺水枯萎了，若是，还要请巫婆代为除虫、淋水。

[①] 蓝鸿恩：《广西民间文学散论》，广西人民出版社1981年版，第24—25页。
[②] 转引自龙化彬《小议当代壮族宗教特点》，《当代壮族探微》，广西人民出版社1989年版，第86页。

壮侗语民族的另一个生育神是男性始祖"布洛陀"。"布洛陀"是壮语音译名。尽管这个名字在壮族里有多种读音，且含义不同，如 bouq luegh daeuz，义为"山里的头人"；bouq luegh doz，义为"山里的老人"；bouq loegh daeuz，义为"鸟的首领"；bouq lox doh，义为"无事不知晓的老人"；bouq cauh bwengz，义为"造天地的祖父"；等等。但一些称呼也反映了布洛陀的男性始祖的性质。如 bouq it，义为"第一祖父"；bouq nduj，义为"最初的祖父"；bouq coj，义为"老祖宗"等，都明确地说明了这一点。从《布洛陀》史诗的内容来看，开天地、定万物的布洛陀不仅是保护神，而且主宰着氏族、部落的生育。因为，在壮侗语民族人民心目中，最初的人是布洛陀与姆六甲共同创造的。传说天地形成后，布洛陀一心要造万物，但地上只有他和姆六甲，再无人帮助，于是他找姆六甲。姆六甲听说要造人，不觉羞红了脸，笑而不答。布洛陀见她不答话，便赌气跑到东海，找龙王商量去了，久久不回。姆六甲感到孤独寂寞，日夜思念布洛陀，每天登山望归。布洛陀离开姆六甲久了，也很想念她。当他在东海远远望见姆六甲站在山顶上翘首盼他时，非常激动，便含着一口水，使劲地朝她喷过来。不料，这口水一喷，竟"变成七彩虹，彩虹跨万里，横挂在天空，一头出自布的嘴，一头连着姆的身"，姆六甲怀孕了。不久，布洛陀也被催了回来。90 天以后，姆六甲口吐"黄泥浆"。他俩便用这种黄泥浆捏成一个个泥人，再用艾蒿、木叶、干草来裹着，放进醋缸里，天天用水浇淋。又过了 90 天，泥人开始蠕动，姆六甲便日夜"用身子去暖，拿舌头去舔"。再过 90 天，泥人终于完全变成真人出来爬地见天了，但男女未分。姆六甲吃酸品时，挟来酸辣椒和杨桃片，这些未分性别的小孩就跑过来抢吃，"抢到杨桃片的变成女，抢到红辣椒的变成男"。刚造出来的这些人"有勤又有懒，有奸又有憨，有乖又有笨，有弱又有强"，于是布洛陀将"好的留下来，差的遣上山；勤的能做人，懒的化作兽；笨的化为虫，奸的化为禽"。起初，那些被化为禽兽和爬虫的都不愿离去，后经布洛陀和姆六甲再三劝说，才四处离去，各找活路，繁殖后代①。不仅如此，壮族等还传说人类（及动植物）繁殖的规矩也是布洛陀规定的。因此，布洛陀无疑与姆六甲一样亦是壮侗语民族的生育神之一。直至1991年7月，笔者与同事们到云南文山麻栗坡高城子调查时，还发现村旁的山上有布洛陀的神位，当地壮族人仍将布洛陀作为一个始祖神来崇拜。

但是，壮族对布洛陀的崇拜远不如对姆六甲的崇拜来得普遍、强烈。随着历史的发展，姆六甲变成了"花婆"，在壮家中获得了神位。而布洛陀很少得到神位，多是通过民间文学在人们心目中留下神的形象，而且其神话仅流传于北壮，对他的崇拜亦仅存于北壮人民中。这可能与壮族经济社会发展的不平衡有密切关系。因为在远古时代，人类的主要生计是采集和渔猎。在工具极端简陋的情况下，渔猎经济有很大的偶然性，时而满载而归，时而空手而返，但采集却是比较稳定的，这就使采集成为生活资料的重要来源。而采集经济的承担者主要是妇女。而且，随着时间的推移，妇女们经过长期的摸索，又在采集经济的基础上发明了农业，同时兼顾家畜的饲养。更为重要的是，氏族内的男婚女配、子女的教育、老人的赡养等，也主要由妇女来承担。所以，当时妇女们的作用是举足轻重的。再者，在很长的时期内，人们并不知道男子在生育中的作用，认为生小孩是由妇女实现的。因此，人们最初所崇拜的生育神必然是女神。壮族先民崇拜姆六甲"乃是关于妇女以前更自由和更有势力的地位的回忆"②。然而，随着社会的发展，男子不论是在经济活动中，还是在氏族生活的管理上，都逐渐起到了主导的作用。而且男子在生

---

① 欧阳若修、周作秋、黄绍清、曾庆全著：《壮族文学史》第1册，广西人民出版社1986年版，第55—56页。

② 马克思：《摩尔根〈古代社会〉一书摘要》，人民出版社1965年版，第39页。

育中的作用亦愈来愈清楚地为人们所认识，所以，人们所崇拜的生育女神逐渐为男神代替是自然而然的，因为事实上不是神创造人，而是人创造神，作为人们凭自己的想象创造出来的神，是直接或间接地反映社会现实的。壮族人民在神话传说中，将布洛陀与姆六甲联系起来，共同造人的内容和情节，应是父系社会确立后的产物。但是，由于壮族社会发展的特殊性即父系社会的早熟性，壮族父权文化是软弱的，因而，壮族对布洛陀的崇拜总的来说非常淡薄，只是在北壮地区，由于受中原文化影响较早、较深，父权文化因素较南部浓烈，才有稍许崇拜布洛陀的痕迹。

2. 性器官崇拜

霭理士指出："生殖之事，造化生生之已的大德，原始的人很早就认识，是原始文明所崇拜的最大一个原则：原始人为了表示这崇拜的心理，设有种种象征，其中主要的一个就是生殖器官的本身。"[①]

生殖器官的崇拜首先是女性生殖器官的崇拜。广西靖西县有一个名叫"岩怀"的岩厦，上有许多岩画。其中在一处有 3 平方米的突出的石岩上，有 18 个女阴刻画。"岩怀"被当地壮族视为神圣之地，年节到了，当地壮人都上去祭祀；小孩有病，亦上去祭拜，并将小孩寄养给此石。类似的图像在世界一些岩画中也有发现，如鲍里沙亚·卡迭岩画中女子身躯下，十分细致地刻上了一个深深的椭圆形。据 Л·Л·叶费明科的研究，这类圈状图是："性特征的完全清晰的反映。"[②] 在很多壮族地区，人们喻一些山峰为女乳，一些山坳为阴户，认为住在乳状山脉的人家五谷丰登，居住于阴户状山坳的人家肯定人丁兴旺。

继女阴崇拜之后，男性生殖器的崇拜出现了。这是随着男性社

---

① [英]霭理士：《性心理学》，潘光旦译，生活·读书·新知三联书店 1986 年版，第 67 页。

② 王克荣、邱钟仑、陈远璋：《广西左江岩画》，文物出版社 1988 年版，第 68、226 页。

会地位的提高,男性在生育中的作用被人们认识而发生的。据息革拉斯说:"敬拜男性性器的,并不只埃及,许多别的民族,都认定它是繁殖的主要器具。"① 霭理士亦指出:"阳具的崇拜可以说是一个普遍的现象,即在文明很高的种族里也可以找到,例如帝国时代的罗马和今日的日本。"②

壮族的阳具崇拜除反映在考古学材料外,还反映在民族学材料中。在广西左、右江地区的壮族村落,常见有社公神位,社公的形象是一块天然圆形石条,顶部稍略加工呈现龟背形,极似男性性器埋根土中,竖立在村子中间,周围用石块垒砌成一个平台,前面有供祭的香槽,称为"社公"。每年农历二月初二为社日,全村举行集体祭祀仪式。有的地方土地神是两块直立的石头,一象征男性,二象征女性,分别代表"地公"和"地母",设在村头土地庙内,每至社日全村集体膜拜。传说如此"做社"之后,土地神便会保佑全村五谷丰登,六畜兴旺。

3. 性行为崇拜

随着人类认识水平的提高,人们逐渐觉察到性交在生育中的重要作用,然而,他们的认识不可能是现代科学的认识。在童年人类的观念中,灵魂入体才是生殖的主要原因,交配仅是生殖的一种辅助性的媒介作用,是使灵魂进入妇女体内的手段。所以在原始人类看来,性交在生育中的作用亦是超自然的。

壮族将性行为作为一种超自然手段而崇拜的材料并不罕见。在广西灵山、浦北二县南部和合浦县张黄、归州、白石水、小江等地,在春天插秧完毕后,要举行名曰"跳岭头"的祭社活动。其中有一项内容是一人拿着一个画有女性生殖器的大纸具,一个拿着象征男

---

① [英] 卡纳:《人类的性崇拜》,方智弘译,海南人民出版社1988年版,第34页。
② [英] 霭理士:《性心理学》,潘光旦译,生活·读书·新知三联书店1986年版,第67页。

性生殖器的柱形道具，将男性生殖器往女性生殖器上戳，同时奋水。天峨县六排布鲁村的壮族每年春节期间都要举行蚂蚜节活动。在闹蚂蚜时，要跳蚂蚜舞，其中的繁衍舞便是演员模拟性交的动作而舞。据说如此可驱除妖魔，使人丁兴旺、五谷丰收。在壮族地区，人死后，一般都要做道场。有些地方的壮族做道场到下半夜，围观的妇女自动离去，儿童也离开了，这时师傅开始讲述性生活的事情，并配以一些舞蹈动作。在壮族人的深层意识中，生殖是灵魂的转生，因而此时此地讲述性的知识恰是其时。壮族妇女不育时，普遍有"求花"的习俗，在部分壮族地区，"求花"还要到山洞去举行。不育妇女与其丈夫及父亲拿着鸡、鸭等供品，在道公的率领下来到山洞。在洞里，道公手拿象征生殖器的道具，边吟边舞，模拟交媾动作。在他们看来，如此便可"安花"于不育妇女腹中，达到怀孕、生育的目的。

4. 对孕妇的崇拜

怀孕是一个妇女能生育的标志。在左江流域崖壁画中，有一些人像腹部隆突，这当是孕妇的形象无疑。当时的壮族先民为祈求人口的繁衍，保证氏族或部落的兴盛，曾对这些孕妇像顶礼膜拜。壮族对孕妇的崇拜至今反映在神话传说中。神话《妈勒访天边》[①]讲的就是一个孕妇不畏艰难矢志寻访天边的故事。令人寻味的是，在老人、青年、小孩、孕妇都摆出各自能去找天边的理由，争相要去的情况下，大家都认为孕妇的理由最充分，因为她可以生下一个小孩，让她的小孩走她走不完的路。这说明壮族先民非常明白怀孕、生育对一个民族来说是多么的重要，因而他们对孕妇是崇敬的。

直至现代，怀孕仍被一些壮族人视为不可思议的重要事情，要

---

① 欧阳若修、周作秋、黄绍清、曾庆全编著：《壮族文学史》第1册，广西人民出版社1986年版，第35—36页。

举行某种具有宗教色彩的仪式。如广西隆林各族自治县委乐乡的壮族，媳妇怀孕五六个月后，要备办酒肉，宴请本宗族父老，同时让媒人去通知岳家，请岳家过来一同进餐。岳家派2人、4人或8人前来，并送来鸡一只，织布的梭子一只、织篦一把、小竹子四根，糯米饭一包，染糯米饭用的树叶水"淋沉"一壶。岳家到时，要占卜生男生女，即用带来的那件媳妇衣服包好杀死的鸡、梭篦及四根小竹，由巫公念符经，将那壶"林沉"倒下去后，丢到鸡笼下面，然后由家婆去取出来，打开衣服察看，如果那只梭口朝上，表示生女孩，反之，生男孩。为了保证胎儿的茁壮成长，在吃饭时，要把酒叫"浇花水"，肉叫"施花肥料"，吃饭叫"喂孙"。吃罢饭后，岳父要把那只鸡带回，且要不辞而别，以保证媳妇顺利生产①。

在壮族地区，孕妇被认为是具有某种力量的特殊人物，因而有一系列的禁忌。如孕妇不能到道公、巫公正在作法和办宴会的人家去，等等，如若违反，于人、于己不利。正因为在壮族人看来，孕妇具有某种超自然的力量，人们普遍对孕妇死后变成的鬼最为惧怕。做道场时，要举行独特的繁缛的仪式。埋葬时，还要在坟堆上放置2只鸭子，栽上芭蕉树，并撒一些炒过的芝麻、绿豆，以免孕妇的灵魂重返人间，给人们带来灾难。由于孕妇的死亡，实际上是人的自身生产的一大挫折，而且这种挫折在医疗卫生水平极低的情况下，经常发生，这与人们对人口的渴望背道而驰，是对人类的最沉重的打击。所以，壮族人对孕妇死亡最为惧怕是有深刻的原因的。

生殖崇拜不仅在人的生产领域发挥功能，而且通过巫术常用于物质生产领域。壮族将人与"天庭的花"视为一物。人无育，要架桥求花；人病了，则是花遇虫害或其他灾害，要除害救花，从而使

---

① 广西壮族自治区编辑组：《广西壮族社会历史调查》第1册，广西民族出版社1984年版，第44页。

人安康。壮侗语民族赶歌圩、抛绣球传情、求偶的风俗即是在"万物有灵观念"下的施行的一种性巫术。因为壮侗语民族是历史悠久的农耕民族,在远古时代的原始思维中,农作物的选种、播种、扬花、成熟,与人类的择偶、交合、怀孕、出生、成长是一样的。因而壮侗语民族先民在春耕前和秋收后等农闲时节,男女聚会以歌求偶时,为祈求和庆祝丰收,用布囊包裹作物种子抛接赠送。现在的绣球纯粹是一个圆球了,可原初的绣球却是一个包着豆粟或棉籽等作物种子的小包。这不仅在明代朱辅的《溪蛮丛笑》中说得很清楚。清《归顺直隶州志》亦称,广西靖西一带壮族"迎春牛前一日,城外两甲老少男女预先缝制新衣看春,于黎明后各携幼男幼女,裹带糇粮络绎来城,集于东郊五六千人;其纸龙、狮子均是,喧鼓鸣锣——春官与春牛先行,看春男女互掷棉子,谓之'打春'"。笔者1991年到广西龙州板池村调查壮族民间文化时,还曾收集到一个包裹着豆谷的方形绣球。壮族人民之所以在歌圩之时,抛赠作物种子,乃是因为传统上歌圩是男女求偶的佳节。古时候男女交合是这个节日的重要内容。明代岳和声在《后骖鸾录》谈到万历年间柳州城外的"搭歌"时有着非常生动的记述:"遥望松下,搭歌成群,数十人一聚。其俗女歌与男歌相答,男歌胜,而女歌不胜,则父母以为耻,又必使女先而男后。其答亦相当,则男女相挽而去,遁走山隩中相合,或信宿或浃旬,而后各归其家责取牛酒财物,满志而后为之室。不则宁异时再行搭歌耳。"在人类求偶、交合的时节,馈赠种子,显然是为了让种子模仿人类,借此来增强其繁殖力,从而获得丰收。同时由于豆粟、棉花和稻谷等作物都是多子的,人们在求偶、交合时馈赠作物种子,也有模仿农作物,祈求人丁兴旺的愿望。现代壮族男女结婚时,还在嫁妆的箱底下或在床底下放置稻穗等物,其意义及所反映的心理,与此是一致的。正如伊里亚德在《大地·农业·妇女》中所说:"种子这东西需要一种助力,至少在成长的过程中非得有点什么伴着它。这种生命的所有形态与（人们所加上的）行动的连带性，是原始人最根本的观念之一。而且原始人信从（二者）共同而行可得最良好的结果此一原理，面朝向咒术般的优越情境展开（其行动）。女性的多产性影响了田园的丰饶。然而，植物丰盛的生长，反过来亦有助于女性的怀孕。"①

（九）田（地）神崇拜

对田（地）神的崇拜中左、右江骆越后裔中一直得以传承。由于壮侗语民族史稻作农业民族，田（地）神崇拜一直占有一席之地。壮族十分常见社公祭祀。他们认为社公是全村的"主人"，主宰全村的祸福，因而各地都举行一些仪式祭祀。广西环江县龙水乡的壮族，每年都要举行祭土主和祭社公的祭典。土主神有些地方叫"地主神"，其神像是供奉于各村村旁高约三尺，宽深各约二尺的小庙中的两块石头。据说这个神像是专管老虎鬼怪之神，守护在村头，不让老虎和鬼怪进来扰害六畜和人丁。每年旧历正月上旬的十天之内，村中居民都要备办酒肉等祭品去祭它。同时，还做些小型木枪、木刀、斧头、竹链等各数件放在庙里，为土主神添置武器，以便它守护村庄。社公的神像亦是两块石头，庙宇是一座约一丈见方的小屋，多建筑在村头。祭社公是全村居民共同的集体活动，于每年旧历十二月除夕举行。据说祭了社公，第二年的禾苗才能生长良好。祭社公的晚上，各户将庙中分回的祭肉和肉粥连同舅父家送来的粽子和红蛋等礼品，一并摆在有小孩的媳妇的房内外供祭，为小孩"赎魂"，认为这样祭了，小孩就不会生病。祭毕，用祭粥喂家畜，说这样可使家畜不生病而长得肥壮。祭社公这一天，出生刚满三个年头的孩子，还要请舅父命名。凡是这个年龄的小孩的父母都自备一只鸡和香烛等物，带将要命名的孩子到庙里去祭拜。祭过后，将儿子

---

① 吴继文：《玄鸟降临》，载《神与神话》，联经出版公司1988年版，第368—369页。

新取的名字向神念一遍，然后再将鸡肉切成小块，连同小片黄糖，逐户分给同村每家一小片，并将小孩的名字告知他们①。广西上思县那荡乡壮族的每个村屯都有一个土地庙，设在村头路边，用砖瓦盖成一间小屋，高3尺，宽3尺，屋内无神像，只用一张红纸贴于墙的正中，表示土地公之位。每年初一、十五，家家户户必以猪肉、酒、香纸等去祭拜一次，而且还形成了一年一小祭，三年一大祭的习俗②。广西上林县壮族每年农历正月十一的吃灯酒节，是敬社公的节日。该日，人们集中到社坛祭拜社公，祈求社公保佑同宗人丁六畜兴旺。年内有哪家生了男孩的，要备礼物到社公那里"报新丁"，祈求保佑新生儿福寿无边。广西宜山县同德乡壮民每年二月十五、八月十五集资祭拜社公，然后每家一人集中会餐，祈求社公赐福③。宜山县洛东乡二月社日祭社王，含有"春祈"之意。多数村庄各家自祭，祭品是猪肉和香纸等。有少数村庄也凑钱买猪，在社庙里或社坛前杀祭，然后分肉回家过节④。广西大新县一年到头的节日和祭祀都要祭土地公⑤。广西东兰、凤山一带的壮族人民，每年农历四月初四，在刚播过种的秧田边，插上一枝芒杆，杆尖吊着纸串，杆下摆着一团糯米饭，一个鸡蛋，烧香焚纸，祭祀秧田⑥。

（十）鬼神崇拜

左江流域岩画消失后，鬼神崇拜在骆越后裔中一直传承。《北

---

① 《环江县龙水乡壮族社会历史调查》，《广西壮族社会历史调查》第1册，广西民族出版社1984年版，第282—283页。

② 《广西上思县那荡乡壮族社会历史调查》，《广西壮族社会历史调查》第3册，广西民族出版社1985年版，第116页。

③ 滕明新：《壮族习俗所反映的自然崇拜心理》，袁少芬主编：《当代壮族探微》，广西人民出版社1989年版，第93—97页。

④ 《宜山县洛东乡壮族社会历史调查》，《广西壮族社会历史调查》第5册，广西民族出版社1986年版，第64页。

⑤ 《下雷土司》，《广西壮族社会历史调查》第4册，广西民族出版社1987年版，第185页。

⑥ 韦文俊、马永全：《壮族祭祀秧田的来历》，《广西民间文学丛刊》1986年第14期。

史·僚传》:"僚人……喜则群聚……俗畏鬼神,尤尚淫祀,至有卖其昆季孥尽者,乃自卖以祭祀焉。"明代王济《君子堂日询手镜》云:"横州专信巫鬼,其地家无大小,岁七八月间,量力厚薄,具牛马羊豕诸牲物,罗列室中,召所谓鬼童者五六人,携之楮造绘画面具,上各画鬼神名号,以次列桌上。以陶杖鼓,大小皮鼓铜锣击之,杂以土歌,远闻可听,一人或三、二人各戴面具,衣短红衫,执小旗或兵杖,周旋跳舞。"清陆祚蕃《粤西偶记》载:"鬼鱼似鳄,壮人仇杀取此鱼祀鬼,與人食之辄死,觉之请蛮人咒之立苏。"

宋代之前,骆越后裔只有祭鬼,而不祭祖,或者说,祖先也被包含在鬼中了。梧州《旧经》载,岭南为"古蛮夷之国,雕题之俗,婚用牛,丧则聚,搏击钲鼓作戏,叫嗓逐其厉。及掩之中野,至亲不复送"。① 此犹如明朝洪武后期李思聪《百夷传》载"百夷"(今傣族先称)"父母亡,不用僧道,祭则用妇人祝于尸前","聚少年百数人饮酒作乐,歌舞达旦"。"妇人群聚击碓杵为戏,数日而后葬"。"后绝无祭扫之礼也。又有死三日之后,命女巫剁生祭送,谓使之远去,不使复还家也"。② 或如同范承勋康熙《云南通志》卷27载车里(今西双版纳)"僰夷"(今傣族先称)一样,"葬不复顾","昧爽至冢上设一石,祝之曰:勿再返也!"骆越后裔还认为在巫师的主持下,鬼魂是可以赶走的,因此他们在人死后,椎牛欢宴作乐,"尽财殡送"以娱尸,借"叫嗓之声以驱鬼"。从3世纪沈莹的《临海异物志》,经隋、唐到宋、元、明时期的《梧州志》《藤县志》③和林希元的《钦州志》以及清朝初年《古今图书集成·职方典》卷1443《太平府风俗考》、卷1452《归顺州风俗》等书都说壮族及其

---

① (明)解缙等编:《永乐大典》卷2339梧字引,中华书局1986年版。
② (明)陈文等纂修:《云南图经志书》卷10,云南民族出版社2002年版,第187页。
③ (明)解缙等编:《永乐大典》卷2339梧字引,中华书局1986年版。

— 239 —

先民每临丧事，不是相聚"敲锣打鼓唱戏"，"任情饮酒欢舞"，就是以"老少盛装，鼓乐歌唱"，"饮酒食肉为礼"，其目的就是借欢歌以"娱尸"，用叫喊呼噪的声威来驱赶欲为非作歹的"恶鬼"。但是，人刚死，鬼魂总免不了要眷念旧家，留恋他活着时所喜爱的东西，为了断绝鬼魂的依恋之情，人们将死者生前用过的东西全烧了，连房子也烧了，因为那时候子女婚后都是"别栏另炊"，不与父母住在一起，烧了也无所谓。

骆越后裔的祖先崇拜，是在汉族文化的影响下形成的。其过程又是由东往西、由北往南渐臻完善的。南宋周去非《岭外代答》卷10《家鬼》载，钦州乡村，允许"家鬼"即自己死去的先人鬼魂入屋了，但只是在家门的右侧开个小巷，穴孔入屋。这小巷就是"家鬼巷"，年终祭祀就是请来巫师在家鬼巷祭之。城里的则已在厅堂上设立"香火堂"，同时在厅堂上另开个小门通街上，让家鬼自由出入。明朝万历的时候，上林县的壮人已经祀先，但不设主。① 即不设牌位。天启时，云南广南府（治今广南县）的壮人又以干栏上右边一间房作"家鬼房"，里面没牌位又没神龛，只在一角挂着十几个串在一起的竹笼，示明祭祀家鬼的地方。② 而《古今图书集成·方舆汇编·职方典》卷1415《庆远府风俗考》则载庆远府（治今广西宜州市）的壮人"不祀先祖"。所以，民国广西《凤山县志》载："七月十四日中元节，具牲醴祭祖先，并烧寄冥衣、封包，于户外烧香化冥，名为施幽。"民国广东《阳江县志》载"以十四日为节"，"俗谓之鬼节"。"无论贫富，皆荐楮衣以祀先。街市、里巷并焚楮衣、香烛，以祭厉鬼"，此显然是以祀先为主，将七月十四日本为"祠厉"，即祭祀"厉鬼"置于其次了。家中设

---

① （明）郭棐：万历《宾州志》卷2《风俗》，书目文献出版社1991年版，第14页。
② （明）刘文征：天启《滇志》卷4《旅途志》，云南教育出版社1991年版，第170页。

置了祖先神龛,大年祀,二月社祀,三月三日祀,四月八日牛王节祀,一年中何节不祀?这些节日怎么没有沾上"鬼"字,称为"鬼节"?很明显,七月十四日这个节日之所以名为"鬼节",其源则起于越人及其后裔在这一天只"祠厉",即焚香烛、化衣,祭祀饿鬼、野鬼。

农历七月十四正是稻谷将熟不熟,青黄不接之时。鬼人相通。所以,"禾黄鬼出",[①] 以及"十月禾黄鬼上村"。[②] 鬼之所以活跃起来,是因为它们饿了,衣敝了,便上村来寻吃找穿。它们作祟于人,便出现了"稻田黄,睡满床"的景况。为免除灾难,骆越后裔便以七月十四日为鬼节,给饿鬼、野鬼们祭祀、化衣,满足它们的要求,祈求它们不要伤害阳间的人群,送它们离开村子,由于七月十四日这一天,饿鬼、野鬼窜村入市,非常活跃,所以这一天人们便停止一切作业,不走村入市,连牛也关在家里不放养,唯恐撞上鬼。见诸于古籍记载,《古今图书集成·方舆汇编·职方典》卷1410《柳州府风俗考》载上林县中元节"数日内,一切不入城市,不上墟场,惧为鬼所摄,使之负担也"。同书卷1415《庆远府风俗考》载河池县以中元节为年,"瑶壮皆闭门不出,路无行人,谓之躲鬼"。乾隆《柳州府志·风俗》亦载:"七月十四日,谓之目连节,多杀鸭祭先,烧化冥财。其日,路无行人,名为躲鬼。"

同治《番禺县志·风俗》载,七月"十四,祭先祠厉"。祭先,不是"鬼节"得名的由来,"祠厉",即祭祀恶鬼,才是七月十四日节为"鬼节"的由来,但此时,鬼已与祖先分开,而鬼节也包含了祭祖的内容。

古代壮族人认为,死者死后头3年因留恋亲人,留恋生前喜爱

[①] (清)嘉庆《新安县志·风俗》,中国大百科全书出版社2006年版,第177—180页。
[②] 民国《乐昌县志·风俗》,华南地区广东省,1931年第2期。

的东西,鬼魂不愿离家,5年后转入家中的地下,满9年则离家转入族鬼坛或村鬼坛内。因此,古代壮族地区各个村子都设有"村鬼坛"。如果村子的规模较大,或有好几个不同的姓氏家族,除建有"村鬼坛"外,各个家族还分别建有"族鬼坛",以让死去的祖先鬼魂有个藏身之所。迄于20世纪50年代,桂西、滇东南的许多壮族村落,仍是如此。在他们那里,"村鬼坛""族鬼坛"大小不一,有的有塑像,具有一定的规模,有的只有几块石头交互垒起来形成一个小洞就行了。"村鬼坛"(族鬼坛)是个重地,村上小孩谈起色变,青年男子不敢轻涉其地,媳妇和外村人更不容闯入其处,带有很大的神秘性。每年祭祀,由轮值头人率领成年男子参拜,并请巫师主持其事。《古今图书集成·职方典》卷1415《庆远府风俗考》谓"凡山中六七老树交阴之地,谓之天神庙,土人不斋洁不敢入"。疑"凡山中"为"近村山中"的误记。1991年,笔者前往云南麻栗坡县马街进行壮族壮会调查,看见那里的壮族山村还保留有"村鬼坛"。该坛隐在村后坡上的密林里,神秘莫测。据说,该"村鬼坛"每年三月祭祀一次,由村里头人带领各家家长代表参加,祭后聚餐。村里小孩、妇女不能参与其事,村外的人更不能涉足其间。

后来,汉族的"社坛"(土地神庙)传入壮族地区,人们将"村鬼坛"(族鬼坛)与"社坛"混合起来;再后来,"社坛"反客为主,壮族的"村鬼坛"(族鬼坛)意义保人康泰平安、丁财两旺的职责,也要尽保庄稼,保丰收的义务,集"村鬼"和"土地神"二者的功能于一身。广西大新县一带的壮族村落,每个村的村头都盖有土地神庙。人们认为"土地神"是本地最早的居民,死后为神,是村民的祖宗。无可怀疑,这些"土地神"是由"村鬼"演变而来的,因为除了他们说"土地神"是他们的"祖宗"外,在他们的田地中间还建有"神农庙",这才是个保护庄稼长势和丰收的真正意义上的"土地神"①。壮族原有"鬼"没有"神"的概念,"土地神""神农"这些概念及其物化形式和"庙宇"等,都是从汉族文化里移植过来的。

从本文的论述可以看到,作为具有魔法作用的左江岩画虽然在东汉以后消亡了,但岩画所表达的太阳崇拜、月亮崇拜、铜鼓崇拜、雷神崇拜、水神崇拜、青蛙崇拜、犬崇拜、生殖崇拜、鸟崇拜、田(地)崇拜、鬼神崇拜等文化内容在现代左、右江民俗文化中依然存在。也就是说,岩画作为骆越文化的一种表达方式是消亡了,但左江流域岩画所表达的文化内涵依然鲜活,只不过是以新的方式呈现而已。左江流域岩画文化犹如凤凰涅槃,浴火重生。

---

① 《壮族社会历史调查》第4册,广西民族出版社1987年版,第18页。该书第158页还记录有广西大新县全茗一带壮族关于祖先鬼和土地神怎样结合起来的传说:以前有个富人,他没有儿子,只有三个女儿。他把田地分给三个女儿。后来三个女儿都不养他,他把田地收回,分给群众耕种,要他们轮流养他。后来他死了,当地群众为了纪念他,建起了土地庙,每年农历二月初二到土地庙祭拜他。因此,二月初二叫土地公节;依照古礼有春秋二祭,群众为了纪念他老婆,把每年八月初二为土地婆节。

第四章　草根认知：文化自觉与左江流域岩画文化的保护和传承发展

草根认知是文化自觉的一部分。所谓文化自觉，即文化的自我觉醒、自我反省、自我创建，是指生活在一定历史、文化圈子的人们对自己文化地位作用的深刻认识，对文化发展规律的正确把握，对文化发展历史责任的使命担当。这个概念是费孝通先生首先提出来的。1997年，著名人类学家费孝通先生在第二届社会文化人类学高级研讨班上，回顾了他一生对社会人类学的探讨，指出人类学向来借助泛文化的对照，达成对人生存本质的理解，促使文化中的人对其文化形成充分的"自觉"（Consciousness），而文化的自觉表现为多维度的认同（identity），在相当长的历史过程中，人们一直以创设文化的自主体系为己任，尤其是在现代民族—国家（nation-state）时期中，与"主权""公民权""认同"意识的形成同时，民族性及具有边界意义的文化认同成为时代的特色。到21世纪，人类正在迈向一个文化边界逐步模糊的时代，因而未来的文化自觉将是一种全球性、泛文化的人文一致性的认识[1]。文化自觉是民间文化传承发展的

---

[1] 周星、王铭铭：《发扬文化自觉，坚持田野研究——第二届社会文化人类学高级研讨班综述》，《广西民族学院学报》（哲学社会科学版）1997年第2期。

内在生命力,文化自觉的程度决定着文化发展的前景①。为了了解当地民众对左江流域岩画文化的自觉程度,我们从调查分析当地民众对左江流域岩画文化的认知情况入手,有针对性地提出提高文化自觉保护和传承发展左江流域岩画文化的对策。

第一节 传说故事所体现的认知

一 左江流域有关花山岩画的传说故事

史籍对花山岩画的最早记录南宋人李石编著的《续博物志》卷八中云:"二广深豀石壁上有鬼影,如澹墨画。船人行,以为其祖考,祭之不敢慢。"此后,明人张穆《异闻录》记载更明确:"广西太平府有高崖数里,现兵马持刀杖,或有无首者。舟人戒无(毋)指,有言之者,则患病。"该文对部分花山岩画的影像作了具体描述,并对当时人们对壁画所持的敬畏态度做了交代。清光绪九年编纂的《宁明州志》载:"花山距城50里,峭壁中有生成赤色人形,皆裸体,或大或小,或持干戈,或骑马。未乱之先,色明亮;乱过之后,色稍黯淡。又按沿江一路两岸,石壁如此类者有多。"对岩画影像的描述更为细致并将其色泽明暗变化与国家治乱相联系。但这些记载是外来的汉族知识分子或当地受汉文化浸染至深的知识分子的记录,反映的是左江流域居民对左江岩画的认知,抑或是外来者的认知,或作者的认知,亦未可知。

其实,自古以来,左江流域就流传着许多有关左江岩画的传说和故事。这些传说故事,笔者以为是可以反映人们对于左江岩画的认知的。

---

① 刘纪英、吕青:《文化自觉:民间艺术文化继承发展的题中之义》,《西安工业大学学报》2013年第5期。

有关左江流域岩画的传说故事非常丰富,依主题可分为以下几类。

(一)反映人、神与自然的对立和斗争的传说故事

这类传说故事是人们利用超自然力征服自然、改造自然的想象和幻想,具有较为浓郁的神话色彩,而这类传说故事在想象人、神征服自然、改造自然的过程中,与左江岩画联系起来。例如:

流传于明江、左江一带的《卜伯战雷神》①:

> 天上的雷神很厉害,他总爱对人类发脾气,使得人类不得安宁。壮家出了一个英雄叫卜伯,他不怕雷神,也不愿受雷神的气,更不服雷神的压迫,曾经和雷神打了几次仗,都不分上下。后来,大家想了一个办法,就在雷神经常下降的山坡上做了一个很大的石笼,这石笼里装着糯米饭,把雷神的坐骑天狗诱关了石笼。自那以后,雷神没有了天狗坐骑,不敢再到人间来,只好在天上打闪、发气。壮族人民为了欢呼这一胜利,千山万弄敲响铜鼓,表示互相祝贺。卜伯也骑着天狗,向人民表示谢意。这些生动的画面,至今仍画在花山壁画上。

流传于左江一带的《穿窿山的故事》②:

> 从前南方洪水泛滥,人民被洪水所困,总是想千方百计要消除洪水的灾患。不知到了什么年代,壮族里出现了一个能人,名叫岑逊,他有过人的力气和勇气。他为了治理洪水,便爬山涉水,到处去查看。结果他发现,这里洪水泛滥,主要是山岭

---

① 《卜伯战雷神》,见《洪波诗文集·3·故事传说卷》,香港天马图书有限公司2000年版,第199—201页。
② 《穿窿山的故事》,见《洪波诗文集·3·故事传说卷》,香港天马图书有限公司2000年版,第202—204页。

太多，下了雨之后，雨水被山岭阻隔，地下又没有裂缝，洪水无路可流，便泛滥成灾。于是他便铸了一把很大的锄头和一条铁扁担。用铁扁担把阻挡洪水去路的大山挑走，又用锄头挖开地下河道，终于挖出了红水河、左江、右江。

岑逊在疏通河道，消除水害时，深受人民的拥护，但在疏通左江时，却受到一头牛魔王的阻挠。牛魔王打不过岑逊，便去请海龙王来帮，海龙王见岑逊这样疏通河道，有道理，那些水流到海里，对他有利，所以他并不支持牛魔王。牛魔王又去请天上玉帝来征伐岑逊，玉帝认为，岑逊这样做没有错，也不搭理它。牛魔王没有办法，只好灰溜溜地发狠走了。由于岑逊征服洪水有功，天下人民都拥护他，称他为王，叫他岑逊王。

牛魔王见人们拥护岑逊王，更加仇恨。他去向皇帝告说岑逊在南方聚众作乱，自立为王，现在已经称岑逊王了。皇帝听了牛魔王的话，也不分真假，马上派兵到左江边征伐岑逊，这时牛魔王也从水里窜出来助战。战斗进行了三天三夜。岑逊十分恼火，他挥起铁扁担一把扫过去，皇兵便纷纷倒地，他再扫几扁担，满山遍野，到处都是皇兵的尸体。这时候，牛魔王见几多人都不够岑逊打，十分害怕，便从河水下悄悄溜走，但是河水经过岑逊的疏通，已经浅好多了，牛魔王的行踪很快被岑逊发现，岑逊扬起锄头，从河里一捞，便把牛魔王捞上岸边来了。牛魔王被捞到岸上，十分害怕，全身直打哆嗦。岑逊拔下一条通天藤，穿了牛魔王的鼻子，然后，岑逊又用铁扁担往河边的独秀山一捅，把独秀山穿了个洞，接着，他把牛魔王拴在洞耳上，从此，牛魔王再不敢作乱了。后来，独秀山便因此得名称为穿窿山。上面还有岑逊王的像呢！但是过了很多年，因为皇帝恨岑逊王，便偷偷地派皇兵来把拴牛魔王的藤子砍断，牛魔王才得挣脱走了，可它从此以后，也再不敢到左江一带来兴风作浪了。

流传于扶绥县扶南乡上洞村一带的《铜鼓山壁画的传说》[①]：

  人们把下洞村附近一座高山石山叫铜鼓山。传说铜鼓山上铜鼓响，铜鼓山下丰收年。很久以前，铜鼓山下住着二十多户壮家，过着勤劳安静的生活。后来，一条妖蛇横行霸道，它喷的毒雾使这里流行天花，大家都惨遭祸殃。据说只有取得铜鼓山南面洞里妖蛇的胆汁，才能根治天花。有一年轻的寡妇，梦见她吞食了白鹤嘴里吐出的一颗明珠。后来她真的生下了一颗玉珠，从玉珠里跳出来一个会说话的童子，大家给他取名字为珠子。珠子几口就长成了一个英俊的后生。他从一个仙人那里学到了许多降服妖怪的本领。为了替民除害，珠子踏上了与妖蛇征战之路。在翻越铜鼓山时，他又得到了仙人的指点。珠子找到妖蛇，和它搏斗时故意叫它将自己吞入腹中。珠子在妖蛇腹中使用了神仙给他的法宝，将蛇胆整个取了出来并杀死了妖蛇。珠子回到铜鼓山顶，还了仙人的法宝，并谢绝了仙人留他在山上当神仙的美意。他回到山下，用蛇胆扫除了天花瘟疫，人们重新过上了幸福的生活。所以后来人们都说，铜鼓山上敲锣打鼓的壁画描绘的就是当年仙人欢送珠子智斗妖蛇，为民除害的场景。每当人们听到铜鼓山上铜鼓响的时候，铜鼓山下便是丰收年。

流传于左右江沿江渔村的《九十九弯》[②]：

---

① 《铜鼓山壁画的传说》，见《广西民间文学作品精选·扶绥县卷》，广西民族出版社1997年版，第20—25页。
② 《九十九弯》，见《广西民间文学作品精选·扶绥县卷》，广西民族出版社1997年版，第26—27页。

第四章 草根认知:文化自觉与左江流域岩画文化的保护和传承发展

左右江一带渔民流传着这样的口头语:"左江湾,右江滩,左江猴子右江牛。"这句话告诉人们左江河床深,弯口多。据说,左江有个弯口,叫九十九弯。弯口的悬崖上,散布着许多储红色人形壁画,壁画的来由有个传说。很久以前,左江九十九弯处,水最急,弯里有只水妖害死了无数人。因此,来往的渔民总是担惊受怕。每到正月,人们便在九十九弯岸边摆起供品,祈求水妖不再出来害人。有一年,水妖害人特别厉害,来求神保佑的人跪在九十九弯岸上哭了三天三夜。哭声惊动了玉帝,他得知事情的原委后,就派天神把左江一带的妖怪降服了。后来,为了庆祝这次降妖的胜利,人们在九十九弯处点燃了两支金蜡烛,天兵天将和玉帝都来参加了。人们请玉帝派天兵天将守住弯口,防止妖精再来作怪。玉帝答应了。守着弯口的天兵天将天长日久就变成了现在壁画上的人物。

流传于宁明县驮龙乡珠连村一带的《两兄弟斗龙》[①]:

从前,明江是条平静的河流,后来却年年发起大水来。驮河村的老渔头何长伯一天晚上梦见了发水的原因,原来是一条黑龙每年要在此过河到十万大山与南蛇王比武,水浅过不去,便唤雨涨水所致,他知道洪水将至,忙领着儿子何安用大船去救人,还救了一个叫何平的少年,收养了他。一年何长伯父子三人捡到一颗九洞蛮王的金印派何平去送还,三年无音信。何安去找才知道他做了大官。两人便设计回了家,公主送他一个小竹筒说危险时可用。后来他们回家降伏了黑龙,关键时刻,竹筒里飞出的兵马飞到高山崖壁上守卫,起到了关键作用。黑

---

① 《两兄弟斗龙》,见《花山故事》,宁明县"三套集成"办公室1988年版,第9—15页。

龙死后变成了石龙，人们踏着石龙身去种田，这地方就叫攀龙村，驮河滩改名为长峡。

流传于左江一带的《关刀山的传说》①：

很久很久以前，每年一到夏天：左江河里就有一只九头妖龙出没。每当这只九头妖龙一露头，九张嘴巴同时不停地向空中喷水，于是天便连续下起大雨来，河水不断地猛往上涨。河水淹没了两岸的庄稼，河水淹没了两岸的村庄。河水滚滚荡荡，一片汪洋。周围的村民，只好每年都要选择一个美女丢进河里给九头妖龙做媳妇。

洪水淹了一年又一年，美女送了一个又一个，年年如此，不知有多少美女的生命断送在这九头妖龙的魔爪里。

这一年的夏天，九头妖龙照样在河中吞云吐雨，兴风作浪。天降下大雨来了，河水又涨起来了，河水又淹没岸边的田野和村庄了。但是四周村上的美女都被选光了，没有美女给可送了。于是，九头妖龙更加发怒，它在洪水中不断地吞云，不断地吐雨，洪水不断地猛涨，洪水淹没了所有的村庄。洪水淹没了山脚，人们只好搬到山腰上去住了；洪水淹没了山腰，人们只好迁到山顶上去住了。可是，九头妖龙还在不停地嚎叫，不停地喷水，河水不断地上涨，河水从山腰逐步上涨到山顶，眼看洪水就要淹没了山顶，人类就没有立脚之地了。

这时候，村上有一个老阿公，他想出了一个主意，他叫青年们在四周山顶上都安上了铜鼓，用敲铜鼓来吓跑九头妖龙。

---

① 《关刀山的传说》，见《洪波诗文集·3·故事传说卷》，香港天马图书有限公司2000年版，第11—12页。

铜鼓安好了，青年们日夜不停地敲击着铜鼓，鼓声"咚咚"响，鼓声惊天动地。可是铜鼓声怎么也吓不动妖龙，怎么也赶不走妖龙。青年们把铜鼓敲呀敲，鼓声传到了天堂地府，鼓声传到了吕洞宾的河中府。于是，吕洞宾亲自到天上去向玉帝借兵马来降妖龙，玉帝见他有誓斩妖孽的决心，便拨给他十万兵马，还亲自送给他一把关刀。关刀在天炉里炼了九十九天，是天上第一把宝刀，你看它清光闪闪，一刀可以砍倒一棵大树哩！

吕洞宾率领十万天兵天将，从四面八方把九头妖龙团团围住，经过七天七夜的搏斗，终于将妖龙降服。但吕洞宾怕自己走后，老妖龙使用妖法又活转过来，再次出来兴风作浪，伤害人民，很不放心。于是，吕洞宾便对薄板刀念念有词："变！"薄板刀立即变成一座滩，就是今天的薄刀滩。吕洞宾又对斩妖宝刀念念有词："变！"斩妖宝刀立即变成一座山，就是今天的关刀山。然后，吕洞宾留下部分兵将在那山上把守，若老妖龙再出头露面，就把它杀掉！吕洞宾安排停当了，就带了部分兵马，又到别处去斩魔降妖去了。

打那以后，再不见妖孽出来兴风作浪，大概是吕洞宾的那一刀把妖孽斩死了吧。从此左江一带不再遭到洪水淹没过。人民安居乐业，年年获得好收成。可是老百姓没有忘记吕洞宾，年年都刘山上来看望那些天兵天将呢！

流传于宁明一带的《猪槽石》[①]：

从前，从羊山到猪曹村道路艰险，于是人们决定请石匠来

[①] 《猪槽石》，见黄曰昌、邓永隆编《花山故事》壮文版，广西民族出版社1983年版，第91—93页。

修路。修了几天，工程遇到困难，因为石板长而路窄抬不过去。就在这时怪事发生了，早晨人们去看工地时，石板全摆好了，石板像猪槽石。老工头想探个清楚，半夜起来去观察，看到有几十个人在偷做工。可老工头一喊他们，这些人就不见了。天亮了，大家又四处找，只见山崖上有几十个人手拿斧凿，在那微笑，过了几千年，就变成了壁画。路修好后，还剩下的猪槽石人们拿去喂家禽，家禽都长得快又好，从此，这个地方就叫猪槽村。

流传于左江一带的《灯笼高照》①：

灯笼山边，上面有一条羊肠小道，下面是万丈深谷，滚滚的左江河水在峡谷中汹涌澎湃奔腾而过。

在山上的羊肠小道上，过往的行人，常常提心吊胆的，特别是刮风下雨天，一不小心，不是滑跌进河里，就是被风吹刮进河里。就在这段小路上，不知有多少人掉到河水里被活活淹死！

离河边不远的山下，有一个小山村，村里有一个姓韦的两兄弟，大哥叫特秀，二哥叫特勇，他们的父母都是因为在一次雨夜里走过这条小路回家，不幸跌下河里被淹死的。

为了免除乡亲们的苦难，特秀和特勇两兄弟曾经想把河边的路修得宽一些，但是河边是悬崖绝壁，没有办法修了，路是这么窄，白天，人们走路小心点还可以，到晚上天黑，伸手不见五指，走过这里，一不小心就没命了。于是特秀和特勇就想了一个办法，他们用竹篾编了一盏很大的灯笼，外边用薄薄的

---

① 《灯笼高照》，见《洪波诗文集·3·故事传说卷》，香港天马图书有限公司2000年版，第7—9页。

丝绸白布包裹着，天黑的晚上就点着灯笼，两兄弟爬到山头上，轮流擎灯照路，人们见到灯笼高照，十分高兴。大家都赞扬韦家两兄弟懂道理有本事。

可是，人造的灯笼，很难经得起风吹雨打。每遇到狂风暴雨，灯笼被打湿了，被风吹熄了，天空一片漆黑，又给人们造成行路的困难。于是，兄弟俩又另想出新的办法：多做几盏灯笼，一个被打烂吹熄，就点燃新的灯盏。兄弟俩就是这样顽强地与狂风暴雨和黑暗搏斗。

韦家兄弟的英勇行为，感动了玉帝。玉帝把自己的宝剑给了韦家兄弟，让他们去向海龙王借要他头上的那颗明珠。那颗明珠可以照亮所有的深海，它定会使整个黑暗的大地变成光灿明亮。经过与龙王斗智斗勇，终于得到了海龙王皇冠上的明珠，韦家兄弟便把它装在灯笼里，每当天高夜黑，兄弟俩就在山顶上把明珠灯笼高高擎举，给过往的行人照路。从此，这盏天灯夜夜在山顶上闪闪发光，再不怕什么狂风暴雨吹打了。

于是，人们便把这山叫作灯笼山。人们为了纪念这兄弟俩给壮乡带来了光明，就把他们的像画在山崖上。

(二) 反映社会斗争的传说故事

这类传说故事主要反映阶级斗争、民族矛盾与反侵略斗争的。人们在这些传说故事中，将主题与左江岩画联系起来，表现壮族人民不畏强暴，敢于反抗的斗争精神，及对平等的向往和对祖国的热爱。例如流传于明江、左江一带的《六月雪》[①]：

[①] 《六月雪》，见《洪波诗文集·3·故事传说卷》，香港天马图书有限公司2000年版，第16—17页。

崖壁遗梦

相传在很古老的年代里，下雪山是一片葱葱绿绿。在这山下住着一家大财主佬。财主佬家养有很多长工。其中有一个长工名字叫特侬，年刚二十岁，聪明，善良。可是他父母早丧。由于父母生前欠了财主佬的债，他从十岁那年起，就给财主佬家放牧牛羊，一干就整整干了十个年头。

每天，天还没亮，特侬就一个人把牛羊赶上背后山去放，他孤零零的一个人，非常寒酸。有一天早上，特侬刚刚把牛羊赶到山上，他正要坐在一块石头上，突然间，听到从树丛里传来救命的呼声，特侬过去一看，原来是一个年轻美貌的女子，从山崖上跌下来，正好挂在一棵葡萄藤上。特侬见状，过去把这姑娘从葡萄藤上救了上来。姑娘为报答救命之恩，与特侬一起在山洞里住了下来。

特侬有了家，一连几天不下山，引起财主佬的怀疑。于是财主佬就派家丁暗暗上山去查看到底是什么原因。

这一天，正是六月六，一个家丁上了山，来到一个山洞前，见到特侬和一个美貌的姑娘谈笑风生。财主老爷听了家丁报告后，当即带领家丁去把山洞团团围住。财主老爷看见美貌的姑娘，要把她抓回去。大难临头，姑娘将自己的身世告诉了特侬。原来，这姑娘是天上的三仙女，有一天她出到云端来玩，见人间特侬贫穷孤苦，便下凡来和特侬一起生活。

家丁们蜂拥而上，步步逼近洞口，这时，特侬纵身一跳，跳上一个小山头。那些家丁便拥进洞里，想抓走三仙女，可是连影子也不见。他们就往山上冲，要抓特侬，特侬无奈，立即点起一把火，把整座山林燃了起来。顿时，满山满岭，烟火滚滚，把家丁们烧死了，但火也蔓延到特侬所占的山头，不多久，特侬也被大火包围住。

这时候，三仙女正带众姐妹来到云端，见到人间烟火腾腾，也不知怎么一回事，特侬也不见了。一气之下，便用扇子在天上连扫几下，于是，天空里立即纷纷扬扬下起白茫茫的大雪，一直到现在呢！

刮了雪，满山白茫茫一片，姐妹们降到山头来找特侬，但，找来找去，总不见特侬的面，只见山崖壁上有很多人影，其中有一个就是特侬化成的，三仙女和众姐妹们无不悲痛欲绝。直到现在，特侬的形象还隐约地映在白雪山上！

流传于左江一带的《七星山的传说》①：

相传古时候，生活很苦，人民没有饭吃。有一个皇帝，他认为七十岁以上的老人，都活够了，再活下去是白浪费粮食。于是他下了一道通令：凡七十岁的老人，统统杀掉，谁家还留下七十岁以上的老人，就要满门抄斩。这种愚蛮的政策执行后，举国上下，一片恐怖。

那时候，在七星山下有一个村庄，都是一姓的兄弟。他们有七个阿公都年过七十以上了。儿孙们不愿意杀死自己的长辈，为这些老人忧心忡忡。阿公知道晚辈们的心意，为了免除全村人的苦难，便自动离开这个村庄，来到左江边一座高高的山，在山顶上住下来。

有一天晚上，天气很闷热，老人们睡不着，眼睛一直盯着闪闪发光的星空，突然有一颗流星落到了他们附近的地方。

第二天早上起来，大家赶到流星落的地方去看，只见有一块闪闪发光的石头，好像还未燃烧完，在石头旁边，有一棵树

---

① 《七星山的传说》，见《洪波诗文集·3·故事传说卷》，香港天马图书有限公司2000年版，第18—19页。

长得特别好，它结出大大的果子。老人吃了这种果子之后，觉得身体舒服，有力多了。

第二天晚上，大家正在纳凉的时候，又有一颗流星从天上飞下来，落到他们的跟前，转眼间变成一个白发苍苍的老人。那老翁说：我是天上的寿星王，见你们在人间辛苦，便放下药来给果树，要它长出大果子给你们吃，你们吃了这种果子可以长生不老，这样，我就可以把你们接到天上去过神仙生活了。说着，他默念咒语，吃过果子的老人，果然轻飘飘地上天了。

因为这几个老人很怀念人间，于是白天他们在山顶上游玩；晚上，他们才升上天空去。一直到现在，每天晚上，七星山顶上，仍然升起七颗星星。

后来有人把这七个老人的像画在七星山的崖壁上，就成了七星岩岩画。

流传于左江一带的《龙狗与主人》[①]：

从前，有个人叫老姜，他父母早死，欠下财主一笔债。为了还债，老姜只好又跟财主借了一笔债，买下一条叫"阿斑"的猎狗，每天上山打猎，拿猎物抵债。

"阿斑"很懂事，天天陪伴老姜上山打猎，凡是财主要什么猎物，老姜就用嘴附在猎狗的耳朵说一声，就一定打得那种猎物。

财主见每次指定要什么猎物都可以得到，这样下去，老姜很快就会还清他的账，以后就再没有人为他打野味了。就想了一个难题来害他，让他永远还不清这笔债。这一天，财主对老

[①] 《龙狗与主人》，见《洪波诗文集·3·故事传说卷》，香港天马图书有限公司2000年版，第19—20页。

姜说,要他到山顶上打一船鱼回来,就算还清所有的债,可要是打不到鱼给他,就得一辈子为他打猎。山顶上哪有鱼?老姜回家后闷闷不乐,一连几天卧床不起。

猎狗见主人一连几天不上山,又不说话,感到很悲伤。这一天,猎狗围着主人绕了几圈,突然问道:"主人家,你伤心什么啦?"

猎狗会说人话,老姜大吃一惊,知道自己的猎狗不是一般的狗,便把财主要他上山顶打鱼的事全告诉了它。

第二天老姜把猎狗带到山顶。猎狗叫他回去对财主说,鱼已经打得,因为都是大鱼,搬不动,叫他派一条大船到山顶上来运,否则所有债务一笔勾销。老姜照办了。财主想不出办法来,只好认输。

不久,猎狗对老姜说:"主人,我是天上派下来助你的,现在你的债已勾销了,你自由了。我也该回到天上去了。"说完那只猎狗便一阵风飞到天上去,在云雾中消失了。

后来,人们为了纪念这只仙狗和猎人,就在山崖上画上一只狗和一个猎人,人们也把这座山叫作陇狗山。

流传于左江一带的《楼梯山》[①]:

扶绥县驮河村附近一座高山脚下有四十四级石阶,山上有壁画一幅,画中数人。人们叫这座山为"楼梯山"。相传很久以前,村庄里住着一对相依为命的兄妹。哥哥勤劳、勇敢,为了把妹妹拉扯成人,每天上山打柴,用柴换米度口。妹妹十五岁

---

① 《楼梯山》,见《广西民间文学作品精选·扶绥县卷》,广西民族出版社1997年版,第11—15页。

时也学会了煮饭做菜、补衣服，还学会了纺纱织布。一天，天快黑了，哥哥还没有回来，妹妹四处寻找，发现了在山岗上昏迷不醒的哥哥。后来，妹妹得知哥哥是因为在没有路的山崖上踩到了浮石，滚到了山腰摔成了重伤，终于支撑不住晕倒在山上的。打这以后，妹妹瞒着哥哥打了一把凿子，每天都去凿山石，一心想在山上修条石梯。哥哥发现后怎么劝她她都不听。一年过去了，妹妹只凿了四十四级石阶梯。后来有一天早晨，妹妹发现一群仙女帮她修了一条金光闪闪的石梯，从山脚一直通到山顶。这样，哥哥上山打柴容易多了，他们渐渐富裕起来。这消息传到一位财主耳朵里，他认为山林、石梯都归他有，就吩咐家丁打手去霸山。众乡亲忍无可忍，用柴刀、扁担和财主展开了恶战。就在乡亲们快要抵抗不住的时候，忽然天昏地暗、电闪雷鸣，飞石把家丁们打得鼻青脸肿，老财主也被风刮起来，摔死在地上。风云散后，山腰上只剩下妹妹亲手开凿的四十四级石阶。乡亲们见恶人被惩罚欢呼起来，他们的身影落在山崖上，就成了如今的崖壁画。据说，原来通往山顶的石阶梯是王母娘娘当年受妹妹决心所感动，派仙女下凡帮助凿好的。后来怕恶人再霸山逞凶，便把石梯收回了。

流传于明江一带的《蒙括造反》[①]：

蒙括是那利村的一个青年，从小就十分有力气。他的力气能顶得一千人的力气，一千斤重的大石头，他只一手轻轻地拿起，向前一扔，石头就被抛过十座大山百里之外。他的力气也

[①]《蒙括造反》，见《洪波诗文集·3·故事传说卷》，香港天马图书有限公司2000年版，第20—22页。

第四章 草根认知：文化自觉与左江流域岩画文化的保护和传承发展

能顶得一千人做工。一千人割的稻子，他一个人一下子就能割完；一千人挑的谷子，他能自己一次挑光。当然，他吃得也很多。20岁时，蒙括一餐就能吃120斤大米干饭。

那利一带虽说良田千顷，五谷万担，可是皇帝说这些土地是他的，种出来的粮食也应该是皇家的。所以，每年收割以后，十成要上交九成给皇帝。

有一年，天地干旱，收成很不好，刚刚收割的时候，皇帝就派兵来收仓了。蒙括看到了乡亲们一年到头用血汗换来的粮食就这样白白给皇兵抬走了，非常气愤，便大声喝阻，并捡起身边比人还大的一块石头，往山上的石壁掷去，把个山崖碰落了个大半边。那些皇兵见到这情景，害怕得纷纷退走。

蒙括逼退了皇兵，他妈妈担心灾难降临，蒙括也担心连累了乡亲们。这一夜，蒙括辗转反侧，翻来覆去想办法，最后，迷迷糊糊地入睡了。朦胧中，有一个老将军来到蒙括的面前，悄悄地对他说："勇敢的年轻人，你要造反吗？要有兵马是件容易的事，我给你窝下一千张白纸，一支朱红笔，你用这支笔在白纸上画兵马，画好了后放进箱子里锁起来，不要给别人看，天天烧它三炷香，到了一百天，就变成真人了。"说完老将军就告辞走了。

蒙括一觉醒来，看见桌子上果然放有一千张白纸和一支朱红笔。蒙括依了将军的话，从此关起房门，拿起朱红笔，日夜画个不停，连自己的母亲也不让进去看。

蒙括的母亲见他白天埋头在房间里不知做什么，连饭也不吃，心里很担心。便对蒙括说："儿呀，人家的地都长出新苗了，我们的地还没有翻新耕种呢！"

蒙括听了母亲的话，改变了办法。他白天画兵马，晚上出去耕田种地。不几个晚上工夫，就把自己家的田地耕种好了。

蒙括一直画了九十天，把一千张白纸都画完了，画上了千军万马。蒙括每晚出门的时候，都把自己的兵马锁在箱子里。

到第九十一天早上，蒙括想出去看看自己种的禾苗长的怎么样了。他母亲感到好奇，儿子三个月来，白天从不出门，今天却例外，这些日子来，他到底关在房间里做什么呢？她身不由己地走进房内去看看，看见有三炷香在箱子前而烟丝袅袅，觉得奇怪，便拿过钥匙打开箱子，可箱盖一揭开，千军万马立即从箱子里飞起来，所有的兵马就这样全飞走了。

蒙括从外面回来，看见自己辛辛苦苦画出来的兵马全飞走了，很是着急。他追出门去，只见这些还不满一百天的兵马，因为身子软，没飞出多远，就被前面的一堵山壁挡倒，无法逾越，最后全部贴在山石壁上，一直到今天。

蒙括看到这种情况，非常悔恨自己粗心大意。为免皇兵来剿，老乡们受苦，于是便带着老乡们搬到别的地方去住了。

流传于左江一带的《黄巢城》[①]：

当年，黄巢在北方起义，进了北京城，当了皇帝，但他的地位很不稳定。

当时黄巢的部下有一个将领名叫朱温。他本来是一个勇敢善战的大将。但到后来，他讨了皇姑做老婆。这样，他就不反抗皇帝了。他放任自己的部队到处烧杀掳掠，渐渐失去了人民的拥护。

后来，皇帝用了一个名叫李克用的带兵来攻打黄巢，黄巢

[①] 《黄巢城》，见《洪波诗文集·3·故事传说卷》，香港天马图书有限公司2000年版，第22—23页。

吃了败仗，便把队伍带到南方来。

李克用也从北方追到南方。黄巢军和李克用军，便在花山一带打了一仗。这一仗，双方不分胜败。

后来，黄巢总结经验，重整队伍，严明纪律，很快得到当地壮瑶人民的拥护。黄巢的队伍很快地壮大，成为了一支强大的部队。

黄巢一直在左江一带坚持了好几年战斗。他的实力和李克用的实力不相上下。但他得到当地人民的拥护和支持，李克用怎么来攻，都未能把他打垮。这一年，李克用用十倍兵力于黄巢，决心要把黄巢打垮。双方打了十天半月。最后黄巢兵退到左江岸边，眼看就要无路可走了。

这时候，黄巢部下有个老兵叫兰卜柳，是个壮族人，建议黄巢建立城堡。黄巢接受了兰卜柳的建议。于是，兰卜柳带上几个工匠，拿起红笔，在宽阔的石壁上，画了一座巍峨雄伟的石城，这石城上只用少数兵将把守，就可以抗拒一切来犯之敌，任何兵勇来到这里都无法攻下这座坚固的城堡。黄巢看了兰卜柳画的设计图，非常高兴，当即任命他为总监师，由他来建起这座真正的城堡。

兰卜柳只用了一个晚上的时间，就把城建好了。第二天早上，黄巢把军队带回来时，一座巍峨的石城已横立在左江边！这座石城长约一百米，三面石壁，一面背水，气势十分磅礴，地势十分险要。李克用的兵马见黄巢建起了石城，便不断地来攻，但不管怎样攻，都攻不下。后来，黄巢把李克用打败了，要开庆功会，任命兰卜柳为国师。可是，到入席的时候，不见了兰卜柳的踪影。黄巢才醒悟过来，兰卜柳定是天上的神仙，因为仙家是不吃人间烟火的，所以一设宴招待，兰卜柳就走了。

直到现在，黄巢城仍屹立在左江崖畔上，什么兵马都逾越

— 261 —

不了，什么炮火也摧不毁它，因为那是仙人修建的！

流传于明江一带的《胜利的欢呼》[①]：

在唐代，花山这一带叫西原州，西原州有一个酋长叫黄少卿。当时，这里天干地旱，赤地千里，唐皇朝还频频要壮瑶各族人民交租纳粮，于是黄少卿领导南疆各族人民举行起义，抗粮抗征。

唐皇朝派李靖南下镇压。李靖自称常胜将军，说只要三个月，就可以把黄少卿的起义军打败。但是战争打了半年，他不但没有把黄少卿打败，反而被黄少卿打得落花流水。

李靖曾学过孙子兵法，颇识一些用兵之道。当黄少卿攻打邕管五州时，他却带自己的残兵进犯到花山一带，企图扰乱黄少卿的后方。黄少卿早料到此招，立即把驻扎五州的兵马调回来，把花山围住，并逐步缩小包围圈。一番劝降不成，黄少卿便举起手中的环首刀，发出令箭。刹时候，只听遍山牛角号起，铜鼓骤鸣，轰隆一声巨响，李靖的兵马，全陷到地洞下面去了，好在李靖有一匹好马，慌乱中，它双脚蹬起，载着李靖飞出了包围圈。

李靖的兵马被打垮了，人们便载歌载舞到花山前面的共同欢庆这战斗的胜利。后来，丹朱画师们，把这热烈的场面画在花山上，这就是我们今天看到的这个场面。

流传于左江一带的《隐士的故事》[②]：

[①] 《胜利的欢呼》，见《洪波诗文集·3·故事传说卷》，香港天马图书有限公司2000年版，第23—24页。

[②] 《隐士的故事》，见《洪波诗文集·3·故事传说卷》，香港天马图书有限公司2000年版，第24—26页。

从前，有一个官人叫郑达，在京城里做国师。他是个较开明的国师，主张对人民应该宽容，减轻苛捐杂税，不要给人民负担重。他辅佐的皇帝，原是个农民起义领袖，起初，他也同意国师的做法，不要给人民负担过重。可久而久之，与人民的感情淡漠了。

这一年，由于天大旱，人民都交不起租捐，纷纷上书要皇帝减免。郑达把一封封请愿书拿去向皇上请示，请求皇帝能满足人民的愿望。可是皇帝不允许。郑达苦谏无果，便要求下去调查。他带着一小班人马，打扮成做生意的样子，串街走村，进行查访。每到一处，见人民因为灾荒而饿殍遍野，死亡无数，便和随行人员一起，决定不再回京城，只是派一个小官回去向皇帝汇报。他和其他人员就来左江边上，找了一块平坦的地方住下来，在那里开垦耕种，过着自食其力的生活。

有一天，郑达正在地里挖土播种，附近村有一个老农民走过来，给他一种菜种。郑达和随员们把菜种下，那菜长得绿油油的。他们餐餐把它当菜又当饭，过了不久，他们发现，人人都是越活越年轻。又过了不久，他们竟然感觉，自己有点飘飘然的样子，可以上天入地了。

再说，郑达派一个小官回去向皇帝汇报情况后，皇帝起初并不以为然。过了好久，他收不上租，很多事办得非常不顺利，才感觉到，少了一个得力的助手，只有把国师郑达找回来，才能解决问题。于是皇帝派大臣出去查访，一直查了好几年，最后查到左江边来，才得知郑达在左江岸边自己种地过日子。

查访大臣把这情况向皇帝作汇报。皇帝亲自发十二道金牌，要他从速回京去处理国事。但郑达无动于衷。皇帝见郑达屡召不回，无奈之下，只好亲自坐十八抬大轿到左江边来请他。

皇帝的大轿来到左江边，向岸边村庄走去，见有村民在田间劳作、唱歌。可他越往前走时，那些人也越往后退，越走那些人越模糊，他一直追到石崖边，最后却一个人也不见了，抬头四处寻去，才发现崖壁上有十几个人影，从石壁里显露出来。皇帝又仔细一看，这其中有一个就是郑达。莫非郑达已经变成鬼了？皇帝感到有些害怕，便向石壁上的人影拜了三拜，然后坐大轿回去了。

原来郑达他们吃了那农民的菜后，他们有一种超然的本领。皇帝来了，他不愿见他，便和随员们一起走进石壁里，只在石壁上留下个影子给皇帝看一看。皇帝走了，他们又从石壁上走下来做工，一直到现在，他们还是这样。

流传于明江一带的《朱洪武抗元兵》[①]：

有一年，朱洪武在北方起兵反抗元朝，因为力量还小，被元朝皇帝追到南方来。

朱洪武有一只大印，据说是海龙王为报答他的救命之恩给他的。那大印上不是字，而是雕刻有一个兵勇在上面，如需要兵马，拿此大印印在纸上，要多少就可有多少。

朱洪武得了海龙王的兵马印，便组织了一支队伍，起兵和元朝皇帝斗。不久，消息传到元朝皇帝那里，皇帝派兵追剿，目的是夺走这个兵勇印。这一天元朝皇帝的兵马把朱洪武赶到明江边来了，前面是滔滔的明江水，后面是滚滚的元朝兵马，朱洪武已没有了退路，便与元朝兵马在珠山附近发生了激烈的战斗。

[①]《朱洪武抗元兵》，见《洪波诗文集·3·故事传说卷》，香港天马图书有限公司2000年版，第26—27页。

朱洪武见元兵来势汹汹，坐在江边的大树下，手持大印，打开神纸，印出一个个兵勇来，印出一个飞走一个，不断地抵挡元兵的进攻。一连打了九天九夜。由于朱洪武的兵马大部分是印出来的，经不起大搏斗，很快都败退了。朱洪武看无路可走，决心死战。在最后决斗之前，为了把兵马印还给海龙王，他把兵马印丢到了河里。

凑巧的是，有一条大鲤鱼从河中上来把兵马印接住了。朱洪武看到这情景，知道这鲤鱼有灵性，便要它将自己的兵马渡过河去。于是，河中的鲤鱼长了身子，变成了一座桥，让朱洪武带自己的兵马渡过了河。朱洪武的兵马刚走完。元朝皇帝的兵马也赶到河边，也急忙踏上桥去追赶，但奇怪的是，元朝皇帝和他的兵马刚走到桥中间，那鲤鱼桥便翻了，元朝皇帝的兵马全部跌下河里喂鱼虾了。元朝皇帝被一位大臣救起，才免于一死。

原来是海龙王为了报恩变成鲤鱼来救朱洪武的。因为朱洪武的兵马大部分是用仙纸印出来的兵勇，身子很轻，很快就过了桥，可元朝皇帝的兵马是真人真马，很笨重，鲤鱼受不了，便把身子翻了。

后来，跌下河里溺死的兵马，一个个的阴魂都显露在石壁上了。

流传于明江一带的《石达开教训清军头目》[①]：

那些年，番鬼佬从越南过来，侵扰到芭莱山一带，他们烧

---

① 《石达开教训清军头目》，见《洪波诗文集·3·故事传说卷》，香港天马图书有限公司2000年版，第34页。

杀掳掠，无恶不作，边境的人民受尽了欺凌。

为了把番鬼佬赶出国境，太平军领袖翼王石达开亲自带领一支部队来到芭莱山一带抗击侵略者。

那时，清军也有一支队伍在这一带驻防，石达开发出通告，只要清军共同抗击番鬼佬，太平军一律既往不咎，大家可以和平相处。可是清军既趾高气扬，又贪生怕死。他们一听到番鬼佬来了，比老百姓跑得还快，而压迫和勒索老百姓，比起番鬼佬还要凶狠。

当时清军有一个头目，从不把老百姓当人看。他有一条金丝鞭，据说是一位仙人给他的。他每天吃饱喝足，就拿老百姓来鞭打开心，说是试鞭力。老百姓恨之入骨，石达开到了芭莱山一带，老百姓纷纷向他告状。

有一天，石达开化装成老百姓去赶街，到芭莱山脚下，见这一清军头目，正在抽打一个给他让路的老百姓。石达开见这家伙蛮不讲理，走过去一手抓住他的胸衣，夺过他的鞭子，把他举到半空中，然后往地上狠狠一摔，又连连给他加上几鞭。这个清军头目，被这一摔，又被一阵鞭打，趴在地上动弹不得。石达开又狠狠地教训了他，才让他滚到路边去走了。

以后，这里的老百姓都说石达开很了不起，芭莱山壁上的那个画面，就是石达开和将士们在练武！

流传于左江、明江一带的《伏波与神马》[①]：

那一年，交趾王作乱，已经骚扰到了南疆各县，形势十分

---

① 《伏波与神马》，见《洪波诗文集·3·故事传说卷》，香港天马图书有限公司2000年版，第27—28页。

危急，皇帝大惊，立即命令"伏波将军"马援带兵南下征剿。

伏波将军从京城出发，一鼓作气，长驱直入，一下子就打到南疆的宁明龙州一带。战斗进行了九十九天，交趾王的兵马被打得焦头烂额。交趾王只好带着残兵败将往南逃窜。

南疆一带暂时得到安宁。可伏波将军想，交趾王没有死，他随时都还会出来骚扰和破坏。于是发兵直向南追击，一直追到深山老林的边沿。

马伏波的军队来到洪山，渡过了滔滔的棉江河，进入了深山老林，那里山谷中笼罩着蒙蒙白雾，前面的兵马一过去就昏倒。马伏波亲自骑马向前，走在队伍前面，刚进入山谷，他的马突然跌倒，再也爬不起来了，不久就断了气。马伏波很是痛心。这天晚上，他迷迷糊糊刚入睡。突然他从梦中听到一阵"哞哞哞"的叫声，他猛醒过来，从铺位上起来走出帐篷一看，只见一匹红鬃大马从山上向他的帐篷奔来。这匹马长得如此剽悍高大，到跟前就不走了，用嘴舔了又舔马伏波的手，并发出"哞哞哞"的叫声。马伏波叫马夫用上好的草料把这马喂个饱饱的，然后又依依不舍地把它放走了。可是，这马走出一圈，又转回到马伏波的身边，一连几次都是这样。于是马伏波就把这马当作了自己的坐骑。

马伏波有了坐骑，又在老者的指点下，得到了"如意米"，叫士兵们煮吃后消除了毒气的危害，兵强马壮，终于擒住了交趾王李太子，逼得交趾王带兵马向南逃窜。

马伏波打了胜仗，留了些兵马在边疆驻守，打马回桂林。不久，交趾王派出使者向马伏波求和，要求划分疆界，表示今后安守本分，不再侵占南国领土。马伏波把疆界划好，布置了边防镇守，便打马凯旋。

这一天，马伏波路过洪山，正行进间，他的坐骑突然发出

"哞哞"的叫声,接着,山岩上也回应"哞哞哞"的叫声。马伏波感到奇怪,便抬头望去,只见山岩上有只红鬃大马的画像,竟然和他的坐骑一模一样。后世人们都传说,马伏波的坐骑就是洪山上的神马。

流传于明江一带的《藏珠洞》①:

在明江的西岸有一座山,这山像一道屏风一样。可它不叫屏风山,却取名叫珠山。珠山的腰间有一个很大的岩洞。据说,这岩洞里藏有很多的金银珠宝,因此就叫藏珠洞。

据说在我国南边有一个地方叫交趾。这交趾原来是我国的一部分。后来交趾王作乱,独霸一方,自立成国。

这一年,交趾王亲自领兵骚扰南疆的明江一带。在明江岸边住着一个白发苍苍的老太婆,别人都叫她娅迈阿婆。那天人们都走光了,但她仍然坐在明江边上,硬是不走。交趾王骑着一匹黑马走过来,见到这位老太婆没出走,感到有些奇怪,便下马来问个究竟。没想到,这个老太婆那么嘴硬,竟然敢顶撞他这一国之王,就叫一群交趾兵把娅迈阿婆推下明江河里去了。

明江两岸,良田肥沃,是一个富足的地方。那时候,家家户户的粮食吃不完,珠宝用不尽。凶残的交趾兵来了,人们惊慌失措,匆匆逃跑,在沿江两岸被迫丢下数不尽的金银珠宝。有的丢在路边,有的丢在石窟里,有的扔在草丛中。当太阳光照射时,整个明江两岸,到处珠光闪闪,耀得人眼都睁不开。

---

① 《藏珠洞》,见《洪波诗文集·3·故事传说卷》,香港天马图书有限公司2000年版,第29—30页。

交趾王骑在黑马上，到处奔走，见到这么多的金银珠宝，恨不得一下子都装进自己的口袋，拿回王宫里去受用。

可是，交趾王和喽啰们高兴得太早了，正当他们搜刮明江岸边的金银珠宝的档儿，只见明江河水立即"呼哗哗"分成两股道。股道间走出一个白发苍苍的老太婆来。这个老太婆正是娅迈。她手中托着一个银光闪闪的瓷瓶。她把瓷瓶盖打开，口中默默地念声："收！"那些金银珠宝，就立即唆唆唆地飞进娅迈老太婆的瓷瓶里。交趾兵抢得的那些财宝，也从他们的口袋里"唆唆唆"地飞出来，装进娅迈老太婆的瓷瓶里。交趾王见到兵仔们抢到的东西都飞走了，一个个争先爬上山去，企图捉拿老太婆，抢走她手上的瓷瓶。眼看交趾兵就要冲到跟前，只见老太婆伸手从瓶子里拿出一张金红纸和一把剪刀，用剪刀把那些金红纸快快地剪成一个个人公仔。然后她用嘴巴对着人公仔身上一吹；说声"变！"那些人公仔便变成一个个活的勇士。勇士们立即迎击扑上山来的交趾兵，把他们一个个赶下山去。经过九天九夜的英勇奋战，勇士们终于把交趾兵打得晕头转向，一个个都跌下明江河里去喂鱼虾了。

交趾兵被打败了。娅迈老太婆便托着那装满金银珠宝的瓷瓶，走进山洞里，把它藏起来了。为了保管好洞里的金银珠宝，娅迈老太婆便把那些勇士们留在洞外。现在那些勇士们仍日夜在那里站岗。

流传于明江一带的《侬智高兵马阵》[①]：

---

① 《侬智高兵马阵》，见《洪波诗文集·3·故事传说卷》，香港天马图书有限公司2000年版，第31—32页。

侬智高当广源州首领的时候，交趾兵不断侵扰南疆一带，侬智高带领广源州的人民抗击交趾，一次次地把交趾兵赶出镇南关外。

侬智高把交趾兵打败之后，又想攻打邕州，然后沿江东下，攻梧州、进广州。

但侬智高担心把主力带出广源州，交趾兵会乘虚而入，卷土重来，苦思冥想之后，终得一计。他拨了三百名工匠兼兵马给军师黄玮，让他在花山上下布置：首先叫一百名工匠，带着朱红笔、墨，在连绵不断的山壁上，到处都画上和真人一样大小的勇士；同时，又把一百名射手和一百名吹鼓手分散杂居在石崖洞中。有的手持弓箭，有的手舞着长矛大刀，有的垒石搭架。

一切准备就绪之后，侬智高便率领他的军队开出了广源州。消息传到南边，交趾王立即带领大队人马，杀到宁明一带。一路上，他们如入无人之境，便骄气十足，以为明江一带是他们的天下了。

这天傍晚，交趾王趾高气扬地来到岜莱山前，还未站稳脚跟，便听到四周山上下，鼓声震天，滚木礌石夹杂在阵阵喊杀声中，从四周山崖上滚将下来，千百支利箭从山壁上射来，整个山谷地动山摇。在朦胧的暮色中，交趾兵发现四周山崖上，到处都是侬智高的兵马。有的张弓搭箭，有的便挥起大刀长矛从山上飞奔下来，高声大喊要捉拿交趾王。交趾王见状，吓得屁滚尿流，急急下令退兵。

交趾兵又吃了败仗，回去后便传说侬智高的兵是神兵，平时贴在山崖上不动，但一见到敌兵来了，一阵呐喊，一齐从山崖上跳将下来，可怕极了。

流传于明江一带的《刘二借阴兵》①:

刘二和老番打了很多次仗,每一次,刘二都把老番打得落花流水,老番非常恼火。当时有个上校叫哈雷布,从法国运来飞机大炮,想靠这些现代化的武器把刘二消灭。

尽管刘二靠英明果断的指挥和战士们的勇敢,每次都打胜仗,但损失太大了。为此,刘二十分苦恼。

有一天,刘二正在山上布防,遇见了一个拄着拐棍的老人,那老头告诉刘二,可以去借侬智高的兵马,打败番鬼佬。

刘二谢过老人,按照老人的指点,和战士们来到花山前面的地坪上,果然发现有一块很大的石头。他和战士们把石头翻开,然后就往下挖,一直挖了九天九夜,终于挖下了九丈九深。只见下面埋有一块很平的大石板,要再往下挖,要把这块大石板撬开,刘二刚刚一撬,也许是用力过猛,旁边的泥土坍了下去,把他埋在下面,全靠战士们抢救及时,把他从土坑里挖出来时,已是气息奄奄,危在旦夕了。

刘二昏昏迷迷之中,到了地狱,见到阎罗王,说明自己的爱国之心,提出了要借侬智高阴兵的要求。阎罗王同意后,刘二从迷糊中醒来,叫战士把石板下的泥土挖开,得到了一把金闪闪的宝剑和一本兵书。刘二打开兵书,按照书上的说法,把手中的宝剑试了试,向花山的方向挥一挥,那些崖壁上的将士马上来到刘二的面前报到。刘二便和将士们烧了香火,拜过神仙,请下侬智高的军队,一起去打老番。

这一天早上,刘二带着将士们向边疆前沿走去。他把手中

---

① 《刘二借阴兵》,见《洪波诗文集·3·故事传说卷》,香港天马图书有限公司2000年版,第33—34页。

的宝剑一指，嘴里接着喊道："兄弟们，杀！"顿时间，眼前立即飞过千军万马，向番鬼的阵地压过去。

那番鬼佬哈雷布上校见刘二的军队来势汹汹，便立即下令开炮。可是不管怎么打，都打不过这些阴兵。尽管这些阴兵也杀不死番鬼佬，但来势汹汹，番鬼见了，魂飞魄散，夺路而逃，互相践踏，死伤无数。刘二的真兵真马又趁机压过去，番鬼佬望风而逃，一败涂地。

(三) 反映伦理道德的传说故事

此类传说故事将赞扬与肯定优良品质和高尚道德，鞭挞各种丑恶的社会现象的主题，与左江岩画联系起来，表现广大民众的人生观和道德观。例如：

流行于扶绥县渠黎镇一带的《岜来山》[①]：

扶绥县有座岜来山。传说很久以前，有兄弟俩，成了家的哥哥和嫂子都不把弟弟当人看。一天，弟弟上山砍柴因饥饿跌入山脚下的岩洞里晕了过去。一位神仙老翁救了他，给他一个要什么就能有什么的玉盆。弟弟照着老翁的话，回去后就离开了哥嫂，到村边去居住。玉盆不仅解决了怜儿自己的温饱，还被用来周济乡亲。哥嫂从弟弟那骗知了宝盆的来历，就假装上山打柴也跌入岩洞。洞里有个无底的深渊，只有一窄石桥能过。他们走到石桥拱顶时，石桥崩断，二人掉入深渊变成了两条斑鱼（壮语音即是"岜来"）。从此，这山就叫"岜来山"。相传这山中岩洞是神仙聚居的地方，里面的金银珠宝是神仙用来行

[①] 《岜来山》，见《广西民间文学作品精选·扶绥县卷》，广西民族出版社1997年版，第7—9页。

善济贫的。后来岩洞口封闭了,神仙也无影无踪,只留下红色人形在峭壁上。

流传于左江一带的《白鹤岩山的传说》①：

白鹤岩山下有一个村庄叫白鹤村。在村的东头,住着个姓黄的人家。这家人只有两夫妇和一个孩子。这孩子的名字叫黄才,因为是独仔,从小娇生惯养,他小小的年纪就学会赌钱,爸爸妈妈拿他没办法。

黄才满十岁那一年,有一天他又要出门去找人赌钱,刚走到河边,突然听到从背后传来一阵"哈哈哈"的笑声。他回头一看,原来是一个穿红衣裳的人,正走在他的后面。这人大约有三四十岁了。他见黄才回过头来,便要跟他赌。于是,他们两人走进山边的一座竹林里,在一块平板石上画了个棋盘,相对而坐,面对面地走起棋来。

此后,黄才和那穿红衣裳的人,天天都来到竹林里的平板石上走棋,但赌来赌去,他从未赢过一次。父母亲死了后,黄才孤零零地一个人,家徒四壁,没有办法再去赌了。这时,他才想起母亲的话,扛起锄头到那小块坡地去挖掘爸爸埋下的金银,一连挖了三天三夜,他还是什么也没有得到。失望之余,他想,既然把地挖了,就干脆种上玉米吧。于是,他就在这块坡地上,全播上了玉米种子。

说来奇怪,他这一年播下的玉米长得特别好。这一年,他就靠这些玉米养命,终于没有饿死!

---

① 《白鹤岩山的传说》,见《洪波诗文集·3·故事传说卷》,香港天马图书有限公司2000年版,第5—6页。

崖壁遗梦

  黄才吃到了甜头，第二年，他继续在小块坡地种上玉米，又获得了好收成。就在收玉米的这一天，那个穿红衣裳的人来了说，很久不赌了，你收下了好多玉米，就赌玉米吧。黄才不想把辛辛苦苦洒了汗水换来玉米赌光，拒绝了。那穿红衣裳的人"哈哈哈"大笑三声离去。从此没再来邀黄才赌博。

  自那以后，黄才真正知道：只有靠劳动，才有饭吃。于是他便安安分分地耕种那块坡边地。他的作物长得一年比一年好，收成也一年比一年好。这一天，他又开始挖地了。他刚刚挖了几锄头，土缝突然露出了一个小瓮缸，打开一看，里面装的都是过去他赌输给那个穿红衣裳的人的东西。

  有一天，黄才扛着扁担上山去砍柴。走过白鹤山石壁下，突然听到有人大声地喊他的名字。黄才抬头向四周看看，不见有人。正犹疑间，松竹林里又传来一阵"哈哈哈"的笑声。他定神一听，发现这声音好熟！不觉抬头往白鹤岩山壁上望去，只见那石壁上有群人像，其中有一个倒很像那穿红衣裳的人。他突然醒悟过来，这是仙家在点化他！

流传于左江一带的《独脚女孩》[①]：

  左江河边笔架山上有个女孩的像。老一辈传说，这个女孩叫达妮，和后娘一起过日子，生活很苦。达妮挑柴脚被毒藤扎了，后娘不管，把她抬到笔架山，任其死活。达妮获金鸡相救，过上好日子。后娘听闻又来与她和好。财主儿子病了，后娘知道金鸡能治，便与财主合力把达妮抓去想利用金鸡治病。达妮逃走，被金鸡救起飞向笔架山，财主用枪打断了她的右腿。这

[①] 《独脚女孩》，见《花山故事》壮文版，广西民族出版社1983年版，第110—121页。

时石头崩裂砸死了财主和后娘。后来笔架山崖显出像来，人们都说是达妮。

流传于扶绥县的《仙人山的传说》①：

关于龙头乡旧庄村与昌平乡交界处仙人山上的七个红人流传着一个故事。从前，石壁上一个山洞里有很多金器，穷人都爱到洞中休息，但如果谁去拿，会看不见。后来出了个财主，想霸占金器。一天，他赶水牛想拉走金器，结果只拉出一只金锅耳，回到家，金锅耳变成铁锅耳。第二天，财主生气要砸金器，一巨石崩下把财主和金器同埋洞底。后来洞旁峭壁上出现了七个红色人形，据说是仙人派来守卫金器的勇士。后世曾有人想炸石取宝，但又怕落得财主下场，所以至今巨石仍堵洞口，红人亦在。

流传于龙州县的《天兵天将下凡》②：

响水乡棉江村一座山上有三个相通的岩洞叫花山仙岩。相传很古的时候，左江两岸连年受灾，人们纷纷离乡。太白金星告知玉帝，玉帝派仙女到岩洞，人们在洞中取白米，借衣物，但借了要还。一个财主屡借不还，仙女们封死洞门，把他压死在下边。可是以后洞门再也打不开了。因为没有完成玉帝交给的任务，仙女们不能回到天宫。玉帝又派天兵天将来帮仙女开

---

① 《仙人山的传说》，见《广西民间文学作品精选·扶绥县卷》，广西民族出版社1997年版，第18—20页。
② 《天兵天将下凡》，见《广西民间文学作品精选·龙州县卷》，广西民族出版社2002年版，第47—48页。

洞门，可贪心人总让仙人失望，他们因无法完成任务不能回天宫。最后，仙女和天兵天将就变成了花山崖壁画。

流传于扶绥县的《公媳山》①：

沿昌平乡至中东的公路走大约两公里，右边有一座草木葱笼、雄伟壮观的山，人们叫它"公媳山"。相传昌平乡仁果村王明德的老婆生下儿子后病故了。儿子由王明德抚养成人，取名王志。王志长大后娶了个贤惠的妻子。一年后，生了个儿子。后来王志打猎时被眼镜蛇咬死，家里只剩下公公、媳妇和孙子过日子。一天，公公和媳妇上山打柴，傍晚下起了暴雨，两人就到路边的石洞里躲雨。公公起了邪念，不顾媳妇的极力反抗，侮辱了她。媳妇感到万分羞愧，痛哭着喊雷公劈死没良心的公公。哭声感动了雷公。雷公劈死了公公，把他的人形钉在石壁上面，并用大石头把洞口封住。如今，公公的人形依然历历在目，他告知后人，这是恶人应得的下场。大家都为媳妇的纯洁、勇敢而赞叹。因此，人们把这座山叫"公媳山"。

（四）反映人们的信仰观念的传说故事

这类传说故事反映人们的信仰观念，譬如神仙信仰、风水信仰，等等，其主要内容是要联系左江岩画告诉人们神灵要敬重，否则就会遭致惩罚。例如：

流传于左江一带《仙洞的故事》②：

---

① 《公媳山》，见《广西民间文学作品精选·扶绥县卷》，广西民族出版社1997年版，第9—10页。
② 《仙洞的故事》，见《洪波诗文集·3·故事传说卷》，香港天马图书有限公司2000年版，第4—5页。

第四章 草根认知：文化自觉与左江流域岩画文化的保护和传承发展

在仙山上面有一个仙洞，这仙洞很宽很大，在仙洞的中央，摆有一张很宽很平的石桌，石桌上面摆满了沙糕和仙桃。这些沙糕和仙桃是专门供给小孩子们吃的。今天吃完了，明天它又有出来怎么吃也吃不完。但这些东西只能供在这里吃，不得带走。同时，还要注意卫生，吃饱了不得在洞里拉屎撒尿。否则，仙娘娘们就会把石门关上，不再开放。

有一个叫特文孩子，十三岁，非常懒惰，总是过着衣来伸手，饭来张口的生活。有一天，特文跟在大家的后面到了山上，进了仙洞，他看见桌子上摆了那么多的沙糕和仙桃，抓起来就吃，狼吞虎咽的，一口气吃了几十块沙糕，几十个仙桃，吃得肚子胀胀的，走都走不动了。见四周无人，特文便在石桌下面扒了一个小坑，然后就叭啦叭啦地在坑里拉起屎尿来。不多时，那些难闻的气味便飘满整个山洞。接着便听见轰隆的一声，仙洞大门关闭起来了。从此，小孩子们再也无法到洞里去吃沙糕和仙桃了，也没有再见特文出得洞来。据说，现在石洞壁上的那个人像，就是当年特文从里面映出来的。

流传在崇左驮卢一带的《人仔山的传说》①：

相传古时候，人仔山画有人仔的地方原来是个山洞。洞中有很多果树，但只能看不能摘，否则会迷失方向。一天，村里五个放牛小孩到山洞玩，被美景迷住又带乐器到洞中玩，一个小孩尿急，便尿到杯子里当酒供上。这一来风雨大作，乌云堵住了洞口。五个孩子怎么也撞不出来，乌云又变成石

---

① 《人仔山的传说》，见《广西民间文学作品精选·崇左县卷》，广西民族出版社1998年版，第38—39页。

头，他们的影子就印在石壁上。现在每逢雷雨，还常传出锣鼓声来。

流传在崇左一带的《灯笼山壁画》[①]：

崇左县驮卢镇灯笼山绝壁上有一幅赤红色崖壁画。相传八仙过海时，东海龙王三太子强抢了蓝彩和的花篮，八仙又将其夺回。八仙游至灯笼山下，见此处凉爽就进洞避暑，洞外风景恰似他们斗龙王太子之景。大家请吕洞宾作画后不满意正欲让铁拐李重画，可天已启明，八仙只好继续云游。作画时因为何仙姑用衣袖做灯笼照明，这山后来就叫灯笼山，洞称仙人洞，壁画则叫八仙过海。

流传在宁明一带的《神皇》[②]：

以前纳利有神像，亚洲有神皇。他们都有很多兵马。两相交战，神像不及神皇。神皇独霸山峰准备以后当皇帝。当神皇要当皇帝时，撞见坐月子的妇女在河边洗衣，神皇当不了皇帝，石山马上倒下来，只剩下半边。神皇的兵马就飞上石山贴在石壁上。石壁上的人马深更半夜出来操练很吵人，但建了神皇庙后就不吵了。但骑马的、穿白衣的和拿雨伞的这三种人过不了珠山，经过就会看不见。后来有个土洞凹下去的地方因为看不见兵马可以过往。

[①]《灯笼山壁画》，见《广西民间文学作品精选·崇左县卷》，广西民族出版社1998年版，第24—25页。
[②]《神皇》，见广西少数民族社会历史调查组编《花山崖壁画资料集》，广西民族出版社1963年版，第12页。

第四章　草根认知：文化自觉与左江流域岩画文化的保护和传承发展

流传在宁明花山一带的《牛石》[①]：

攀龙村渡口，有很多石头，像一群水牛在河里泅游，人们称之为牛石。从前，有个小神仙法术不高却乐于助人。他为了让人们在此靠种地安居乐业便想办法去找牛。他从远处赶来了一批叫牛石的石头，如果这批牛石能顺利过明江就能变成活牛。但一路上遇到的人都必须承认这些石头是牛，否则前功尽弃。可偏土地公故意不这么说，结果快要变成的牛停在水中成了石头。小神仙便与土地公对骂起来，一直辩了三千六百年，时间久了，他们的影子便印在对岸的崖壁上去了。据说从此人们就不那么尊敬土地公了。

流传于宁明耀达村的《九龙山》[②]：

古时皇帝为了保持皇位相信风水，他派地理先生去寻找有人造反的地方，并设法斩除。一个地理先生行到一处，此地公鸡品种齐全，但不会叫。地理先生一问才知是九龙山的头人的爹死后在九龙山下葬以后，公鸡便不叫了。地理先生便叫村人到他指定的九龙山一处挖掘，但总是第一天挖第二天便不知被谁填平了。后来地理先生亲自勘察发现是有阴兵作怪，便用狗血洒洞，斩断龙脉。从此，公鸡恢复了啼叫，人民安居乐业。为了纪念那次掘土斩妖，人们在明江东岸的石壁上画了很多"公仔"。那些没手足的表示被斩了的妖怪，永远不能出世。

---

① 《牛石》，见《花山故事》，宁明县"三套集成"办公室1988年版，第3—4页。
② 《九龙山》，见《广西民间文学作品精选·宁明县卷》，广西民族出版社1998年版，第74—76页。

流传于宁明花山一带的《药孩》①：

　　从前，花雷是个大街，人口很多，左江河从前流过，河对面有座花雷山，山上有个大药园，药园的管理者是祖孙俩。一年，这里流行瘟疫，只有采到山上的仙草才可救人，但仙草有重重守护，据说是观音种下的，很难得到。孙子不畏艰难说服了把守的蟒蛇、龙和猴子带着一只小白兔顺利上了山。但仙女说谁若拔了仙草就得变成仙草，孙子为了救人们变成了仙草，仙女把兔子变成鸟让它带回了仙草。救了人们。一天晚上，药公突然不见了。第二天人们见花雷山的悬崖上现出两个红像，一大一小。人们都说是仙女为了让僚人记住他们把他们的像显在崖上。人们还说如果生病，只要到花雷山附近找药都能找到灵药。

流传于凭祥一带的《马鹿》②：

　　在凭祥街的东北边有个地方叫那逢。以前，这里常年缺水干旱，生活在这儿的人很苦。一天，天上管水的神仙下凡巡水，见此情景便决心帮助他们。神仙用一个葫芦装满仙水并派蟒蛇来管理，蟒蛇胆小贪睡，仙水没流多少下来，地干裂。大雁把此事报给神仙，大仙把蟒蛇扔进洞里，不准出来。大仙又命乌龟来管理，可乌龟贪玩，仙水洒了，地下发灾。大仙惩罚了乌龟，又派马鹿来管理。马鹿把水管得很好，还制服了想偷葫芦的韦恶霸。马鹿为了更好地保护葫芦将它埋进洞里，日夜守护，

---

① 《药孩》，见《花山故事》壮文版，广西民族出版社1983年版，第53—64页。
② 《马鹿》，见《花山故事》壮文版，广西民族出版社1983年版，第42—48页。

后来,马鹿的影子印在了悬崖上。后来人们都说那逢有座马鹿山,山上有个葫芦泉,山上的壁画穷人看了修福,土官恶霸看了折寿。

二 有关传说故事所反映的当地民众对花山岩画的认知

从以上介绍可以看到,在左江流域民众心目中,左江岩画是左江人民与自然斗争的历史遗迹。在远古时代,由于生产力水平低下,人们不能认识自然界变化的各种规律,对各种自然现象缺乏理解,但人类又必须向大自然索要生存之需,因此,人类对自然力的征服往往以幻想的形式出现,即幻想通过某种超自然力的神异的能力来达到征服自然的目的。花山岩画传说中的《卜伯战雷公》《穿窿山的故事》《铜鼓山壁画的传说》《九十九弯》《两兄弟斗龙》《灯笼高照》等的传说故事都属于这类传说,它们对人类早期企图通过幻想拥有超自然力以征服自然的观念作了充分诊释。作为自然力化身的雷神、牛魔王、妖蛇、水怪、黑龙等制造瘟疫和洪水等自然灾害,使人类生存受到威胁。而传说中人类所幻想的超自然力的代表主要有布伯、岑逊,玉皇大帝的天兵天将、八仙中的吕洞宾等神仙以及通过各种方式获得神力的青年英雄。左江岩画是这些超自然力与自然力斗争的遗迹。

左江岩画是左江人民社会斗争的遗迹或载体。左江岩画传说反映了剥削阶级对左江地区民众的残酷统治和压迫。左江岩画传说中《六月雪》《七星山的传说》《楼梯山》等真实反映了民众与财主、土官等进行阶级斗争的历史。《蒙括造反》《黄巢城》《胜利的欢呼》《朱洪武抗元兵》《石达开教训清军头目》等传说故事反映了左江人民反抗中央王朝的斗争。《伏波与神马》《藏珠洞》《侬智高兵马阵》《刘二借阴兵》等传说故事则反映了左江人民抗击外来侵略的斗争。

左江岩画是表达左江流域居民伦理道德的载体。如《楼梯山》传说哥哥因山路险峻打柴时摔到山腰昏迷不醒，妹妹发现后决定要用手为哥哥凿出一条上山的石梯，表现了兄妹之间的深情厚谊。这是良好家庭伦理的体现。《独脚女孩》中的后母虐待达妮，竟然在达妮被毒刺扎了之后把他抬到笔架山任其死活，等达妮被神仙相救过上好日子，她又来利用达妮给财主的儿子治病。《岜来山》传说为我们展示了哥哥、嫂子虐待弟弟的故事。这是对正常家庭伦理关系的违背。《公媳山》传说则对公公的乱伦行为进行了强烈批判，最后公公遭到最严厉的惩罚——被雷公劈死。这是对违背伦理行为的谴责。《药孩》中看守药园的孩子以及《灯笼高照》中的特秀、特勇兄弟都是为了全体民众的利益而愿意牺牲自己的典型。《白鹤岩山的传说》等故事深刻揭示了勤劳是幸福之本的道理。《天兵天将下凡》等传说则表达了对自私、贪婪的厌恶和鞭挞。

左江岩画还是体现左江人民信仰观念的载体。花山岩画传说中的信仰观念主要表现为对雷神、水神、土地神、仙人、风水等信仰。雷神、水神、土地神均是自然力在人们观念中象征化后的崇拜对象，由于人们不能理解、掌握和利用自然力，往往被自然力控制，便产生了对自然力的崇拜和信仰，人们把他们想象为自然力的掌控者，将其人格化。左江岩画传说中《卜伯战雷公》《穿窿山的故事》《铜鼓山壁画的传说》等均有雷神、水神。《牛石》等传说有土地神的形象。至于仙人和风水信仰，其来源与道教有关。左江岩画传说中的仙人信仰在《仙洞的故事》《灯笼山壁画》《药孩》《马鹿》等传说中有反映。风水信仰则反映在《九龙山》等传说中。

综而观之，左江流域居民是将左江流域岩画放置于本区域、本民族的历史、社会和文化的坐标中来感受和认知的，因而，这些认知具有本区域、本民族的历史和文化特点。

第四章 草根认知：文化自觉与左江流域岩画文化的保护和传承发展

左江流域的历史、文化特点之一，是骆越是其土著族群。在秦汉之前，骆越文化在此自主发展，左江岩画是骆越文化自主发展的顶峰之作。此后，左江地区在中央王朝的统治之下，被强势的汉文化冲击、侵蚀和改造。因此，左江地区骆越后裔的记忆之链是有断裂的。尽管学者们研究发现："岭南地区主体原住民族是古苍梧族和西瓯、骆越民族，也就是今日的壮族以及相关的壮侗语民族的先民，是他们创造了类似中原地区'夏商周'文明实体。"[1] 但是，这种学术的共识并没有形成社会性、民族性的集体记忆。当今壮侗语族群的官员和普通民众对于瓯骆文明曾经拥有的辉煌，知之不多；对瓯骆族群后裔历经的民族苦难，也逐渐淡漠。面对先祖从何处来的提问，壮族人的回答大多是："来源于山东白马县"，"来源于江夏堂"，或者是"不清楚"。老百姓如此，壮族官员如此，壮族历史文化研究者以外的壮族知识分子对此也往往语焉不详[2]。所以，对于左江流域的壮族人来说，无论如何是无法认知左江岩画是自己祖先的创作的。从上述传说故事来看，壮族人将左江岩画常与一些历史事件、文化事象相勾连，但这些历史事件、文化事象常常是以中央王朝或汉族为主体，体现汉文化特征的。

但是，因为族群的历史记忆的改造是依赖文字来实现的。刻写的记忆，尤其是书写的记忆是最具有可操作性的，写有文字的东西容易被销毁或者按照强势文化的意愿来重新建构。可对体化记忆的改造，则是最不具有操作性的。因为人的身体是无法得到有效的控制的，即使强势文化在这方面有强制的规定性的内容，基本上也只能是形同虚设。而左江流域壮族等骆越后裔族群的记忆传播模式是体化记忆一直发挥着重要作用，所以，其集体记忆尚未彻底消失殆

---

[1] 郑超雄：《壮族文明起源研究》，广西人民出版社2005年版，第1—2页。
[2] 覃德清：《瓯骆族裔—壮侗语民族的族群记忆与人文重建》，《广西民族研究》2005年第3期。

尽。在以上介绍的传说故事中，左江岩画常被联系到远古祖先与自然的斗争中，以及本地区英雄与中央王朝的斗争中，这些英雄中有的族群属性鲜明（如卜伯、蒙括、黄少卿、侬智高等）；尽管左江岩画常被联系到一些汉文化特征明确的文化事象（这与左江地区长期以来汉越互动涵化，汉化倾向较强的历史相一致），但左江岩画大多是属于"我们的"，其所代表的亦多是正面的力量，只在极少几个故事（如《公媳山》《仙洞的故事》《九龙山》）中，左江岩画才被"他者化"，代表了负面的形象和力量。

左江流域的历史、文化特点之二，是由于长期处于中央王朝的框架内，在越汉文化涵化的过程中，汉化倾向明显，所以，中华民族的归属感及中华文化认同感强烈。上述传说故事中，常有将左江岩画与马援、黄巢、李靖、朱洪武、刘永福等代表中央王朝或中原汉人的历史人物，以及仙人信仰、风水信仰等汉文化相联系起来者，如《伏波与神马》《朱洪武抗元兵》《黄巢城》《关刀山的传说》《天兵天将下凡》等，均属此类。可见，左江流域居民把左江岩画看做属于"我们"的这个"我们"，是中华民族的一部分，左江岩画也是中华民族文化的一部分。

左江流域的历史、文化特点之三，是由于该地区地处边疆，历经与越南往来交流的风风雨雨，因而国家认同意识强烈。在上述关于左江岩画的传说故事中，为数不少的传说故事，如《伏波与神马》《侬智高兵马阵》《刘二借阴兵》等，都有抗交趾及抗"番鬼佬"的情节和内容。从中可以看到，左江流域居民认为，左江岩画是祖宗留下的具有神秘力量的遗产，这种遗产可以通过超自然的力量发掘出来，用于抗击外敌。

第二节 祭祀仪式所体现的认知

一 现代左江流域居民与左江岩画有关的祭祀

按照李石编著的《续博物志》卷八中记载："二广深豁石壁上有鬼影，如澹墨画。船人行，以为其祖考，祭之不敢慢。"宋代之时，左江存在祭拜左江岩画的习俗。但将左江岩画图像视为祖先是大可质疑的，因为此后明清时期对左江岩画的记载，均无"以为其祖考"的说法，而且前述大量的传说故事中，无一将岩画图像视为祖先者。《续博物志》的编著者李石非本地人，周中孚《郑堂读书记》："石，字知几，资阳人，举进士高第。绍兴末，以荐官太学博士，历成都转运判官。"所以，其对左江岩画祭拜的记载或许是道听途说，不那么准确也在情理之中。

时至20世纪50年代，左江地区尚有祭拜岩画的习俗。例如，据调查，龙州县上金乡卷逢村从前曾有过祭拜花山的习俗，没有一定的特别时间，在遇到灾难时会自发前往祭拜。改革开放以前这里的老人遇到家人生病或其他灾难时会去花山脚下烧香祈求平安顺利。即将收割时，村民也会在去行跪拜礼，祈求丰收。由此可见，祭拜岩画的时机、目的是多样的，人们所认知的岩画的功能也是多样的。

现在左江地区祭拜岩画的习俗已无遗存，但与之相关的祭祀活动比较常见。例如：

崇左市江州区驮卢镇驮柏村，在岩画山脚下有一村庙（又叫"土地庙"），据说已经有几十甚至上百年的历史了，至今每年都会由村民集资维修，平常村里各种的聚会或者全村大事的协商均在此举行。庙里供奉观音像，按当地习俗，每年农历二月十九，是观音娘娘的生辰，在这一天，全村的村民要来到村庙进行祭拜祈福活动，祭祀一般在早上举行，会事先准备杀好拔过毛的鸡、饼干等点心和水果，作为供品以示尊敬，供奉时行跪拜礼。村民信奉岩画是神仙所画，供奉祭拜岩画是他们表达敬畏的一种方式，也以此来祈求平安。每到春节或者是婚嫁、起新房等重大节日或是大事、喜事之时会去庙里告知神灵并祭拜，祈求顺利。

扶绥县渠旧镇驮弄村有供奉百帝庙的习俗，过年过节进庙祭拜，供奉鸡、猪肉、饼干、水果等供品，仪式会以放炮开始，放炮结束。祖辈传下来把百帝庙建在岩画的山脚下，因为当地人认为有岩画的地方风水好，是公认的最适合建百帝庙供奉的地方，所以求什么都灵验。

二 与左江岩画相关的祭祀所反映的对左江岩画的认知

从现代左江流域居民与左江岩画有关的祭祀可以看到，现代人对左江岩画的认识是朦胧的、笼统的。在他们眼里，左江岩画具有神秘的超自然力量，但这种力量是什么不清楚，反正是有什么灾祸，或者要避免什么灾祸，都可以去祭拜它，它也是无所不能的。

之所以如此，与现代左江流域居民的宗教信仰特点有关。现代左江流域民间宗教信仰的特点之一，是多元性。首先体现为多神信仰。由于左江流域土著民族壮族历史上没有形成过统一的国家，没有统一的君主，而且，在壮族历史中，整个壮族社会一直是分散的，因而壮族的宗教不可能超越原始宗教的形态，而形成信仰某一神的统一宗教。从我们调查的材料来看，现代左江流域壮族所崇拜、敬畏的神、鬼、怪、魔极多。据不完全统计，崇拜的神有39种，鬼36种，怪、魔的数量也不在此之下。这充分体现了壮族宗教多神信仰的特点。

左江流域民间宗教信仰的多元性，还体现在随着汉族的进入，道教、佛教进入左江地区，民间宗教信仰呈现巫、道、佛和原始崇拜的格局。由于壮族社会的分散性和宗教心理中的万物有灵观念，从汉族或其他民族传入的宗教,不可能为壮族人民全盘接受而生专一地信仰某一派的热情,因而在道、佛两教的强烈影响下,左江流域民间宗教信仰便形成了以巫、道为主,并将佛、自然崇拜、生殖崇拜、图腾崇拜、祖先崇拜糅合在一起的特点。

首先是巫术、道教和佛教的相互融合。巫术与原始信仰是原始宗教的两种形式。原始信仰是崇拜、敬畏心理的具体表现,往往以献祭的形式祈求神灵的保护。而巫术则是依靠念咒作法等形式,与鬼神对话,并影响和控制它们。越人的巫源远流长,壮侗语民族先民很早就有了巫术。《风俗通义·怪神篇》云:越人"俗多淫祀,好卜筮。"秦汉时从事巫术活动的"越巫"颇负盛名,汉武帝平定现今两广时,曾采用越祠鸡卜来祭鬼①。可见其影响之大。唐宋以后,骆越巫术的内容已扩展到了扶乩请仙、作法驱鬼、消弭灾祸、相面揣骨、阴阳风水,等等,更加发达。

道教是汉族固有的宗教,其传入左江地区是何时已不可靠,但至迟在南朝之已进入广西。1938 年,桂林市北郊观音阁出土一块滑石地券:"宋泰始六年(470 年)十一月九日,始安郡始安县都唐里没故道民欧阳景熙,今归蒿里。亡人以钱万万九千九百文买冢地:东至青龙,南至朱雀,西至白虎,北至玄武,上至黄天,下至黄泉。四域之内,尽属死人,即日毕了。时王侨、赤松子、李定、张故,分券为明,如律令。"② 1962 年,桂林东郊尧山南齐墓又出土一件滑石地券:"齐永明五年(487 年),太岁丁卯十二月壬子朔九日庚申,湘州始安郡始安县都乡都唐里男民秦僧猛,薄命终豪(蒿)里。今买得本郡县乡里福乐坑□□,纵广五亩地,立冢一丘,顾钱万万九千九百九十文。四域之内,生根之(按:'之'下应有一'物'

---

① (汉)司马迁:《史记·封禅书》,北京燕山出版社 2009 年版,第 153—154 页。
② 转见于黄现璠等编著《壮族通史》,广西民族出版社 1988 年版,第 248—249 页。

字），尽属死人，即日毕了。时证知李定度、张坚固，以钱半百，分券为明。如律令！"① 1980 年，融安县大巷乡安宁村南朝墓也出土有一件滑石地券："太岁己亥十二月四日，齐熙郡罩（潭）中县都乡治下里罩华，薄命终归蒿里。今买宅本郡骑店里纵广五亩地，立冢一丘自葬，顾钱万万九千九百九十文，即日毕了。时任知李定度、张坚固，以钱半百，分券为明，如律令。"② 这三块地券的券文非常明显地带有道教色彩。券文都说"买"或"买得"墓地，但未列出卖主；面积都是"纵广五亩"，价钱都是"万万九千九百九十文"，显然不是真正的地券。《欧阳景熙地券》中，讲冢地"东至青龙，南至朱雀，西至白虎，北至玄武"，青龙、白虎、朱雀、玄武是道家常说的"四神"。至于证人，《欧阳景熙地券》是王侨、赤松子、李定、张固四人，另两券都是李定度、张坚固二人，显然都是道教中的神仙的名字。

佛教是起源于印度的宗教，大约于汉时传入中国，其流传至广西地区至迟为东晋时期。《南朝梁会要》云："咸安元年（371 年），交州人董宗之采珠没水底，得佛光焰，交州台以施于像。"咸安是东晋简文帝司马昱的年号，"佛光焰"可能是一种金黄色的矿物质或水生物的骨壳之类，将之碾成粉施于佛像，即能发光，佛徒称为佛光。当时的交州州治在广信，即今梧州市。说明东晋时梧州已建寺座佛。佛教进入左江流域的时间应离东晋不远。

道教和佛教原来是一种比较成熟的宗教。但道教、佛教传入左江地区后，由于当时当地经济文化相当落后，万物有灵观念和原始巫教极为盛行，道教和佛教均未被壮族先民全盘移植。道教由于其形式和内容与当地原始宗教比较接近，特别是其中的梅山教和茅山

---

① 黄增庆、周安民：《桂林发现南齐墓》，《考古》1964 年第 6 期。
② 广西壮族自治区文物工作队：《广西壮族自治区融安县南朝墓》，《考古》1983 年第 9 期。

教两个教派，能用符咒为人治病，有一套表现神通的法术，如"上刀山""过火炼""拜女娲""收兵""放兵"，等等，既不会与原始巫教发生冲突，双方还可以在形式和内容方面互相补充，因此，尽管道教博大精深的体系在壮族地区无从弘扬，但其某些易学易传、为人所需的皮毛却很快为壮人接受。

至于佛教，虽历经统治者强制推行，如柳宗元就曾用强制手段在柳州河南复修大云寺，四处搜罗僧侣，讲经布教，以感化不习中原礼教，"病且忧，则聚巫师用鸡卜"① 的当地民众，为使寺内僧侣有固定长久的经济来源，保证佛寺香火不断，还给寺院"辟地，南北东西若干亩，凡树木若干本，竹三竿，圃百畦，田若干畦。"② 但长期以来，当地民众对佛教思想淡漠，佛教并未为当地人民广泛接受。究其原因，主要有如下两点。

一是壮侗语民族传统的哲学观念与佛教的宇宙观相牴牾。佛教对客观世界视而不见，以为心之悟则有，心不悟则无，把一切客观存在的自然物彻底否定，认为一切事物都是由意识决定的。而壮族对宇宙的认识具有朴素的唯物主义因素，他们承认自然界是由物质组成的，他们所信仰的神也是根据某些客观现象而幻想出来的。如关于人类起源问题，壮族认为是姆六甲用泥土捏造的；或者是伏羲兄妹结婚生的。而佛教却认为"无生无往"，连人本身的存在也否认了。由于宇宙观的不同，对待现实生活的态度也不一样。佛教主张消极退让，逃避现实，要人们在人生的苦海中忍苦修炼，达到"无欲、无我"的境界，死后才能解脱，进入极乐世界。而壮族却主张在神灵的庇护下，积极劳动，刻苦探索，解决所遇到的困难。

---

① 柳宗元：《柳宗元集·复大云寺记》，黄山书社2016年版，第263页。
② 柳宗元：《柳宗元集·复大云寺记》，黄山书社2016年版，第263页。

二是壮侗语民族传统的伦理道德与佛教的观念相悖。壮侗语民族自古是农业民族，一直过着自给自足的自然经济生活，对人与人之间的关系非常重视。特别是由于壮侗语民族的氏族、部落组织一直没有被彻底摧毁，对血缘关系也是极为重视的。自汉族"忠""孝""仁""义"等伦理观念传入左江地区后，与壮侗语民族重血缘、重家庭的观念结合在一起，使当地民众有了一整套讲究人人、父子、兄弟、君臣等关系的礼仪和伦理观念。可佛教要教徒遁入空门，不辨善恶，不认六亲，显然有悖壮侗语民族伦理。另外，佛教要教徒尽除"六根"，宣扬不生不养，实行"禁欲"主义，也与壮侗语民族的婚姻伦理观相左。由于历史原因，壮侗语民族青年男女婚前有交往的自由，视此为合乎伦理。所以，要壮侗语民族欣然接受佛教是不可能的。

因此，自道教、佛教传入左江地区以来，壮侗语民族先民根据自己的需要，吸取其中一些思想和内容，使土生土长的巫术与道教、佛教相互结合了起来，形成了你中有我，我中有你的格局。在壮侗语民族，每个即将成为巫婆的妇女都得拜村中有威信的道士为师父，才能"出师"。而且要有一位已死的道士当"祖师"，以后巫婆呼神唤鬼时，要叫"祖师"到身上来指教，巫婆则从口里传达阴间灵魂的言辞。壮侗语民族的巫婆还很崇拜观音娘娘，她们在"巫殿"内安置了观音的塑像，让观音娘娘与已死的道士、巫婆一起，享受人间的香火。土生的巫显然容纳了外来的道和佛。在广西大新县，壮族的宗教迷信职业者有僧道、青道（穿青衣）、花道、巫公、觋公、觋婆六种。巫、觋是壮族原始巫术活动的职业者，青道、花道是道教职业者，而僧道是佛、道二教结合的产物。这些人既尊奉释迦牟尼佛祖，念佛经，又从事赶鬼，如壮族丧事盛行的"买水"，就是僧道领着死者的儿子或侄子，到河边向各方丢一枚铜钱，念经后，将买来的水为死者洗尸超度。越度时，僧道诵念经文和咒语，至出丧时，则念道教的咒语："亡者回山去，阳世好风流，逍遥又耍街，亡者不回头。""尊吾太上老君急急如令……赶快去投身。"僧道的主要活动是授戒、超度、解关、解命、安祖、安墓、看课、合命、做斋、赶鬼、造房、生日、满月、结婚、丧葬等各种祈神仪式①。这些活动的实质乃是原始巫术的活动而糅合了道、佛二教的一些内容和形式。可见，壮侗语民族的巫、道、佛是浑然一体的。

由于巫、道、佛的混合，壮侗语民族的道、佛与原生地的道、佛相比有了很大的变化。《投荒录》云："南人率不信释氏，虽有一二佛寺，吏课其为僧，以督责释之土田及施财。间有一二僧，喜拥妇食肉但居其家，不能少解佛事。土人以女配僧，呼之为师郎。或有疾，以纸为圆钱置佛像旁；或请僧设食。翌日，宰羊豕以口敢之，目曰出斋。"《百粤风土记》亦曰：百粤地区"僧多留发。娶妻生子，谓之在家僧"。在壮侗语民族地区，僧侣不守佛门清规，如同俗人一样喝酒吃肉，娶妻生子。而人们有灾时，只是砍杀牲口，于佛像旁焚烧圆纸，不是求助于佛法。可见，佛教在壮侗语民族地区已发生了严重的变形。

壮侗语民族的巫、道、佛不仅在相互的融合中，改造了自身，而且将自然崇拜等原始宗教纳入了自己的范畴。如现在壮族的土地神是由巫婆和道士一起安置于村头，秋后举行的祭祀礼仪也是由道士和巫婆发起和主持的。祭土地公和田神本属自然崇拜，现在由巫婆和道士主持，说明其已被纳入巫、道的范畴。

生育崇拜也为巫、道所染指。在左江地区，夫妻不育求嗣（即求花）一般请道公或师公举行仪式。孕妇难产要请道公作法。妇女生下第一个小孩后，要请道公来"安花"。小孩出生后，若患病或啼

---

① 《恩城土司》，《广西壮族社会历史调查》第4册，广西民族出版社1987年版，第136页。

哭过多，要请道公算八字，若认为小孩命庚不好，须拜认契父才易养活。在举行求花、安花等仪式时，道教经已有了明确的唱词。这些仪式一般不请巫婆，但有些地方，记得唱词的巫婆也可举行。可见，巫、道实际上也控制了生殖崇拜。

壮侗语民族图腾崇拜的一些仪式也由道公主持或有道公参与。如壮族的"祭蛙婆"本是图腾崇拜的仪式，但有的地方是由道公主持，有的地方虽不是道公主持，但人们捕到青蛙之后，要请道公鬼师前去祝祷；在掘出上年埋的蛙骨验看之前，也要请道公鬼师祈祷一番。又如壮族流行的鸡卜和鸡蛋卜本是源于鸡图腾崇拜[1]，但后来，壮族地区的巫婆、道士也用鸡卜和鸡蛋卜。广西天等县的巫婆或道士用茅草把鸡蛋裹好，放在锅中煮熟，然后拿出来看鸡蛋有何变化。如果蛋壳有二个黑点，就是吉兆；若无，则是凶兆[2]。此外，牛肉和狗肉禁忌是由于壮族牛图腾和狗图腾崇拜的缘故，在壮族民间已逐渐打破这两条禁忌的情况下，巫婆、道公仍然遵守。所有这些材料都说明壮族的图腾崇拜亦被糅合到了巫、道之中。

壮侗语民族的祖先崇拜被糅合到巫、道、佛之中的证据清楚地反映在丧葬习俗之中。如左江流域壮族，父母逝世做道场时要巫、道、佛三教齐全。三教的总目的都是超度亡魂升天，但对亡灵的态度不同。僧是软，对亡灵主要是规劝；道是硬，对亡灵主要是命令；巫（师公）则软硬兼施，有劝有令。师公重点念"二十四孝"，还有"布伯""姆六甲"等，时歌时舞，或扮死者，或扮子女，或扮神巫，或演祖先神灵的故事。僧主要念佛经；道公则念"金刚经""弥陀经"。在超度亡魂升天的仪式中，师公、道公紧密合作。一个

---

[1] 莫俊卿：《越巫鸡卜源流考》，中央民族学院民族研究所编：《民族研究论文集》第2集，1982年，第461页。

[2] 龙化彬：《小议当代壮族宗教特点》，袁少芬主编：《当代壮族探微》，广西人民出版社1989年版，第86页。

道公撑伞爬上厅堂屋顶上，揭开一些瓦片，做成一二尺见方的"天窗"，然后从"天窗"垂下一条宽一二尺的长幅白布，下端盖住跪在棺头前的孝男（长子）头顶。棺前有几个师公同时作法，让亡灵出棺、经过儿子之身登上白布"天梯"，由在"天窗"上的师公接上天堂。由此可见，壮族的祖先崇拜也被纳入了巫、道、佛教之中。

总之，由于壮侗语民族社会历史发展的特殊性，其宗教没有超越多神崇拜，而发展到一神崇拜。自道、佛教传入左江地区后，壮侗语民族人民兼收并蓄，有选择地吸取了其中符合自己文化的内容，并将自己的原始宗教贯注其中，从而使左江地区民间宗教形成为一种多元性宗教。

由于左江地区民间宗教的多元性，决定了现代左江流域民间宗教信仰的第二个特点，即是功利性。人们对于所信仰的众多神灵，并没有执着的信仰，而是采取功利主义的态度，只有面临灾祸时，才临时祭拜，而且神灵的分工是不明确的，不管什么神灵都拜。

正因如此，在现代左江流域居民看来，左江岩画就是一种神秘的超自然力量，不管面临什么灾祸，或者要避免什么灾祸，都可以去祭拜它，它无所不能。

第三节 问卷调查所体现的认知

为了解左江流域各族居民对花山岩画的认知状况，2014年8月中下旬，广西民族大学民族研究中心课题组开展了一次问卷调查。通过这次调查的资料，我们可以窥见左江流域居民对左江岩画认知状况之一斑。

一　基本情况

此次的调查对象为左江流域各族居民。为了更好地细分目标群体，将访问对象来源分为宁明县、龙州县、崇左市、扶绥县四个地区共23个自然屯。取样地点包括：

宁明县6个村屯：城中镇珠连村驮河屯、埠刊屯，耀达村濑江屯、灰窑屯、花山屯、芭耀屯。

龙州县9个村屯：上金乡进明村荷村屯、根村屯，卷逢村一组（原桥板屯），白雪村白雪三组、白雪四组、白雪五组，两岸村小岸屯，响水镇棉江村驮浦新村、伏荷屯。

崇左市5个村屯：驮卢镇驮柏村旧街屯、驮目村驮街屯，江涨村江涨屯，渠立村下坡屯，濑湍镇仁良村江边屯。

扶绥县3个村屯：渠旧镇驮弄村驮弄屯、驮迓村驮迓屯，渠旧社区新街。

以上村落居民主体是壮族，即左江岩画创作者骆越人后裔。这个判断不仅因为身份证表明壮族族属，更重要的是因为他们操壮语。当然，也有其他民族，有从外地迁来的，有从外地嫁来的非壮族人。

本次调查的问卷共有10个问题，问卷如下：

左江流域各族居民对花山岩画的认知调查问卷

亲爱的左江花山岩画保护区的父老乡亲：您们好！

为了支持左江花山岩画申报世界文化遗产，我们需要调查了解左江流域各族居民对花山岩画的认知状况。请您们在百忙之中，实事求是地回答以下问题。问卷是不记名的，您的答案，我们会严格保密。感谢您们的理解和支持。

1. 您知道左江花山岩画吗？

　　是□　　　　否□

2. 您去看过左江花山岩画吗？

是□　　　　　　否□

3. 您觉得左江花山岩画值得保护吗？

是□　　　　　　否□

4. 您觉得左江花山岩画有价值吗？

是□　　　　　　否□

5. 您知道左江花山岩画是做什么用的？

答：

6. 您知道左江花山岩画是什么人画的？

答：

7. 您知道左江花山岩画是什么时候画的？

答：

8. 您知道左江花山岩画是怎样画上去的？

答：

9. 您知道左江花山岩画画的是什么内容？

答：

10. 您支持左江花山岩画申报世界文化遗产吗？为什么？

答：

调查采用发放问卷与访谈结合的方法进行，即发放问卷前后，调查人员与他们访谈，协助被调查者回答问卷。共发放调查问卷480份，其中收回有效问卷462份，有效回收率为96.25%。在收回的有效问卷中宁明县120份、龙州县205份、崇左市江州区70份、扶绥县67份，其中各县市比例依次为26%：44.4%：15.1%：14.5%。

二　资料统计分析

本次问卷包含是否知道左江花山岩画、是否看过左江花山岩画、觉得是否值得保护、是否有价值、用途是什么、谁是作者、什么年代遗留下来、岩画里包含什么内容以及是否支持左江花山岩画申报世界文化遗产及其原因共十个问题。从四个县的问卷调查情况分析如下。

（一）问卷前四题目为客观题，其回答情况如下表：

地点	1. 您知道左江花山岩画吗？	是	否
宁明县		100%	0
龙州县		100%	0
江州区		100%	0
扶绥县		100%	0

地点	2. 您去看过左江花山岩画吗？	是	否
宁明县		100%	0
龙州县		100%	0
江州区		100%	0
扶绥县		100%	0

地点	3. 您觉得左江花山岩画值得保护吗？	是	否
宁明县		100%	0
龙州县		100%	0
江州区		100%	0
扶绥县		100%	0

地点	4. 您觉得左江花山岩画有价值吗？	是	否
宁明县		100%	0
龙州县		100%	0
江州区		100%	0
扶绥县		100%	0

从上表客观题的选择结果得出，宁明县、龙州县、江州区、扶

绥县四个县（区）左江流域各族居民对花山岩画的认知较为一致，都知道且看过岩画，觉得岩画是有价值并且值得保护的，这也在一个层面上体现出了左江流域各组居民对花山岩画基本认知程度的一致性，对岩画的价值认可，并且是积极赞成保护的。

（二）问卷第5—10题为主观题，回答状况如下表：

5. 您知道左江花山岩画是做什么用的？

地点	不知道	知道					
宁明县	10	文物（遗产）保护	祭祀	旅游（观赏）	代表壮族人物	考古	
		4	1	8	1	1	
龙州县	3	天然形成	旅游（观赏）	记事	保佑村落（村民）	考古（研究骆越人）	庆祝丰收
		1	9	2	4	5	1
江州区	22	天然的	古代部落的标志				
		2	1				
扶绥县	8	然的	祭祀（祭祖）	记事	古人	传递文化（劳动经验）2	观赏
		1	11	1	1	2	1

由上表所示，四个县区的民众对于左江花山岩画是做什么用的问题上，宁明县和江州区当地人不知道的比重较大，达到50%左右，而在作用上的认识四地各有差异，除了江州区民众本身所知甚少外，其他三地民众的观点主要是集中在考古文物、旅游、祭祀等三个方面，其中宁明县这三方面（考古文物、旅游、祭祀）合起来占总数的56%，龙州县占56%，扶绥县占48%，其他还有天然形成的、代表壮族人物、庆祝丰收、记事、古代部落的标志、保佑村落和村民等小比例答案。但比较确切且统一的答案还是祭祀作用。

6. 您知道左江花山岩画是什么人画的？

地点	不知道	知道					
宁明县	14	古代骆越族	天然的	神仙或传说故事中的人	古人	祖先	不知是天然还是人为
		1	3	3	1	2	1
龙州县	0	古骆越人（古人，壮族祖先）	天然的	神仙	秦末到汉初时画上		
		10	13	1	1		
江州区	15	壮族祖先	天然的	古人			
		4	3	3			
扶绥县	9	祖先（壮骆越族人）	天然的				
		15	1				

由上表所示，对于左江花山岩画的绘制者为何人，四县区民众的知晓情况对比差异较大，龙州县的调查对象几乎都能说出一个答案，其他三地则相差无几的有民众不清楚何人所画。但在具体说到何人所绘时，各地给出的答案集中在古代骆越民族、天然形成、神仙所画三个方面，前两者在龙州县、江州区两地所占比基本相当，而宁明县若宽泛来说也是如此情况，只有扶绥县民众大部分答是骆越民族创造，占比也达到扶绥县总样本的60%，若加上其他三地（宁明县、龙州县、江州区）持此观点的比例则占整个问卷总样本的30%，这也是对左江岩画是否为民族文化瑰宝定性的一个重要参照。

7. 您知道左江花山岩画是什么时候画的？

地点	不知道	知道						
宁明县	12	前2800—前2500年	抗日战争时期	时间很长，无从得知	几千年	远古时代就有	两千年前	古代	涨洪水时
		1	1	2	3	1	2	2	1

续表

地点	不知道	知道			
龙州县	3	公元前	几千年前	远古	东汉末年
		1	19	1	1
江州区	5	几千年前			
		20			
扶绥县	7	战国时代	古代		
		5	13		

由上表所示，针对左江花山岩画所绘何时的调查数据来看，四县（区）民众对此左江花山岩画为何时所画不清楚的情况占较少份额，最少的如龙州县仅占12%，而在说到岩画绘制时间，宁明县民众给出的回答种类明显多于其他三地，而且还有说是抗日战争时期。但从整体上来说，四地民众对于左江岩画的出现时间还是以古代时期为主，比例都达到50%以上，甚至如龙州县、江州区的占比分别高达76%和80%。个别地区的民众还有较为精准详细的了解，如扶绥县民众能说出作画具体的时间点。

8. 您知道左江花山岩画是怎样画上去的？

地点	不知道	知道			
宁明县	8	天然的	洪水来时坐船去画上	画像飞来印上去	铁粉为原料作画
		6	7	3	1
龙州县	4	天然形成	洪水来时坐船去画上	攀爬、吊绳	铁粉为原料作画
		13		6	1
江州区	15	天然的	洪水来时坐船去画上	攀爬，吊绳	朱砂为原料作画
		3	2	4	1
扶绥县	7	天然的	洪水来时坐船去画上	攀爬，吊绳	
		1	7	10	

由上表所示，对于左江花山岩画是如何形成的，或者说是怎么画上去的，在所调查的地区中，江州区的民众不知道的比例最高，

达到60%，其余三地则占比较低。而四地民众所认为的方式主要集中在天然形成、涨洪水时坐船来画、攀爬吊绳三种形式，但这三种形式在各地占比不一，其中认为是天然形成的以龙州县占最高，坐船来画的方式以宁明县和扶绥县达到较高比例，攀爬吊绳形式则是以扶绥县占多，但若四地合算的话，则三种方式占总数的比例几乎持平。在岩画的颜料方面，分铁粉和朱砂两种，其中宁明县和龙州县认为是前者，江州区则是后者。

对于问题9：您知道左江花山岩画画的是什么内容吗？

在岩画内容的问题上，答案具备了多样性，各式答案涵盖人物（举双手做投降姿势的红色小人），动物（狗、马、牛、羊、老虎），铜鼓，刀具（宝剑），庆祝丰收、载歌载舞的画面（跳舞、舞剑），祈求战争的胜利（战争的场景），反映骆越年代的事，等等，这在一个层面反映出了岩画在分布上的特点，各种人物各式各样的姿势也是岩画文化性特征的重要表现方式之一。左江流域各族居民对花山岩画内容的各式回答和描述也有力地论证了这一现象。

对于问题10：您支持左江花山岩画申报世界文化遗产吗？为什么？

在是否支持左江花山岩画申报世界文化遗产的问题上，四个县（区）的居民的答案均为支持。在回答原因时给出的答案包含了发展旅游，可以让更多人看到美丽神奇的岩画，带动村落的经济发展，修建公路和桥梁，方便出行。第二种答案则是保护属于国家的财产（文化遗产），保护属于壮族的文化，更好地让后人了解岩画，世世代代传承下去。

三　问卷调查结果分析

从问卷调查的结果来看，左江岩画在左江流域各族居民中有相当高的知名度，也就是说，很多人都知道左江岩画的存在，甚至去看过，也大都认识到这是自己祖先留下来的宝贵财富。特别是经过左江岩画申报世界文化遗产的宣传工作，大部分被调查者都认识到左江岩画申报世界文化遗产对于保护和传承民族文化，开展旅游，推动当地经济社会发展的重要意义。但当地一般民众对于左江岩画的认识，大都只能是肤浅的、空泛的。对于左江岩画的时代、族属、内容等问题，真正能比较准确地了解的人很少。这说明，对于左江岩画的宣传工作，亟待开展，以普及广大民众对于左江岩画的了解，在保护和弘扬左江岩画中充分发挥广大民众的力量和作用。

第四节 草根认知与左江流域岩画文化传承发展

从民间传说故事、民间祭祀及问卷调查分析可以看到，左江流域各族居民大都知道左江岩画是自己祖先留下来的宝贵文化遗产，保护和弘扬左江岩画对于传承本民族文化，推进经济社会发展有重要意义。这主要得益于长期以来专家学者对左江岩画及相关问题的研究，以及各级政府和社会各界对于左江岩画的宣传及科普教育工作，特别是自左江岩画申报世界文化遗产工作启动以来，各级政府和社会各界对于左江岩画的教育、宣传工作，全面开展，大大提高和深化了当地民众对于左江岩画的认知。但另一方面，当前左江流域各族民众对于左江岩画的认知依然是笼统的、模糊的、空泛的。之所以如此，主要有以下原因。

一 民族历史记忆之链断裂

当今壮侗语族群的官员和普通民众对于骆越文明曾经拥有的辉煌，知之不多；对骆越族群后裔历经的民族苦难，也极为淡漠，因而对骆越人的创作——左江岩画的记忆也几乎消失殆尽，自然今天对之没有清晰、准确的认知。导致这种状况的因素很多，总而言之，主要是自秦始皇统一岭南,直至民国时期,历代中央王朝都实行歧视少数民族的政策,积极推进对少数民族的"汉化",使骆越族群后裔对本民族的历史、文化缺乏认同与自信,民族认同意识淡薄。形成集体记忆的前提是有知觉和感知,有积淀和再忆,有统觉系统(apperception system)维系而形成认知的图式(schema)。壮侗民族意识的潜隐以及弱化使得人们对远古历史的记忆模糊不清,甚至日趋淡忘。因此,左江流域各族居民对左江岩画的认知模糊、空泛是必然的。

二　民族历史、文化的教育断裂

首先是教育的断裂。本来,由原始教育向学校教育发展是人类社会历史的一般进程。因为,随着生产力的发展和剩余产品的出现,产生了一部分人专门管理生产、掌管国事、从事文化科学活动的可能,为专门的教育机构——学校的产生提供了物质基础和前提条件。所以,在文明社会,学校教育便应运而生了。但由于壮侗语各族社会历史的特殊性,没有形成统一的文字,因而不可能事实上也没有出现自己的学校教育。骆越后裔族群的学校教育是在秦始皇统一岭南后,由中原引入的,实质上是汉文化的学校教育,因为这些学校用汉语、汉字授课,传授的是汉族封建文化。封建统治者在左江地区办学的目的是向当地人民灌输钦定的正统伦常,"用夏变夷",使少数民族"开化"起来。所以,在骆越后裔族群社会中,作为最先进的教育途径的学校教育所传授的内容不同于其他途径(家庭教育、社会教育)所传授的内容——本族群传统文化。这便形成了骆越后裔族群——壮侗语民族文化传承的断裂性:传统文化不可能全面系统地传承下来。

清末民国时期,广西学校教育的转型和发展,使少数民族接受学校教育的机会增加,壮侗语民族进一步增强对中华民族和中华文化的认同。但是,壮侗语民族教育的断裂性非但没有缩小,反而持续加强。因为清末和民国时期,统治者对包括壮侗语民族在内的少数民族更加强了"同化"的步伐和力度。此前,古代中央王朝对少数民族的统治实行羁縻制度和土司制度,虽然在此过程中也主张以中原汉文化"教化"少数民族,但毕竟有"以其故俗治"的理念,对少数民族文化有一定的包容度。但清末和民国时期,"改土归流"已如火如荼地开展,统治者更加强调对少数民族实行同化政策。长期担任广西省主席的黄旭初就曾明说:"广西省政府从民国二十年起,根据民族平等的原则,对蛰居深山大谷中的苗、瑶、侗、僮等民族,努力作政教的设施。目的在使种族的感情,由隔膜而趋于融洽,由误解而达到谅解,由乖离而进于和谐,祈求这些少数民族达到中华民族化。"① 于是,统治者常在改良社会风俗的过程中,对少数民族文化予以打压。如1931年,广西省政府颁布广西各县市取缔婚丧生寿及陋俗规则,通令各县成立改良风俗委员会,改革风俗。1933年3月,省政府改定《广西省改良风俗规则》,具体规定凡婚嫁、丧祭、生寿、喜庆及其他一切陋俗一律取缔,还将整顿乡村习惯法作为整理乡政的一项重要内容。1936年5月,省政府颁布《广西乡村禁约》,整顿乡规民约。该项禁约多达50条,列举了乡村各种陋俗及改革办法,制定了乡民必须遵守的条规及处罚措施。在此背景下,壮侗语民族家庭教育和社会教育传递传统文化的功能大受限制和削弱。新桂系虽大力发展学校教育,但壮侗语民族传统文化绝不可能通过学校教育来传承。新桂系虽然将苗、瑶、侗、僮、伶、伢、徕、侬、山子、仡佬、倮倮、黑衣诸族视为广西的"特种部族",针对这些"特种部族"推行"特种教育",但"特种教育"的目的是"选取特族子弟入学,期以开化学子为先锋,推动整个特族

---

① 黄旭初:《广西的徭山》,《广西文献》2003年第101期。

社会之改进，达到同化合作之目的"①，"统一语言文字，革除陋俗习殊俗，各族互相婚媾，改良居室服饰，打破住域界限，消灭部落政治"②。即以教育为手段，利用教育的功能，同化"特种部族"。正因如此，壮侗语民族教育的断裂性在清末和民国时期依然存在，并有强化的趋势。

尽管中华人民共和国成立后，由于中国共产党和人民政府实行民族平等的政策，体现在文化和教育上，尊重、维护和发展文化多样性，为了保护、传承和发展少数民族文化的需求，不仅采取一系列特殊措施发展民族学校教育，以便利于现代知识的学习和民族文化通过学校教育而传承，而且使家庭教育和社会教育中传承民族文化的功能得以发挥，因而1949年之后，壮侗语民族教育自古以来的断裂性逐渐消弭，但民族历史、文化的教育在教育体系中依然是薄弱的。

三　学术研究与民众认知的断裂

经过长期研究，笼罩在左江岩画上的迷雾已经基本散去，学术界对左江岩画的认识，已非常清晰。包括左江岩画的年代、族属、内容、功能、作画的颜料、作画工具、作画方法等问题，都有了科学的阐述。但这种学术的共识并没有形成社会性、民族性的认知。

当地民众对左江岩画的科学认知，不仅对于左江岩画文化传承发展有重要作用，而且对于提高文化自觉，增强民族自信心、凝聚力，振奋民族精神，团结各族人民为实现中华民族伟大复兴的中国梦，都有重要意义。因而，我们一定要消除以上因素，推进当地民众对左江岩画的科学认知。

---

① 黄旭初：《黄序》，刘介：《广西特种教育》，广西省政府编译委员会1940年版。
② 刘介：《广西特种教育》，广西省政府编译委员会1940年版，第42页。

为此，我们要做好以下工作。

一是要继续推进对左江岩画及相关问题的研究。不仅要继续研究左江岩画本身，还要研究与之相关的族群的历史与文化；不仅要研究左江岩画在本民族历史、文化中的地位，还要研究其在人类历史、文化中的地位。

二是要让左江岩画等民族历史文化进入学校教育体系，使左江岩画等民族历史文化知识世代相传。

三是要通过各种途径，将左江岩画的学术研究成果向广大民众宣传，使之转变为广大民众对左江岩画的认知。

主要参考文献

一　古籍

（春秋）左丘明：《左传》，李维琦等注，岳麓书社2001年版。

（春秋）左丘明：《国语》，上海古籍出版社2015年版。

（战国）列子：《列子》，张长法注译，中州古籍出版社2010年版。

（战国）墨翟：《墨子》，华龄出版社2002年版。

（战国）屈原：《楚辞》，漓江出版社2018年版。

（先秦）佚名：《山海经》，栾保群详注，中华书局2019年版。

（汉）班固：《汉书》，中华书局1962年版。

（汉）刘向：《说苑》，中华书局1985年版。

（汉）刘向：《战国策》，凤凰出版社2019年版。

（汉）司马迁：《史记》，中华书局1964年版。

（汉）司马迁：《史记》，线装书局2006年版。

（汉）司马迁：《史记》，北京燕山出版社2009年版。

（汉）司马迁：《史记》，商务印书馆2018年版。

（汉）刘安：《淮南子》，陈一平校注译，广东人民出版社1994年版。

（汉）刘安：《淮南子》，上海古籍出版社2016年版。

（汉）刘安：《淮南子》，北方文艺出版社2018年版。

主要参考文献

（汉）桓宽：《盐铁论》，上海人民出版社 1974 年版。

（汉）班固：《汉书》，中华书局 1962 年版。

（汉）班固：《汉书》，团结出版社 1996 年版。

（汉）袁康、吴平：《越绝书》，时代文艺出版社 2008 年版。

（汉）杨孚：《异物志》，广东科技出版社 2009 年版。

（汉）王充：《论衡》，上海人民出版社 1974 年版。

（晋）张华：《博物志》，上海古籍出版社 1990 年版。

（晋）陈寿：《三国志》，崇文书局 2009 年版。

（北魏）郦道元：《水经注校》，上海人民出版社 1984 年版。

（北魏）郦道元：《水经注》，陈桥驿注释，浙江古籍出版社 2001 年版。

（南朝）范晔：《后汉书》，中华书局 1965 年版。

（南朝）范晔：《后汉书》，长城出版社 1999 年版。

（南朝）范晔：《后汉书》，中华书局 2000 年版。

（南朝）范晔等：《后汉书》，太白文艺出版社 2006 年版。

（南朝）沈约：《宋书》，吉林人民出版社 1995 年版。

（齐）魏收：《魏书》，吉林人民出版社 1995 年版。

（唐）魏征：《隋书》，中华书局 1973 年版。

（唐）李吉甫：《元和郡县图志》卷 37《岭南道四》，中华书局 1983 年版。

（唐）房玄龄等：《晋书》，中华书局 1974 年版。

（唐）房玄龄等：《晋书》，吉林人民出版社 1995 年版。

（唐）欧阳询撰：《艺文类聚》，汪绍楹校，上海古籍出版社 1995 年版。

（唐）姚思廉：《陈书》，中华书局 1972 年版。

（唐）杜佑：《通典》，浙江古籍出版社 1988 年版。

（唐）刘恂：《岭表录异》，中华书局 1985 年版。

（唐）柳宗元：《柳宗元集》，黄山书社 2016 年版。

(后晋）刘昫：《旧唐书》，中华书局 1975 年版。

(宋）李石：《续博物志》，巴蜀书社 1991 年版。

(宋）李昉：《太平御览》，河北教育出版社 1994 年版。

(宋）乐史：《太平寰宇记》，中华书局 2007 年版。

(宋）李昉、李穆、徐铉等：《太平御览》，中华书局 1960 年版。

(宋）李昉、李穆、徐铉等：《太平御览第》，河北教育出版社 1994 年版。

(宋）欧阳修等：《新唐书》，中华书局 1975 年版。

(宋）祝穆：《方舆胜览》，上海古籍出版社 2012 年版。

(宋）吴棫：《韵补》，商务印书馆 1936 年版。

(宋）范成大：《桂海虞衡志》，中华书局 1991 年版。

(宋）周去非：《岭外代答》，上海远东出版社 1996 年版。

(宋）周去非：《岭外代答校注》，杨武泉校注，中华书局 1999 年版。

(元）脱脱等：《宋史》，中华书局 1977 年版。

(元）陶宗仪：《说郛》，上海古籍出版社 1988 年版。

(明）邝露：《赤雅考释》，蓝鸿恩考释，广西民族出版社 1995 年版。

(明）宋濂、王祎：《元史》，岳麓书社 1998 年版。

(明）曹学佺：《蜀中广记》，上海古籍出版社 1993 年版。

(明）解缙等编：《永乐大典》，中华书局 1986 年版。

(明）陈文修，李春龙、刘景毛校注：《景泰云南图经志书校注》，云南民族出版社 2002 年版。

(明）欧大任：《百越先贤志》，中华书局 1985 年版。

(明）顾炎武：《顾炎武全集》，上海古籍出版社 2011 年版。

(明）郭棐：万历《宾州志》，书目文献出版社 1991 年版。

(明）刘文征：《滇志》，云南教育出版社 1991 年版。

(清）汪森编辑，桂苑书林编辑委员会校注：《粤西诗载校注》，广西人民出版社 1988 年版。

（清）黎申产辑：《宁明州志》，台湾成文出版社有限公司1970年版。

（清）段玉裁：《说文解字注》，上海古籍出版社1981年版。

（清）汪灏等：《广群芳谱》，河北人民出版社1989年版。

（清）屈大均：《广东新语》，中华书局1997年版。

（清）张人骏：光绪《广东舆地全图》，广州石经堂印行。

（清）王文濡：《说库》（上），广陵书社2008年版。

（清）郝懿行撰：《尔雅义疏》，上海古籍出版社2017年版。

（清）张廷玉等：《明史》，中华书局1974年版。

（清）嘉庆《新安县志》，中国大百科全书出版社2006年版。

（民国）翟富文：《来宾县志》，成文出版社1975年版。

二　著作

［英］霭理士：《性心理学》，潘光旦译，生活·读书·新知三联书店1986年版。

陈淳：《当代考古学》，上海社会科学院出版社2004年版。

恩格斯：《家庭、私有制和国家的起源》，人民出版社1972年版。

傅宪国等：《广西邕宁县顶蛳山遗址的发掘》，《邕州考古》，广西人民出版社2001年版。

［日］冈田宏二：《中国华南民族社会史研究》，赵令志、李德龙译，民族出版社2002年版。

广东省博物馆、香港中文大学文物馆：《广东出土先秦文物》，1984年。

广东省文物考古研究所：《博罗横岭山——商周时期墓地2000年发掘报告》，科学出版社2005年版。

广西博物馆：《广西贵县罗泊湾汉墓》，文物出版社1988年版。

广西壮族自治区编辑组：《广西壮族社会历史调查》第一册，广西民族出版社1984年版。

广西壮族自治区编辑组：《广西壮族社会历史调查》第二册，广西民族出版社 1985 年版。

广西壮族自治区编辑组：《广西壮族社会历史调查》第三册，广西民族出版社 1985 年版。

广西壮族自治区编辑组：《广西壮族社会历史调查》第四册，广西民族出版社 1987 年版。

广西壮族自治区编辑组：《广西壮族社会历史调查》第五册，广西民族出版社 1986 年版。

广西壮族自治区编辑组：《广西壮族社会历史调查》第六册，广西民族出版社 1985 年版。

广西壮族自治区科学工作委员会壮族文学史编辑室编：《壮族民间歌谣资料》第一集，1959 年。

广西壮族自治区科学工作委员会壮族文学史编辑室编：《壮族民间故事资料》第二集，1959 年。

广西壮族自治区文管会：《广西出土文物》，文物出版社 1978 年版。

黄现璠等编著：《壮族通史》，广西民族出版社 1988 年版。

贾兰坡：《中国猿人》，龙门联合书局 1951 年版。

蒋廷瑜：《铜鼓艺术研究》，广西人民出版社 1988 年版。

蒋志龙：《滇国探秘——石寨山文化的新发现》，云南教育出版社 2002 年版。

[英] 卡纳：《人类的性崇拜》，方智弘译，海南人民出版社 1988 年版。

蓝鸿恩：《广西民间文学散论》，广西人民出版社 1981 年版。

[越] 黎文兰、范文耿、阮灵：《越南青铜时代的第一批遗迹》，河内科学出版社 1963 年版。

李富强：《人类学视野中的壮族传统文化》，广西人民出版社 1999 年版。

李富强、白耀天：《壮族社会生活史》，广西人民出版社 2013 年版。

李根蟠等：《中国南方少数民族原始农业形态》，农业出版社 1987 年版。

李泽厚：《美的历程》，中国社会科学出版社1984年版。

梁家勉：《中国甘蔗栽培探源》，《中国古代农业科技》，农业出版社1980年版。

林惠祥：《中国民族史》，上海书店出版社2012年版。

凌纯声：《中国边疆民族和环太平洋文化·古代国与太平洋区的犬祭》，台北经联书局1979年版。

刘介：《广西特种教育》，广西省政府编译委员会1940年版。

刘锡蕃：《岭表纪蛮》，商务印书馆1934年版。

马克思：《摩尔根〈古代社会〉一书摘要》，人民出版社1965年版。

马戎编著：《民族社会学——社会学的族群关系研究》，北京大学出版社2004年版。

民族院校公共哲学课教材编写组编：《中国少数民族哲学和社会思想资料选编》，天津教育出版社1988年版。

南宁师范学院广西民族民间文学研究室编印：《广西少数民族民歌民间故事》第1集，1982年。

欧阳若修，周作秋、黄绍清、曾庆全著：《壮族文学史》，广西人民出版社1986年版。

［苏］普列汉诺夫：《论艺术——没有地址的信》，生活·读书·新知三联书店1973年版。

日本学习研究社：《世界民族大观》第1册，王志远等译，自然科学文化事业公司出版部1981年版。

覃国生、梁庭望、韦星朗合著：《壮族》，民族出版社1984年版。

覃圣敏：《广西左江流域崖壁画考察与研究》，广西民族出版社1987年版。

唐华主编：《花山文化研究》，广西人民出版社2006年版。

陶立璠、李耀宗编：《中国少数民族神话传说选》，四川人民出版社1985年版。

[越]陶维英：《越南古代史》，商务印书馆1976年版。

王克荣、邱中仑、陈远璋：《广西左江岩画》，文物出版社1988年版。

闻一多：《神话与诗》，天津古籍出版社2008年版。

邬沧萍主编：《世界人口》，中国人民大学出版社1983年版。

吴汝康：《人类的起源和发展》，科学出版社1980年版。

吴伟峰等主编：《河池铜鼓》，广西民族出版社2009年版。

徐旭生：《中国古代的传说时代》（增订本），文物出版社1985年版。

杨炳忠、蓝锋杰、刘勇主编：《花山申遗论谭》，广西人民出版社2010年版。

[苏]伊茨：《东亚南部民族史》，冯思刚译，四川民族出版社1981年版。

余天炽等：《古南越国史》，广西人民出版社1988年版。

云南省编辑组：《拉祜族社会历史调查》（二），云南省人民出版社1981年版。

云南省文物考古研究所等：《江川李家山——第二次发掘报告》，文物出版社2007年版。

张声震主编：《壮族通史》，民族出版社1997年版。

郑超雄：《壮族审美意识探源》，广西人民出版社1991年版。

郑超雄：《壮族文明起源研究》，广西人民出版社2005年版。

中国科学院考古研究所：《长沙发掘报告》，科学出版社1975年版。

壮族简史编写组：《壮族简史》，广西人民出版社1980年版。

《马克思恩格斯选集》第4卷，人民出版社1972年版。

三　论文

艾未：《兴安秦城遗址发掘》，《广西日报》1956年10月25日第3版。

[苏]B. M. 马松：《远古的近东：农业与牧业经济史》，《考古学参考资料》第6辑，文物出版社1983年版。

白耀天：《年由火来：岭南古越人对时间的知觉方式》，《思想战线》1993 年第 5 期。

陈芳明：《广西花山崖壁画与四川珙县僰人崖画》，《民放艺术》试刊号。

陈汉流：《广西宁明花山岩壁上的壮族史迹》，《文物参考资料》1956 年第 12 期。

陈汉流：《花山岩壁画语言符号的意义》，《广西日报》1957 年 9 月 8 日。

陈汉流：《略谈花山岩壁画的语言符号》，《广西日报》1961 年 8 月 21 日第 3 版。

陈文华：《几何印纹陶与古越族的蛇图腾崇拜——试论几何印纹陶纹饰的起源》，《考古与文物》1981 年第 2 期。

［日］赤泽建：《日本的水稻栽培》，戴国华译，《农业考古》1985 年第 2 期。

范玉梅：《我国少数民族的节日》，《社会科学战线》1983 年第 3 期。

福建省博物馆、崇安县文化馆：《福建崇安武夷山白岩崖洞清理简报》，《文物》1980 年第 6 期。

盖山林：《广西左江流域崖壁画学术价值试论》，《广西民族研究》1986 年第 3 期。

耕河：《秦城——岭南最古的城堡》，《广西日报》1985 年 1 月 7 日第 3 版。

广东省博物馆：《广东考古结硕果，岭南历史开新篇》，《文物考古工作三十年》，文物出版社 1979 年版。

广东省博物馆：《广东翁源县青塘新石器时代遗址》，《考古》1961 年第 11 期。

广东省文管会：《广东佛山市郊澜石东汉墓发掘报告》，《考古》1964 年第 9 期。

广东省文物管理委员会：《广东潮安的贝丘遗址》，《考古》1961 年第 11 期。

广东省文物管理委员会：《广东南路地区原始文化遗址》，《考古》1960 年第 11 期。

广东省文物管理委员会：《广东清远发现周代青铜器》，《考古》1963 年第 2 期。

广民：《壮族古代岩壁画研究》，《中央民族学院学报》1978 年第 4 期。

广西博物馆、昭平文管所：《广西昭平东汉墓》，《考古学报》1989 年第 2 期。

广西文管会：《广西贵县汶井岭东汉墓》，《考古通讯》1958 年第 2 期。

广西文物队：《广西贵县汉墓的清理》，《考古学报》1957 年第 1 期。

广西梧州市博物馆：《广西苍梧倒水南朝墓》，《文物》1981 年第 11 期。

广西壮族自治区博物馆：《广西恭城县出土的青铜器》，《考古》1973 年第 1 期。

广西壮族自治区文物队：《广西贵县北郊汉墓》，《考古》1985 年第 3 期。

广西壮族自治区文物队、钦州县文化馆：《广西钦州独料新石器时代遗址》，《考古》1982 年第 1 期。

广西壮族自治区文物工作队：《广西北流铜石岭汉代冶铜遗址试掘》，《考古》1985 年第 5 期。

广西壮族自治区文物工作队：《广西贵县风流岭三十一号西汉墓清理简报》，《考古》1984 年第 1 期。

广西壮族自治区文物工作队：《广西贵县罗泊湾一号墓发掘简报》，《文物》1978 年第 9 期。

广西壮族自治区文物工作队：《广西合浦县堂排汉墓发掘简报》，《文物资料丛刊》第 4 辑，文物出版社 1981 年版。

广西壮族自治区文物工作队：《广西西林县普驮铜鼓墓葬》，《文物》

1978 年第 9 期。

广西壮族自治区文物工作队：《广西壮族自治区融安县南朝墓》，《考古》1983 年第 9 期。

广西壮族自治区文物工作队：《平乐银山岭战国墓》，《考古学报》1978 年第 2 期。

广西壮族自治区文物工作队：《三十年来广西文物考古工作的主要收获》，《文物考古工作三十年》，文物出版社 1979 年版。

广西壮族自治区文物工作队等：《广西桂林甑皮岩洞穴遗址的试掘》，《考古》1976 年第 3 期。

广西壮族自治区文物工作队等：《广西武鸣马头元龙坡墓葬发掘简报》，《文物》1988 年第 12 期。

广西壮族自治区文物考古写作小组：《广西合浦西汉木椁墓》，《考古》1972 年第 5 期。

广西壮族自治区文物考古训练班、广西壮族自治区文物工作队：《广西南部地区新石器时代晚期文化遗存》，《文物》1978 年第 9 期。

广州市文管会、中山大学：《广州秦汉造船工场遗址试掘》，《文物》1979 年第 4 期。

郭旭东：《四万年来我国海平面的升降变化》，《中国第四纪研究委员会第三届学术会议摘要汇编》，1979 年。

何兆雄：《史前农业研究的新道路》，《史前研究》1985 年第 1 期。

何正廷：《云南壮族的原始社会》，《广西民族研究》1992 年第 1 期。

贺县文化馆：《贺县莲塘公社发掘两座汉墓》，《文物博物馆工作通讯》1977 年第 2 期。

［越南］黄春征：《关于和平文化阶段》，《考古学参考资料》第 5 辑，文物出版社 1982 年版。

黄惠焜：《花山崖画的民族学考察——也谈广西花山崖壁画的性质年代和族属》，《云南民族学院学报》1985 年第 1 期。

黄汝训：《从花山岩画看骆越民族社会文化特点》，《广西文物》1986年第2期。

黄汝训、黄俊福：《花山壁画》，《红旗日报》1962年2月25日第3版。

黄现璠、陈业铨：《广西宁明花山壁画与岩洞葬》，中国西南民族研究学会：《西南民族研究》第1辑，四川民族出版社1983年版。

黄新美：《体质人类学对建设"两个文明"的作用——从禁止近亲结婚谈起》，《中山大学学报》（哲学社会科学版）1984年第2期。

黄旭初：《广西的傜山》，《广西文献》2003年第101期。

黄增庆：《谈桂西壮族自治州古代壁画及其年代问题》，《广西日报》1957年3月9日第3版。

黄增庆、周安民：《桂林发现南齐墓》，《考古》1964年第6期。

贾兰坡等：《广西洞穴中打击石器的时代》，《古脊椎动物与古人类》1960年第1期。

姜永兴：《壮族先民的祭祖圣地——花山崖画主题探索》，《广西民族研究》1985年等2期。

蒋廷瑜：《广西新石器时代考古述略》，《中国考古学会第三次年会论文集》，文物出版社1984年版。

蒋廷瑜：《西瓯骆越青铜文化比较研究》，《百越研究［第一辑］——中国百越民族史研究会第十三届年会论文集》，广西科学技术出版社2007年版。

蒋廷瑜、蓝日勇：《广西先秦青铜文化初论》，载《中国考古学会第四次年会论文集》，文物出版社1985年版。

蒋廷瑜等：《资源县晓锦遗址发现炭化稻米》，《中国文物报》2000年3月5日第1版。

孔令平：《关于农耕起源的几个问题》，《农业考古》1986年第1期。

孔令平：《世界现存的狩猎和采集部落及其生产活动》，《中山大学学报》（哲学社会科学版）1982年第3期。

昆明市文物管理委员会：《呈贡天子庙滇墓》，《考古学报》1985年第4期。

蓝鸿恩：《人的觉醒—论布伯的故事》，《广西民间文学丛刊》1980年第2期。

蓝鸿恩：《壮族青蛙神话剖析》，《广西民间文学丛刊》1985年第12期。

蓝鸿恩：《壮族神话简论》，《三月三》1983年创刊号。

黎石生：《道县玉蟾岩古稻出土记》，《中国文物报》1999年9月5日第4版副刊。

李富强：《越族原始农业的起源》，《广西民族研究》1989年第4期。

李富强：《壮族传统婚姻制度》，《广西大学学报》（哲学社会科学版）1992年第4期。

李富强：《壮族文字的产生、消亡与再造》，《广西民族研究》1996年第2期。

李干芬、周宗贤：《广西壮族古代崖图研究》，《中央民族学院学报》1978年第4期。

李根蟠、卢勋：《刀耕农业和锄耕农业并存的西盟佤族农业》，《农业考古》1985年第1期。

李根蟠等：《从景颇族看原始农业的起源和发展》，《农业考古》1982年第1期。

李乃贤：《广西梧州市鹤头山东汉墓》，《文物资料丛书》（4），文物出版社1981年版。

李有恒：《与中国的家猪早期畜养有关的若干问题》，《古脊椎动物与古人类》1981年第3期。

李有恒、韩德芬：《广西桂林甑皮岩遗址动物群》，《古脊椎动物和古人类》1978年第4期。

梁任葆：《花山壁画的初步研究》，《广西日报》1957年2月10日第

3 版。

梁庭望：《花山崖壁画——祭祀蛙神的圣地》，《中南民族学院学报》1986 年第 4 期。

梁庭望：《壮族铜鼓与东南亚铜鼓造型及纹饰之比较研究》，《中央民族学院学报》1989 年第 5 期。

梁庭望：《壮族图腾初探》，《学术论坛》1982 年第 3 期。

梁旭达：《广西瓯骆文化浅析》，《百越研究》第 1 辑，广西科学技术出版社 2007 年版。

梁旭达：《秦汉时期广西壮族地区药物种类初探》，《广西民族研究》1988 年第 4 期。

林超民：《羁縻府州与唐代民族关系》，《思想战线》1985 年第 5 期。

林尉文：《古代东南越人土地制度初探》，《中央民族学院学报》1988 年第 6 期。

凌纯声：《古代闽越人与台湾土著族》，引自《南方民族史论文集》，中南民族学院民族研究所，1982 年。

刘纪英、吕青：《文化自觉：民间艺术文化继承发展的题中之义》，《西安工业大学学报》2013 年第 5 期。

刘介：《广西哪些地方最先受到中原的影响》，《广西日报》1963 年 5 月 31 日第 4 版。

刘介：《西原族的发展与宁明、崇左、龙津等处的壁画》，《广西日报》1957 年 7 月 26 日第 3 版。

刘文、张镇洪：《广西柳州大龙潭鲤鱼嘴石器时代贝丘遗址的动物群研究》，载《纪念黄岩洞遗址发现三十周年论文集》，广东旅游出版社 1991 年版。

刘志一：《关于野生稻向栽培稻进化过程中驯化方式的思考》，《农业考古》2000 年第 1 期。

柳州白莲洞洞穴科学博物馆等：《广西柳州白莲洞石器时代洞穴遗址

发掘报告》,《南方民族考古》1987 年第 1 辑。

柳州市博物馆等:《柳州市大龙潭鲤鱼嘴新石器时代贝丘遗址》,《考古》1982 年第 9 期。

龙化彬:《小议当代壮族宗教特点》,袁少芬主编:《当代壮族探微》,广西人民出版社 1989 年版。

罗香林:《古代百越分布考》,《南方民族史论文选集》,中南民族学院民族研究所,1982 年;童恩正:《试论早期铜鼓的时代、分布、族属及功能》,《考古学报》1983 年第 3 期。

马头发掘组:《武鸣马头墓葬与古代骆越》,《文物》1988 年第 12 期。

蒙文通:《百越民族考》,《历史研究》1983 年第 1 期。

莫俊卿:《越巫鸡卜源流考》,中央民族学院民族研究所编:《民族研究论文集》第 2 集,1982 年。

农瑞群、何明智:《壮族布傣求务仪式文化符号解读》,《玉林师范学院学报》(哲学社会科学版)2012 年第 4 期。

潘世雄:《铜鼓的音乐性能》,《中国音乐》1982 年第 4 期。

彭书林、蒋廷瑜:《试论广西的有肩石器》,《纪念黄岩洞遗址发现三十周年论文集》,广东旅游出版社 1991 年版。

[美国] 切斯特·戈尔曼:《和平文化及其以后——更新世晚期和全新世初期东南亚人类的生存形式》,《考古学参考资料》第 2 辑,文物出版社 1979 年版。

琼恩:《壮族地区的古代交通》,《广西民族研究》1988 年第 4 期。

邱立诚等:《广东阳春独石仔新石器时代洞穴遗址发掘》,《考古》1982 年第 5 期。

邱中仑:《左江岩画的族属问题》,《学术论坛》1982 年第 3 期。

石钟健:《论广西岩壁画和福建岩石刻的关系》,《学术论坛》1978 年第 1 期。

石钟健:《试论越与骆越出自同源》,《百越民族史论集》,中国社会科学出版社 1982 年版。

宋兆麟：《水神祭祀与左江崖壁画》，《中国历史博物馆馆刊》1987 年第 10 期。

宋兆麟：《左江崖壁画考察记》，《文物天地》1986 年第 2 期。

谈琪：《壮族封建农奴制度的形成及其特点》，《广西民族研究》1988 年第 4 期。

覃彩銮：《从考古学材料考察壮族的古史分期问题》，《广西民族研究》1987 年第 2 期。

覃彩銮：《汉文化的南传及其对壮族古代文化的影响》（一），《广西民族研究》1988 年第 4 期。

覃彩銮：《骆越青铜文化初探》，《广西民族研究》1986 年第 2 期。

覃彩銮：《试论骆越青铜铸造工艺及其艺术特征》，《贵州民族研究》1987 年第 1 期。

覃彩銮：《壮族地区新石器时代墓葬及其有关问题的探讨》，《广西民族学院学报》1984 年第 3 期。

覃德清：《瓯骆族裔——壮侗语民族的族群记忆与人文重建》，《广西民族研究》2005 年第 3 期。

覃剑萍：《壮族蛙婆节初探》，《广西民族研究》1988 年第 1 期。

覃乃昌：《"秏"、"糇"、"膏"、"ŋa：i"考——兼论广西是栽培稻的起源地之一及壮侗语民族对稻作农业的贡献》，《广西民族研究》1996 年第 2 期。

覃圣敏：《广西古代风俗杂考》，《岭外壮族汇考》，广西民族出版社 1989 年版。

覃圣敏：《秦代象郡考》，《历史地理》1983 年第 3 辑。

覃圣敏：《秦至南朝时期岭南民族及民族关系刍论》，《广西民族研究》1987 年第 1 期。

覃圣敏等：《论左江崖壁画的年代》，《三月三》1986 年第 2 期。

唐元文：《用黄金律试探铜鼓造型的美学原理》，《中国铜鼓研究会第二次学术讨论会论文集》，文物出版社1986年版。

滕明新：《壮族习俗所反映的自然崇拜心理》，袁少芬主编：《当代壮族探微》，广西人民出版社1989年版。

童恩正：《略述东南亚及中国南部农业起源的若干问题——兼谈农业考古研究方法》，《农业考古》1984年第2期。

王克荣、邱中仑、陈远璋：《巫术文化的遗迹——广西左江岩画剖析》，《学术论坛》1984年第3期。

王丽娟：《桂林甑皮岩洞穴遗址第四纪孢粉分析》，《人类学报》1989年第1期。

韦文俊、马永全：《壮族祭祀秧田的来历》，《广西民间文学丛刊》1986年第14期。

梧州市博物馆：《广西梧州富民坊汉代印纹陶窑址发掘》，《中国古代窑址调查发掘报告集》，文物出版社1984年版。

冼剑民：《秦汉时期岭南农业》，《中国农史》1988年3月号。

肖波：《左江岩画几个问题的思考》，《三峡论坛》2013年第3期。

谢日万、何安益：《桂南大石铲应是骆越人先民的文化遗存》，《百越研究》第1辑，广西科学技术出版社2007年版。

阳吉昌：《简论甑皮岩遗址植物群及其相关问题》，《考古》1992年第1期。

杨成志：《广西壮族的古代崖壁画》，《中央民族学院学报》1988年第4期。

杨成志：《宁明发现珍贵的壮族古代岩壁画调查报告》，《广西日报》1956年10月7日。

杨耀林：《广东高要茅岗新石器时代干栏建筑遗存》，《史前研究》1985年第1期。

叶浓新：《马头古墓出土铜针为医具论试证——兼论壮族先民的针灸

疗法》，《广西民族研究》1986年第3期。

叶浓新：《武鸣马头古骆越墓地的发现与窥实》，《广西民族研究》1989年第4期。

袁家荣：《玉蟾岩获水稻起源重要新物证》，《中国文物报》1996年3月3日第1版。

云南省博物馆：《云南江川李家山古墓群发掘报告》，《考古学报》1975年第2期。

云南省文物工作队：《楚雄万家坝古墓群发掘报告》，《考古学报》1983年第3期。

曾骐：《"百越"地区的新石器时代文化》，《百越民族史论集》，中国社会科学出版社1982年版。

湛江地区博物馆、化州县文化馆：《广东省化州县石宁村发现六艘东汉独木舟》，《文物》1979年第12期。

浙江省博物馆自然组：《河姆渡遗址动植物遗存的鉴定研究》，《考古学报》1978年第1期。

浙江省文管会、浙江省博物馆：《河姆渡遗址第一期发掘报告》，《考古学报》1978年第1期。

浙江省文物管理委员会：《吴兴钱山漾遗址第一、二次发掘报告》，《考古学报》1960年第2期。

郑超雄、李光军：《广西桂南"石铲遗址"试论》，《考古与文物》1991年第3期。

钟以林：《壮医浅刺疗法初探》，《广西民族研究》1989年第1期。

周星、王铭铭：《发扬文化自觉，坚持田野研究——第二届社会文化人类学高级研讨班综述》，《广西民族学院学报》（哲学社会科学版）1997年第2期。

周宗贤：《花山崖壁画是古越人"祭水神"之作——兼论花山崖壁画研究的种种说法》，《南方民族论丛》1985年第1期。

周宗贤、李干芬:《壮族的古代画——花山壁画》,《红旗日报》1962年2月25日第3版。

周作秋:《壮族的蚂𧊅节和〈蚂𧊅歌〉》,《民间文学》1986年第6期。

Bin Han, etc., A map of rice genome variation reveals the origin of cultivated rice, *Macmillan Publishers Limited*, Nature, 2012, Vol. 490.

Chester F. Gorman, Hoabinhian: A pebble tool complex with early plant associations in Southeast Asia, *Science*, 1969, Vol. 163, No. 3868.

J. S. Aigner, Pleistocene ecology and Paleolithic assemblage in South China, *Journal of the Hong Kong Archaeological Society*, 1979, Vol. 8.

W. G. Solhiem Ⅱ, An earlier agricultural revolution, *Scientific American*, 1972, Vol. 226, No. 4.